莱尔四福音释经默想

Expository Thoughts on

Mark

《马可福音》释经默想

[英]莱尔（J. C. Ryle）著 梁曙东 译

生活·讀書·新知 三联书店

Simplified Chinese Copyright © 2016 by SDX Joint Publishing Company.
All Rights Reserved.
本作品中文简体版权由生活·读书·新知三联书店所有。
未经许可，不得翻印。
本书根据 Banner of Truth Trust First edition 1986 版翻译。

图书在版编目（CIP）数据

《马可福音》释经默想／（英）莱尔(Ryle,J.C.) 著；梁曙东译．—北京：生活·读书·新知三联书店，2016.2 （2024.4 重印）
（基督教经典译丛）
ISBN 978-7-108-05376-3

Ⅰ.①马… Ⅱ.①莱… ②梁… Ⅲ.①《圣经》-注释 Ⅳ.① B971

中国版本图书馆 CIP 数据核字（2016）第 018323 号

策　　划	橡树文字工作室
特约编辑	刘　峣
责任编辑	张艳华
装帧设计	康　健
责任印制	董　欢
出版发行	生活·讀書·新知 三联书店
	（北京市东城区美术馆东街22号 100010）
网　　址	www.sdxjpc.com
经　　销	新华书店
印　　刷	三河天润建兴印务有限公司
版　　次	2016年2月北京第1版
	2024年4月北京第7次印刷
开　　本	635毫米×965毫米 1/16 印张21.5
字　　数	239千字
印　　数	25,001-28,000册
定　　价	60.00元

（印装查询：01064002715；邮购查询：01084010542）

目 录

前言 1

第一章 1

  一 福音的起头，施洗约翰的工作 1

  二 基督受洗，受试探，首次呼召门徒 5

  三 赶逐污鬼，彼得的岳母得到医治 10

  四 基督私下的祷告，他到世上来的目的 14

  五 长大麻风的人得医治 18

第二章 23

  一 迦百农的特权，瘫痪的病人得医治 23

  二 呼召利未，基督是灵魂的医生，新酒旧瓶 27

  三 解释对安息日正确的看法 32

第三章 39

  一 在安息日医治手萎缩的人，基督受仇敌窥探，难过忧伤 39

  二 设立十二使徒，基督的朋友误会他的热心 43

  三 警告纷争，福音中完全的赦免，永远的定罪 48

  四 基督的弟兄和母亲 53

第四章　56

一　撒种人的比喻　56

二　灯不可放在斗底下，听道、行道的重要性　61

三　种子撒在地里的比喻　65

四　芥菜种的比喻　69

五　基督行神迹，平息加利利海上的风暴　74

第五章　79

一　基督在格拉森人的地方进鬼　79

二　基督打发那曾被鬼附的人回家去　84

三　患血漏的妇人得医治　88

四　管会堂之人的女儿复活　93

第六章　97

一　基督在自己的家乡，不信的罪　97

二　第一次差遣使徒出去传道　101

三　希律处死施洗约翰　105

四　使徒传道回来，休息的重要，基督的怜悯　110

五　基督用五饼二鱼给众人吃饱　114

六　基督在水面行走　117

第七章　121

一　法利赛人的信仰　121

二　人心是不洁的真正源头　126

三　女儿被污鬼附身的叙利腓尼基族妇人　130

四　聋哑的人得医治　134

第八章　138

　一　基督用七个饼给众人吃饱，法利赛人的不信　138

　二　警告虚假的教训，门徒明白得迟钝　142

　三　伯赛大的盲人得医治　145

　四　彼得崇高的认信，彼得对基督必然要死一无所知　147

　五　舍己的必要，灵魂的价值，以基督为耻的危险　152

第九章　157

　一　基督改变形象　157

　二　被污鬼附身的孩子得医治　162

　三　基督预言他要被钉十字架，强调谦卑　168

　四　基督命令人要有宽宏的精神，牺牲自我的必要，地狱的真实　172

第十章　177

　一　解释对婚姻的正确观点　177

　二　小孩子被带到基督这里来，为婴孩洗礼作的辩护　182

　三　那位富有的年轻人，基督对罪人的爱，有钱的危险　187

　四　鼓励为基督的缘故舍弃一切，基督预知自己要受难　191

　五　西庇太的儿子的无知，基督以身作则，强调降卑与献上自己　195

　六　盲人巴底买得医治　200

第十一章　204

　一　基督在众人面前进入耶路撒冷，自甘贫穷　204

　二　基督的人性，无花果树受咒诅，洁净圣殿　208

　三　信心的重要，饶恕精神的必要性　213

　四　祭司长和文士灵里瞎眼，心怀偏见不信的人思想不诚实　217

第十二章　222

一　邪恶园户的比喻　222

二　纳税，凯撒与上帝各自对人的要求　226

三　撒都该人，复活的教义　230

四　文士，最大的诫命　235

五　诗篇中的基督，警告假冒为善，寡妇的小钱　239

第十三章　244

一　橄榄山预言的开始部分　244

二　基督的百姓在他第一次和第二次来之间必须要预料到的事　249

三　使用方法保障自己安全的合法性，选民的特权　253

四　对基督再来的描述，留心时代迹象的重要　257

五　人不能确知基督再来的时候，警醒的本分　261

第十四章　266

一　祭司长的诡计受挫，发生在伯大尼一户人家中的膏抹　266

二　加略人犹大为了钱答应出卖基督，逾越节和钉十字架在时间方面的联系　271

三　设立主餐　275

四　基督预知门徒的软弱，信徒对自己的无知　280

五　园中的痛苦，使徒的软弱　284

六　基督被捕　288

七　基督在大祭司面前被定罪　293

八　彼得三次不认主　297

第十五章　301

　　一　基督在彼拉多面前被定罪　301

　　二　基督遭人讥笑，被钉十字架　306

　　三　基督的死，伴随他死的神迹　310

　　四　基督被埋葬　314

第十六章　319

　　一　对基督的爱的力量，石头滚开，对退后之人的怜悯　319

　　二　复活的证据，对大罪人的爱，信徒的软弱　323

　　三　使徒的使命，福音的条件，给忠心工人的应许　327

　　四　基督升天到上帝的右边，忠心传道人说的话得到神迹验证　331

前 言

读者现在手中的这部书，是《〈马太福音〉释经默想》起首的系列著作的延续。

在《〈马太福音〉释经默想》的前言中，我已经对这一系列书的性质作了详细解释，这里无须赘言。我要再次说明的是，读者绝不可期望这"释经默想"系列是学术性和批判性的福音书注释，否则将会失望。眼前的这部著作，仅仅是强调简明应用之释经系列中的一种，此外绝不自称具备其他用处。

这部书和前一部书的主要区别，在于本书偶有解释性的脚注。这些注解涉及普遍认为难解的经文段落或措辞。我不能佯装已经对《马可福音》中的难点解释有了新亮光，但我可以诚实地说，我已经努力让读者在每一难点处都能看到前人的看法。

我在写作本书时，不断地对照本人开始写作前定下的三重目标。我已努力写下一些内容，旨在帮助那些带领**家庭**灵修**祷告**的一家之主，还有那些**探访穷人**、希望给他们提供读物的人，以及所有自己**私下读圣经**并学习上帝话语的人。为了达至这三重目标，我牢牢地坚持一开始就设定的主要原则，即我主要关注对得救而言必需的事，故此刻意回避所有较不重要的话题。我要清楚地论述所有题目，并且努力对不是人人都能明白的题目保持沉默。

我不能期望这部书能够满足所有在家庭祷告时要有书可读之人的愿望。实际上我从收到的来信中已经知道，一些人认为这些注释太长。对于家庭祷告该有多长，各人观点大不相同，以至于要讨一类人喜悦，却不管其他人不快，这是不可能的。在一些家庭中，家庭祷告如此简短仓促，要让我写任何满足这类家主所期望的内容，我会感到绝望的。在这类家庭中，慢慢地带着敬畏的心细读几节经文，可能比使用任何圣经注释更有用。对于那些发现一次要读四页书实在太难，却仍希望读我的释经默想的人，我只能建议他们可以亲自作一种简单的补救。他们只要在每部分注释中跳过一两个，就会发现书的篇幅正如他们所喜欢的那样简短。

我在预备出版这部《〈马可福音〉释经默想》时，查阅了我在《〈马太福音〉释经默想》前言提到的那些可以为解释《马可福音》带来亮光的所有圣经注释书。[1]经过认真查阅，我不得不说，据我愚见，无论是古代还是现代的释经家，极少有人给予这部福音书应当配得的关注。人们通常把它看作只是《马太福音》的节略本。这种观点是完全错误的。

我能找到的唯一一部大部头的单独论述《马可福音》的注释

---

[1] 这里无须重复书名。

书，是一部有1666页的杰作。它出版于1661年，作者是萨塞克斯郡布雷泽教区牧师乔治·佩特（George Petter）。这部书按其罕有、昂贵和篇幅而言，都极其不为人所知，远得不到它配得的关注。据说重印的很大部分书在伦敦的大火中被烧毁。我想对这部书作一些介绍，有些读者可能不会对此感到乏味。

佩特的注释，原本是由他用释经讲道的形式向会众作的讲道。他在1618年6月7日开始根据《马可福音》讲道，在大部分的周日时间继续传讲，极少中断，直到1643年5月28日结束。每一篇讲道的日期都在这部书的栏外注释处有所标明。

这部杰作的教义非常优秀，是抗罗宗和福音派的，也是属灵的。如果我们根据作者引文的数量和多样性判断，他的学问也绝非浅薄。他的行文风格缺点，是他所生活时代的缺点，因此我们必须带着爱心来评判。但在努力考查每一个词的含义、耐心讨论与经文相关的每一个问题、对事情的详尽阐述、潜心思考以及实际应用等方面，在我看来，没有一部论述《马可福音》的著作可以与佩特的注释相提并论。用圣经论歌利亚那刀的话讲，它是"没有可比的"（撒上21：9）！

我现在把《〈马可福音〉释经默想》交在读者手中，恳求上帝若是喜悦，就使用本书荣耀他自己。我是在许多公众责任的压力下，以及在被许多事情中断的情况下完成此书的。除我自己以外，没有人能更清楚本书的缺陷。但我能诚实地说，如果我对自己内心还有任何自知之明，我的愿望就是盼望这部书以及我的所有作品，都能带领读者来到基督面前并相信他，带领读者悔改、成为圣洁，把读者带到经文和祷告中。

如果在任何情况下，本书达到了这些结果，我得到的补偿就远远胜过我为本书花费的功夫了。

于何明翰教区

1857 年 9 月

第 一 章

一 福音的起头，施洗约翰的工作

可1：1—8

1. 上帝的儿子，耶稣基督福音的起头。
2. 正如先知以赛亚书上记着说（有古卷无"以赛亚"三字）："看哪，我要差遣我的使者在你前面，预备道路。
3. 在旷野有人声喊着说：'预备主的道，修直他的路。'"
4. 照这话，约翰来了，在旷野施洗，传悔改的洗礼，使罪得赦。
5. 犹太全地和耶路撒冷的人都出去到约翰那里，承认他们的罪，在约旦河里受他的洗。
6. 约翰穿骆驼毛的衣服，腰束皮带，吃的是蝗虫、野蜜。
7. 他传道说："有一位在我以后来的，能力比我更大，我就是弯腰给他解鞋带也是不配的。
8. 我是用水给你们施洗，他却要用圣灵给你们施洗。"

* * *

我们现在看到的《马可福音》，在某些方面和其他三卷福音书不同。它没有提到任何关于我们主耶稣基督出生和早年生活的事，有关他讲论的内容也很少。在所有受上帝默示的四卷福音书中，《马可福音》对我们主在地上工作的历史记载是最简短的。

但这些特点绝不因此就让我们低估了《马可福音》的价值。这卷福音书尤其充满主耶稣的宝贵事迹。它的叙事自然朴素，文笔精练简洁，颇具凝练的风格。它对我们主的言语记载很少，而对其作为的记录却特别地丰富。通常它所容纳的极其吸引人的瞬间历史细节，为其他三卷福音书所完全省略。简而言之，它绝不像是某些人所轻率断言的《马太福音》的节略版，却是一位无偏见的见证人的公正的叙述。此人受上帝默示，写下我们主**工作**（works）而非他**言论**（words）的历史。让我们带着敬畏之心来读《马可福音》。它像所有其他圣经书卷一样，每一个字都是"上帝所默示的"，每一个字都是"有益的"。①

首先让我们观察这几节经文**对我们主耶稣本人的尊贵是何等完全的宣告**。开篇第一句就说他是"上帝的儿子"。

"上帝的儿子"这句话，向当时犹太人传递的内容，远比向我们传递的深邃。这句话不亚于是在宣告我们主的神性，宣告耶稣他自己就是上帝，与上帝"平等"（约5：18）。

把这一真理放在一卷福音书的正文开篇之处，这是极为美好的恰当做法。**基督的神性，是基督教信仰的要塞和堡垒**。他在十字架上赎罪献祭具有无限价值，这是因他神性的缘故；他为罪人赎罪的

---

① 马可有特别的恩赐，把言简意赅的叙事和栩栩如生的描绘奇妙地结合起来。虽然他每次都把主的讲论、工作和历史凝练为不能再简洁的要点，但另一方面，他对场面的描绘，却比擅长记载主讲论的马太更为清晰。在他的手中，不仅单独的事件变成了完整的画面，甚至连他作极简短陈述的时候，也常常能大笔一挥，就写下了新的、他独有的内容。——施蒂尔（Stier），《主耶稣的话》（Words of the Lord Jesus）。

死有独特的功德，这是因他神性的缘故。他的死不仅仅是一个像我们自己一样的人的死，而且是那一位"在万有之上，永远可称颂的上帝"（罗9：5）的死。我们记着受苦的那一位是"上帝的儿子"，那么他的受苦就足以为全世界的罪作挽回祭。对此我们无须感到惊奇。

让相信上帝的人带着热心和警醒牢牢持守这教义。有了它，他们就是站立在磐石上。失去它，他们的脚下就没有任何稳固的根基。我们的心软弱，我们的罪众多，因此我们需要一位能拯救我们到底，救我们脱离那将来愤怒的救赎主。我们在耶稣基督里，就有了这样一位救赎主。他是"全能的上帝"（赛9：6）。

第二，让我们留意，**这卷福音书的起头，是怎样应验了圣经**。施洗约翰的工作，"正如先知书上记着说"的一样。

耶稣基督降世，没有任何圣经之前未预见、仓促安排的地方。我们在《创世记》一开始就看到圣经预言，"女人的后裔要伤蛇的头"（创3：15）。我们从整部旧约圣经看到，这同一件事被不断越来越清晰地预言出来。这是一个上帝经常向列祖重申，先知经常反复强调的应许，就是一位拯救者和救赎主，有一日必要来到。他的降生、品格、生活、死亡、复活，他的开路先锋，在他降临之前很久就已经预言出来了。"正如书上记着说"一样，救赎之工一步步地显明出来并最终成就。

我们读旧约圣经的时候，总要渴慕在当中找到耶稣基督。如果我们在当中除了摩西、大卫、撒母耳和其他众先知以外，什么都没有看见，那么我们读这部分圣经的时候，所得的益处就微乎其微。让我们更仔细地查考旧约圣经，其话语绝不会废去的那一位说：

第一章

"给我作见证的就是这经。"(约5：39)

第三，让我们观察，**施洗约翰的工作，在一段时间之内对犹太民族产生了何等重大的影响**。我们得知："犹太全地和耶路撒冷的人都出去到约翰那里，承认他们的罪，在约旦河里受他的洗。"

这里记载的事实经常被人忽略。我们很容易就忽视在我们主面前行的那一位，除了主他自己，什么也看不见。在日头灿烂的光照下，我们忘记了那颗晨星。但很清楚的是，约翰的传道牢牢地吸引了全体犹太人的注意，并在巴勒斯坦全地生出一种激动人心的气氛。它把这个民族从沉睡中唤醒，预备它迎接我们主出现时要做的工作。耶稣亲口说："约翰是点着的明灯，你们情愿暂时喜欢他的光。"(约5：35)

在此我们应当注意，人何等不应当去指望所谓的"受人欢迎"。如果有一位牧师，是暂时广受欢迎的，施洗约翰肯定就是那人。但是在所有来受洗、听他讲道的人当中，恐怕归正的人是寥寥无几！我们可以认为，一些人像安得烈一样，由约翰指引来到基督面前。但很可能绝大多数人都死在了他们的罪中。让我们每当看到一间人头攒动的教会时都记起这点。人数众多的聚会，这无疑令人欢喜，但我们心里应当常常涌起这样的念头："这些人当中，有多少最终要安抵天堂？"来听受人欢迎的传道人讲道、佩服他们，这还不够。我们总是在人多的地方敬拜，这并不证明我们已经归正。让我们努力聆听基督自己的声音，并且跟从他。

最后让我们观察，**施洗约翰讲道的特色，是传讲清楚的教义**。他高举基督——"有一位在我以后来的"。他清楚地讲到圣灵——"他却要用圣灵给你们施洗"。

之前从未有人如此清楚地传讲这些真理。今天人们在基督教信仰的整个体系中，也找不到有比这些更重要的真理。每一个忠心的福音传道人的首要工作，就是把基督完全彰显在他的百姓面前，让他们看到他的完全和他拯救的大能。他接下来要做的重要工作，就是在他们面前彰显圣灵的工作：人需要重生，内里需要接受他恩典的洗。这两个重大真理，经常挂在施洗约翰嘴边。如果有更多像他一样的牧师，教会和世界就有福了。

在结束对这段经文的沉思之前，让我们扪心自问：我们在实际的经历中，对约翰传讲的真理认识多少？我们怎么看基督？我们是否感受到需要他，并已经奔向他求平安？他是统治我们内心的君王，是我们灵魂渴慕的一切吗？我们怎么看待圣灵？他是否已经在我们心里做成拯救的工作？他是否已经更新改变了我们的心？他是否已经使我们与上帝的性情有分？我们的生死取决于我们对这些问题的回答。"人若没有基督的灵，就不是属基督的。"（罗8：9）

二 基督受洗，受试探，首次呼召门徒

可1：9—20

9. 那时，耶稣从加利利的拿撒勒来，在约旦河里受了约翰的洗。
10. 他从水里一上来，就看见天裂开了，圣灵仿佛鸽子降在他身上。
11. 又有声音从天上来，说："你是我的爱子，我喜悦你！"
12. 圣灵就把耶稣催到旷野里去。
13. 他在旷野四十天受撒旦的试探，并与野兽同在一处，且有天使来伺候他。
14. 约翰下监以后，耶稣来到加利利，宣传上帝的福音，
15. 说："日期满了，上帝的国近了！你

们当悔改,信福音。"
16. 耶稣顺着加利利的海边走,看见西门和西门的兄弟安得烈在海里撒网,他们本是打鱼的。
17. 耶稣对他们说:"来跟从我!我要叫你们得人如得鱼一样。"
18. 他们就立刻舍了网,跟从了他。
19. 耶稣稍往前走,又见西庇太的儿子雅各和雅各的兄弟约翰在船上补网。
20. 耶稣随即招呼他们,他们就把父亲西庇太和雇工人留在船上,跟从耶稣去了。

* * *

这部分经文内容特别丰富。这是一个惊人的例子,表现出《马可福音》的特点,即它的简洁风格。我们的主受洗,在旷野受试探,他开始传道,第一次呼召门徒——这里的十二节经文中全都讲到了。

首先,让我们留意,我们**主受洗时从天上发出的那声音**。我们读到:"有声音从天上来,说:'你是我的爱子,我喜悦你!'"

这声音是父上帝的声音。这声音宣告,在永恒中,父子之间就存在着那奇妙、不可言喻的爱。"父爱子,已将万有交在他手里。"(约3:35)这声音宣告,父充分并且完全地认可基督来寻找拯救失丧之人的使命。它宣告父悦纳子作为新约的中保、代替和担保。

这句话对所有相信基督且属基督的人而言,是丰富安慰的宝藏。他们看自己和自己的行为时,看不到有任何讨上帝喜悦的地方。他们天天都能感受到在他们所行的一切上,自己的软弱、缺点和不完全。但希望他们记住,父看他们是他爱子耶稣基督身上的肢体。他看他们"毫无瑕疵"(歌4:7)。他看他们是"在基督里",

披戴他的义和功德。他们"在他爱子里"蒙悦纳，上帝圣洁的眼看他们的时候，就"喜悦"他们。

第二，让我们留心**基督讲道的实质**。我们看到他来并且说："你们当悔改，信福音。"

这是所有为上帝忠心作见证的人，从创世以来不断传讲的那篇古旧讲道。从挪亚一直到今天，他们传讲的内容始终是一样的——"当悔改相信"。

使徒保罗最后一次告别以弗所教会的长老时说，他在他们中间教导的内容一直是"当向上帝悔改，信靠我主耶稣基督"（徒20：21）。他有这样教导的最好先例。教会伟大的元首已经给他一个模式。呼吁人悔改相信，这是基督工作的基石；呼吁人悔改相信，这必须始终是每一个忠心的牧师教导的主题。

如果我们思想人的本性，我们就无须对此感到惊奇。我们所有人按本性生来是在罪中，本为可怒之子，所有人若要见上帝的国，都需要悔改、归正和重生。我们所有人按本性，在上帝面前都有罪，都被定罪；如果要得救，所有人都必须逃向在福音里摆在我们面前的那盼望，相信那盼望。我们所有已经悔改的人，需要天天激发自己有更深的悔改。我们所有人，虽然相信，但都需要不断接受劝勉，追求加增的信心。

让我们自问，对于悔改和相信，我们的认识有多少？我们是否感受到我们的罪，并已经把它们弃绝？我们有没有已经紧紧抓住基督，并且相信？没有学问、财富、健康或世上的高位，我们仍可以上天堂；但如果我们在不悔改不相信中死去，我们就绝不能抵达天堂。要得救，一颗新心及一种对救赎主活泼的信心就绝对必不可少。愿我们除非在经历中认识这些，并且称这些是我们拥有的，否则就绝不安息！整个基督教信仰是以新心和信心为开始，信仰生活在于操练新心和信心。只有拥有这一切，人才能最终得平安。单靠加入教会和向神父告解，无人可以得救。只有"悔改相信"的人才是在主里死的。

第三，让我们留心，首批蒙召做基督门徒的人，他们的职业是什么。我们看到我们的主呼召西门和安得烈，当时他们正"在海里撒网"，雅各和约翰正在"补网"。

这些经文清楚地告诉我们，第一批跟从我们主的人，并不是这世上的伟人。这些人既没有财富，也没有地位和权力。但基督的国度并不取决于这些，基督的事业在世上推进，"万军之耶和华说：'不是倚靠势力，不是倚靠才能，乃是倚靠我的灵方能成事'"（亚4：6）。保罗的话总要显为是真实的——"你们蒙召的，按着肉体有智慧的不多，有能力的不多，有尊贵的也不多。上帝却拣选了世上愚拙的，叫有智慧的羞愧；又拣选了世上软弱的，叫那强壮的羞愧。"（林前1：26、27）从几个渔夫开始，却遍满半个世界的教会，必然是由上帝建立的。

我们必须当心，不要不知不觉地接受那种常见的以贫穷、亲手做工为耻的观念。圣经有很多例子，表明上帝把特权赋予做工的人。上帝在燃烧的荆棘中向摩西显现时，他正在放羊；天使带天上的信息给基甸时，他正在场上打麦子；以利亚呼召以利沙做先知接替自己时，以利沙正在耕地；耶稣呼召使徒来跟从他的时候，他们正在打鱼。贪婪、骄傲、欺诈、赌博、酗酒、贪食、不洁，这些都是可耻的事，但贫穷却并非如此。在上帝眼中，忠心服侍他的工人，要比服侍罪的贵族更有尊荣。

最后让我们留心，**我们主呼召他的第一批门徒担任的职分**。我们看到他说："来跟从我！我要叫你们得人如得鱼一样。"

这句话的含义清晰，不会引起误解。门徒要成为得人灵魂的渔夫。他们要努力工作，吸引人出黑暗进光明，脱离撒旦的权势，归向上帝。他们要努力把人带进基督教会这张网里，使他们可以得救活着，而不是永远灭亡。

我们应当认真留意这一指导性的说法。这是新约圣经用来描写牧师职分的最早称呼，它的含义比监督、长老或执事的名称更深。这是应当首先浮现在牧师心中的念头。他不应该仅仅做宣读教会仪文或施行圣礼的人，而要做得人灵魂的"渔夫"。不努力活出这称号的牧师，是误解了他的呼召。

渔夫在努力打鱼吗？他用尽各种方法，如果不成功就伤心难过吗？牧师也当如此。渔夫有耐心吗？他日复一日劳作、等候、带着盼望继续工作吗？让牧师也同样如此。完全综合了渔夫的技巧、勤奋和耐心的人是有福的！

让我们决心多多为牧师祷告。他们若忠于职守，他们的职分就不是一件轻松的工作。他们需要所有祷告的会众多多借着代求而提供帮助。他们不仅要看顾自己的灵魂，还要看顾别人的灵魂。难怪保罗呼叫说："这事谁能当得起呢？"（林后2：16）如果我们从前从未为牧师祷告，今天就让我们开始吧。

三 赶逐污鬼，彼得的岳母得到医治

可1：21—34

21. 到了迦百农，耶稣就在安息日进了会堂教训人。
22. 众人很希奇他的教训，因为他教训他们，正像有权柄的人，不像文士。
23. 在会堂里，有一个人被污鬼附着。他喊叫说：
24. "拿撒勒人耶稣，我们与你有什么相干？你来灭我们吗？我知道你是谁，乃是上帝的圣者。"
25. 耶稣责备他说："不要作声，从这人身上出来吧！"
26. 污鬼叫那人抽了一阵风，大声喊叫，就出来了。
27. 众人都惊讶，以致彼此对问说："这是什么事？是个新道理啊！他用权柄吩咐污鬼，连污鬼也听从了他。"
28. 耶稣的名声就传遍了加利利的四方。
29. 他们一出会堂，就同着雅各、约翰，进了西门和安得烈的家。
30. 西门的岳母正害热病躺着，就有人告诉耶稣。
31. 耶稣进前拉着她的手，扶她起来，热就退了，她就服侍他们。
32. 天晚日落的时候，有人带着一切害病的和被鬼附的，来到耶稣跟前。
33. 合城的人都聚集在门前。
34. 耶稣治好了许多害各样病的人，又赶出许多鬼，不许鬼说话，因为鬼认识他。

* * *

这些经文带出《马可福音》包含的一长串神迹，它们告诉我们，我们的主如何在迦百农赶鬼，医治好彼得岳母的热病。

我们从这些经文首先看到，**仅仅有对信仰头脑上的认识，是毫无用处的**。圣经在此两次清楚地告诉我们，污鬼认识我们的主。圣经在一处说："鬼认识他。"在另外一处，鬼大声喊着说："我知道你是谁,乃是上帝的圣者。"他们认识基督,而文士却不认识他,法利赛人不愿承认他。但他们的认识却不能使他们得救!

仅仅相信基督教信仰的事实和教义,这绝不能拯救我们的灵魂。这种相信不比鬼魔的信更好,鬼魔都相信和认识到耶稣是基督。他们相信他有一日要审判世界,要把他们投入地狱受无尽折磨。在这些重要问题上,一些认信的基督徒甚至还比魔鬼的信更少,这真发人深省、令人难过。有人怀疑地狱的真实,刑罚要到永远。这样的想法,除了在自以为是的男女心中以外,其实并没有立足之处。鬼魔当中没有不信。"鬼魔也信,却是战惊。"(雅2:19)

让我们小心,确保我们的信心既是在头脑中,也存在心里。让我们确保,我们的知识对我们的情感和生命有一种圣化的影响。让我们不仅认识基督,还要因着从他领受了真正的益处而爱他。让我们不仅相信他是上帝的儿子,是世人的救主,内心还要定意以他为乐,紧紧跟随。让我们不仅因耳听而认识他,还每天亲自求他赐怜悯和恩典。路德说:"基督教信仰的生命,体现在所有格代词上。"说"基督是救主"是一回事,说"他是我的救主、我的主",这完全又是另外一回事。魔鬼可以说第一句话,但只有真正的基督徒才能说第二句。①

我们接着看到,**基督徒在遭遇苦难时,首先要求怎样的解决之**

---

① "不要以一种历史性的知识或信心为满足。这样做并不能拯救你自己;因为这历史性的知识或信心若能救你,它也能救鬼魔了——因为他们对上帝的话语有字面的认识和一般的信心。你以为知道并相信基督为罪人活、为罪人死,这就足够了吗?魔鬼和他的使者也同样知道和相信。所以,让我们努力胜过他们,并且要得着一种比他们更大的信心。"——佩特,《〈马可福音〉注释》(*Petter on Mark*),1661 年。

道。他应当效法彼得岳母的那些朋友。我们看到她"害热病躺着"的时候,他们就把这件事"告诉耶稣"。

没有什么解决之道能与之相比。人在任何有需要的时候,毫无疑问都会使用各种方法。人病了就去找医生;需要捍卫财产或名誉,就去咨询律师;人也会去寻求朋友的帮助。尽管如此,对这一切而言,人当做的第一件事,就是向主耶稣基督呼求帮助。无人能像他那样如此有效地帮助我们。无人像他如此怜悯,如此愿意帮助。雅各落难时,他首先转向他的上帝:"求你救我脱离我哥哥以扫的手。"(创32:11)希西家落难时,他首先在耶和华面前展开西拿基立的信:"现在求你救我们脱离亚述王的手。"(王下19:19)拉撒路病了,他的姐姐马上打发人去找耶稣,她们说:"主啊,你所爱的人病了。"(约11:3)让我们也同样行。"你要把你的重担卸给耶和华,他必抚养你。""你们要将一切的忧虑卸给上帝。""只要凡事借着祷告、祈求和感谢,将你们所要的告诉上帝。"(诗55:22;彼前5:7;腓4:6)

让我们不仅记住这条原则,还要加以运用。我们生活在一个充满罪恶和忧伤的世界,人生多有黑暗的日子。人无需拥有先知的眼光,就能预见我们临终前都必要多多落泪,感受许多伤痛。让我们在患难临到之前就得到装备,得着对抗绝望之道。疾病、丧亲之痛、挫折、损失或失望如壮士突然临到我们的时候,让我们晓得如何应对。让我们像那些在迦百农西门家里的人一样行,让我们立刻"告诉耶稣"。

最后,让我们从这些经文认识到,**主耶稣医治的时候,这是何等完全完美的医治**。他拉着这位病了的妇人的手,扶她起来,"热就退了"。但这并不是事情的全部。一个更大的神迹还在后头。我们马上得知,"她就服侍他们"。热病通常的后果,就是虚弱和力量虚脱,但在她的情形里,这完全被除去了。这位得了热病的妇人,不仅瞬间得了医治,与此同时还被改变而成为刚强,能够做工。①

在这个例子中,我们可以看到一个生动的象征,表明基督如何对待因罪患病的人。配得称颂的救主不仅赐人怜悯和赦免,还赐下使人更新的恩典。凡接待他做他们医生的,他就赐他们权柄做上帝的儿女。他用他的宝血洗他们的时候,也用他的圣灵洁净他们。他称他们为义,所称为义的人又叫他们成圣。他赐下赦免时,也赐下一颗新心。他白白赦免人从前的罪,也赐人力量在将来"服侍"他。因罪患病的人,不是仅仅停留在得了医治的地步;他也得到供应,得了一颗新心,一种正直的灵,得到能力为讨上帝喜悦而活。

对于所有有服侍基督的心愿,但目前担心不知如何开始的人,想到这点就给他们带来安慰。有这种心态的人很多,他们害怕如果勇敢站出来,背起十字架,就会马上背叛信仰;他们害怕不能坚忍,因而让他们的认信蒙羞。让他们不要再惧怕。让他们知道,耶稣是大能的救主,绝不会弃绝那些曾把自己交托给他的人。一旦他大能的手使他们从罪带来的死亡中复活,他的宝血把他们洗净,他

---

① 我们在此不要忽略,彼得,我们主的一位重要使徒,有一位妻子。然而,他却蒙召做了主的门徒,后来被选为使徒。不仅如此,我们还看到多年之后,保罗在给哥林多人的信中讲到他是一个结了婚的人(林前9:5)。这事实如何才能与罗马教会所施行的神职人员要强制性独身的制度相调和,就要留待与罗马天主教为友并为他们辩护的人来解释了。对于普通读者来说,清楚明了的证据就是,牧师结婚并不是错。此外,还有一个明显的事实,就是保罗写信给提摩太时说,"做监督的……只做一个妇人的丈夫"(提前3:2)。二者共同清楚地表明,整个罗马天主教神职人员独身生活的教义是完全违背圣经的。

们就必进前来"服侍"他,直到他们生命的尽头。他们必得着能力胜过世界,把肉体钉死在十字架上,敌挡魔鬼。他们只要开始,就必能继续。耶稣从没有任何医治了一半的病,做成了一半的工作。让他们信靠耶稣,继续前进。得赦免的人,总会得着能力来服侍基督。

这里有给所有真正服侍基督,却因感到软弱而沮丧的人带来的安慰。这样的人很多,疑惑和焦虑压制着他们。他们有时认为,他们最终肯定到不了天堂,而要被抛弃在旷野。让他们不再惧怕。他们的日子如何,他们的力量也必如何。他们现在害怕的困难,要从他们的道路中消失。他们现在惧怕的道上的猛狮,要显出是被锁链捆绑。那一开始触摸医治他们的那同一只恩手,必要支持他们,给他们加力,带领他们走到最后。主耶稣绝不会丢失一只属他的羊。被他爱和赦免的人,他要爱他们到底。他虽然有时让他们降卑,却绝不会把他们弃绝。得了医治的人必然总是进前来"服侍主"。恩典总要带人进入荣耀!

四 基督私下的祷告,他到世上来的目的

可1:35—39

35. 次日早晨,天未亮的时候,耶稣起来,到旷野地方去,在那里祷告。
36. 西门和同伴追了他去,
37. 遇见了就对他说:"众人都找你。"
38. 耶稣对他们说:"我们可以往别处去,到邻近的乡村,我也好在那里传道,因为我是为这事出来的。"
39. 于是在加利利全地,进了会堂,传道赶鬼。

＊　＊　＊

我们主在地上生活的每一个事实，从他口中说出的每一句话，都应当深深吸引一个真正的基督徒。在刚刚读过的这一段经文里，我们看到一个事实和一句话，值得我们密切注意。

第一，我们在这段经文中看到**我们的主习惯私下祷告的一个例子**。我们得知："次日早晨，天未亮的时候，耶稣起来，到旷野地方去，在那里祷告。"

我们会看到，福音书经常记载我们主做这同样的事。他受洗时，我们得知他正在"祷告"（路3：21）。他登山变像时，我们得知"正祷告的时候，他的面貌就改变了"（路9：29）。在拣选十二门徒前，我们得知他"整夜祷告上帝"（路6：12）。当所有人都恭维他，真心要立他为王的时候，我们得知"他就独自上山去祷告"（太14：23）。当他在客西马尼园受试探时，他说："你们坐在这里，等我祷告。"（可14：32）简而言之，我们的主常常祷告，并不灰心。他无罪，却为我们树立了殷勤与他父相交的榜样。他的神性并没有使他不用一切人当用的方法。他的完全本身就是通过祷告保守的完全。

我们在这一切当中，应当看到私下祷告极其重要。如果"圣洁、无邪恶、无玷污、远离罪人"的那一位，是如此不断祷告，我们这些被软弱缠累的人，岂不更应该常常祷告？如果他认为需要大声哀哭，流泪祷告，献上恳求，我们这些每天在许多事上都有过失的人，岂不更需要常常祷告？

读到这些经文，我们对那些根本就不祷告的人该怎样说才好呢？我担心有很多这样的人，虽列在受洗之人的名单中，却早起不祷告，晚上睡前不祷告，从来不向上帝说一句话。他们是基督徒吗？我们不可能说他们是。一位像耶稣这样祷告的主人，不可能有不祷告的仆人。使人得儿子名分的圣灵，总要使人呼求上帝。不祷告的人，就是没有基督，没有上帝，他正走在通往毁灭的大道上。

对于那些虽然祷告，但所花时间甚少的人，我们该怎么说才好呢？我们不得不说，他们表明自己此刻非常缺乏基督的心志。他们所求的极少，就必然期待得到极少。他们所求极少，如果得着的极少，他们就不能感到惊奇。人总会发现，祷告极少的时候，美德、力量、平安和盼望就会极少。①

我们若带着圣洁的警醒而留心我们祷告的习惯，这样就必有福了。祷告是我们基督教信仰的脉动所在，这是对我们在上帝面前光景的真正试验。祷告开始之时，真信仰就在内心发动。当人背道离开上帝，祷告就衰败，走回头路。让我们在这方面，也在任何其他方面跟随我们配得称颂的主的脚踪行。让我们像他一样，在私下祷告方面努力践行。让我们都知道什么是"到旷野地方去，在那里祷告"。

第二，我们在这段经文中看到，**我们主谈及他到世上来的目**

---

① "牧师若要服侍有功效，就必须多多祷告。使徒曾把时间花在祷告上（徒6：4）。是的，我们的主耶稣白天都在传道，而晚上则继续整夜独自向上帝祷告。牧师应当多多祷告。他们习惯于计算自己用了多少时间读经和研经。然而，如果他们花更多时间祷告，这对他们自己和上帝的教会都会更好。人们经常讲到马丁·路德每天用三个小时在密室祷告，布拉德福德（Bradford）一边跪着祷告一边学习。另外还有我们当代其他人的例子，但人们只是谈论这些人却不效法他们的做法。"——特雷尔（Traill），1696年。

的——这是值得我们留意的一番话。我们发现他在说:"我们可以往别处去,到邻近的乡村,我也好在那里传道,因为我是为这事出来的。"

这句话的意思清楚明了,不可能令人产生误解。我们的主宣告,他到地上来是要传道和教导。他来是要成就先知的职分,做很久以前就已经预言的比摩西更大的那位先知(申18:15)。他离开亘古以来与父同有的荣耀,来做传福音的工作。他到地上来,向人指出平安之道,宣告被掳的得释放,瞎眼的得看见。他在地上的一个主要工作,就是到处去宣告那好消息,使伤心的人得医治,让坐在黑暗中的人看见光,向罪魁宣告赦免。他说:"因为我是为这事出来的。"

在此我们应当观察,**主耶稣赋予传道人这职分何等无限的尊荣。这是上帝亘古的儿子亲自担当的职分**。他本来可以像亚伦那样,在地上做工时设立和遵守礼仪。他本来可以像大卫一样,统治做王。但他选择了一种不同的职分。直到他为我们的罪作为所献之祭而死的那时候,他一直每天、几乎是每一刻都在做传道的工作。他说:"因为我是为这事出来的。"

让我们绝不要被那些大声贬低传道人这职分,对我们说圣礼和其他礼仪比讲道更重要的人打动。让我们把公开敬拜上帝的每一个部分看得合宜,看到它们有当得的尊荣,但让我们小心,绝不可把它的任何一部分凌驾在讲道之上。通过讲道,基督的教会首先被招聚并得以建立;通过讲道,一直以来教会得到保守,健康而兴旺;通过讲道,罪人被唤醒;通过讲道,寻求上帝的人得到引领;通过讲道,圣徒得建立;通过讲道,基督教信仰被传递到异教徒的世界。今天有很多人讥笑宣教士，嘲笑那些在我们国家出去到大路上、在露天向群众布道的人。但如果这样的人能停下来冷静思想他们到底在做什么就好了。他们讥笑的这工作本身，就是那曾颠覆这世界，将异教崇拜打倒的工作。最重要的是，这是基督亲自来做的工作。万王之王，万主之主，他自己曾经是一位传道人。他有整整三年时间到处宣讲福音。我们看到有时他在人家里，有时在山边，有时在犹太人的会堂里，有时在海上一条船上。但他做的那伟大工作总是一样。他来，总是传道和教导。他说："因为我是为这事出来的。"

让我们在结束对这段经文沉思时，心生严肃的决心，绝不"藐视先知的讲论"（帖前 5：20）。我们的牧师，可能没有极高的天赋；我们听的讲道，可能软弱糟糕。但无论如何，讲道是上帝为使人归正得救而设立的伟大定例。忠心传讲福音的传道人正在使用的兵器，正是上帝的儿子不耻运用的武器。这是基督说"因为我是为这事出来的"工作。

五 长大麻风的人得医治

可1：40—45

40. 有一个长大麻风的来求耶稣，向他跪下，说："你若肯，必能叫我洁净了。"
41. 耶稣动了慈心，就伸手摸他，说："我肯，你洁净了吧！"
42. 大麻风即时离开他，他就洁净了。
43. 耶稣严严地嘱咐他，就打发他走，
44. 对他说："你要谨慎，什么话都不可告诉人，只要去把身体给祭司察看，又因为你洁净了，献上摩西所吩咐的礼物，对众人作证据。"

45. 那人出去，倒说许多的话，把这件事传扬开了，叫耶稣以后不得再明明地进城，只好在外边旷野地方。人从各处都就了他来。

* * *

我们在这段经文中看到，我们的主耶稣基督如何医治了一个长大麻风的人。在我们主一切医治人的神迹中，可能最奇妙的就是对长大麻风的人行的医治神迹。福音书只完整描述了两个例子，其中一个就是摆在我们面前的这个故事。

让我们首先努力去认识，**耶稣医治的这疾病的可怕实质**。

大麻风是我们这些生活在北方气候中的人知之甚少，或根本一无所知的一种疾病。它在圣经故事涉及的地方更常见。这是一种完全无法治愈的疾病。它不像一些无知之人认为的那样，仅仅是皮肤病。它是影响全人的一种顽疾。它不仅损伤皮肤，还损伤血肉和骨头，直到那不幸的病人开始失去手脚，身体一寸一寸地腐烂。除此以外还让我们记住，在犹太人当中，长大麻风的人被视为不洁净的人，被排斥在以色列的会众和宗教礼仪之外。这样的人不得不住在单独的屋子里，没有人愿意触摸他，服侍他。让我们记住这一切，这样我们对于一个长大麻风的人的痛苦光景就会有一些认识。借用亚伦为米利暗代求时的话说，"求你不要使她像那出母腹、肉已半烂的死胎"（民12：12）。

然而，我们当中就没有任何像大麻风一样的事情吗？有的！确实有的。有一种恶毒的灵魂灾病，根深蒂固地存在于我们的本性当中，致命地纠缠着我们的骨头和骨髓。这灾病是"罪"这瘟疫。它就像大麻风，是一种扎根在深处的疾病，感染着我们的本性、内心、意志、良心、认知、记忆和情感的每一部分。它就像大麻风，让我们变得可憎可恶，不能与上帝在一处，不能领受天堂的荣耀。它就像大麻风，任何地上的医生都无法治愈，慢慢却又必然地把我们拉入第二次的死。而且比大麻风糟糕得多的是，这是一种必死之人无法避免的灾病。在上帝眼中，"我们都像不洁净的人"（赛64：6）。

我们知道这些不洁的事情吗？我们是否已经把它们找出来了？我们已经发现自己的罪行、罪责和败坏了吗？已经真正受教，感受到自己是一个"可怜的罪人"，"自己里面没有健康"的人是有福的！已经认识到自己是一个灵里长了大麻风，是一个恶劣、邪恶、有罪的受造之人的人，确实是有福的！认识我们的疾病，这是通向得医治的一步。许多人的苦况和败坏，是他们从未看到他们的罪和需要。

第二，让我们从这些经文中认识到**主耶稣基督奇妙强大的能力**。

我们得知这不幸长大麻风的人到我们主这里来，"求耶稣，向他跪下"，说道："你若肯，必能叫我洁净了。"我们得知，"耶稣动了慈心，就伸手摸他，说：'我肯，你洁净了吧！'"立刻这医治就成就了。就在那一刻，这致命的灾病就离开了这可怜受苦的人，他就得到了医治。这不过是一句话，一个触摸，那站在我们主面前的，就不再是一个长大麻风的人，而是一个正常健康的人。

这长大麻风的人发现自己得医治时感情的剧变，有谁能够想象呢？早晨的太阳升起，光照在他身上。早晨太阳所见的是一个悲惨的人，生不如死，整个身体是一团溃烂和败坏，存在本身就是一种负担。然而，傍晚的斜阳已经见证他是一个充满盼望和喜乐、脱离痛苦、可以与同胞交往的人。肯定的是，这改变必然就如出死入生一样。

让我们感谢上帝，这与我们有关系的救主是大能的主。想到在基督凡事都能，这就让人欢喜、大得安慰。再根深蒂固的内心灾病他都能医治；再致死的灵魂瘟疫，我们这位大医生都能治愈。只要人还活着，就让我们不要对这人的得救感到绝望。最严重的灵里长大麻风的人仍能得洁净。没有哪些灵里长大麻风的病例是比玛拿西、扫罗和撒该的病情更严重的，然而他们都得了医治——耶稣基督使他们得到痊愈。基督的血和灵，仍能把罪魁带来与上帝亲近。人沉沦，不是因为他们太坏，无可救药，而是因为他们不愿到基督这里来，让他拯救自己。

最后让我们从这些经文中认识到，**人对基督的工作，既有传扬，也有沉默的时候。**

这是圣经用特别方式教导我们的一个事实。我们发现我们的主严严地嘱咐这人，不要把他得医治的这件事告诉人，"什么话都不可告诉人"。我们发现这人出于强烈的热心，违背这吩咐，在每一处地方说许多的话，把他得医治的这件事"传扬开了"。结果就是，耶稣"以后不得再明明地进城，只好在外边旷野地方"。

这里有一个功课，虽然可能很难正确应用，却是意义重大。很清楚的是，有一些时候，我们的主要我们安静沉默为他做工，而不是用喧嚷的热心吸引大众关注。既有正确和值得嘉许的热心，也有"不是按着真知识"的热心。万物各按其时成为美好。我们主的事业，在某些时候可能因着安静忍耐，而不是用任何别的方法，可以得到更大推进。我们不可"把圣物给狗"，也不要"把珍珠丢在猪前"。忘记这一点，我们可能带来的害处甚至比好处更多，以致拦阻了我们要帮助的那事本身。

无疑这问题微妙，难以处理。大部分基督徒更是倾向闭口不言他们荣耀的主，而不是在人面前认他——他们更多的是需要激励，而不是约束。但依然不容否认的是，万事各有其时，知道现今是什么时候，这应当成为基督徒追求的一个重要目标。有一些好人，他们的热心超过了慎重，因着不合时宜的言辞举动，甚至帮助了真理的仇敌。①

让我们众人都祈求得着那赐人智慧和神志清醒的圣灵。让我们天天努力认识当尽本分行的道路，天天求上帝赐下分辨力和良好的意识。让我们在承认基督这件事上如狮子一样勇敢，不惧怕若有需要就"在君王面前为他作见证"；但让我们绝不要忘记，"得智慧指教，便有益处"（传10：10）。让我们小心，不要因着方向错误的热心，就行有害的事。

---

① 一个在英国公开集会上发言的人，传扬在意大利诵读圣经的一些家庭成员的姓名，还指出这些人家住哪条大街、哪幢房屋，这就实属不智。这样说话的人可能心怀好意，充满热心。他可能真的愿意荣耀基督，传扬他恩典的得胜。但他的问题在于缺乏判断力，而且对我们面前这段经文包含的教训极其无知。在这个问题上，一位古代解经家的话值得我们留意：
"我们的救主禁止这位长大麻风的病人在这不合时宜的时候宣扬这神迹。从中我们学会，不是所有真相都适合在任何时候承认宣讲。虽然我们在被要求或者按照法律要求必须承认自己的信仰时，绝不可否认任何真相，但有一种对真相的智慧隐藏，是人有时需要用上的（参传3：7）。我们什么时候应当隐藏真相呢？1. 说出来可能会给真相本身带来伤害时，就如这里一样，大肆广播这神迹会拦阻基督的工作。2. 与我们做伴的人，更可能会讥笑真相，对它吹毛求疵，而不是珍爱真理也不想从中受益。3. 我们与真相的死敌在一起的时候。"（太7：6）——佩特，《〈马可福音〉注释》，1661年。

第 二 章

一 迦百农的特权,瘫痪的病人得医治

可2:1—12

1. 过了些日子,耶稣又进了迦百农。人听见他在房子里,
2. 就有许多人聚集,甚至连门前都没有空地,耶稣就对他们讲道。
3. 有人带着一个瘫子来见耶稣,是用四个人抬来的。
4. 因为人多,不得近前,就把耶稣所在的房子,拆了房顶,既拆通了,就把瘫子连所躺卧的褥子都缒下来。
5. 耶稣见他们的信心,就对瘫子说:"小子,你的罪赦了。"
6. 有几个文士坐在那里,心里议论说:
7. "这个人为什么这样说呢?他说僭妄的话了,除了上帝以外,谁能赦罪呢?"
8. 耶稣心中知道他们心里这样议论,就说:"你们心里为什么这样议论呢?
9. 或对瘫子说'你的罪赦了',或说'起来,拿你的褥子行走',哪一样容易呢?
10. 但要叫你们知道,人子在地上有赦罪的权柄。"就对瘫子说:
11. "我吩咐你起来,拿你的褥子回家去吧!"
12. 那人就起来,立刻拿着褥子,当众人面前出去了,以致众人都惊奇,归荣耀与上帝说:"我们从来没有见过这样的事!"

* * *

这段经文让我们看到，我们的主再次出现在迦百农。我们再次看到他正在做他惯常的工作：传道和医病。

我们在这段经文中看到，**一些人享有何等大的属灵特权，却不加以运用。**

这事实有例为证，迦百农的历史令人震惊地表明了这一点。在巴勒斯坦，没有哪一座城像它一样，在我们主地上工作期间，享有他如此多的同在。这是他离开拿撒勒之后居住的地方（太4：13）。这是他在当中行许多神迹，传讲许多信息的地方，但耶稣所说所行的，看来对这城居民的内心没有带来多大影响。他们拥挤来听他讲道，正如我们在这一段经文中看到的，"甚至连门前都没有空地"。他们惊奇，他们震惊，他们对耶稣大能的作为感到不可思议，但他们却没有归正。他们活在这公义日头正午完全的光照之下，但他们的心却依旧刚硬。除了耶路撒冷，迦百农从我们主那里得到他对任何地方都没发出的最严厉的定罪判决——"迦百农啊，你将要升到天上吗？将来必坠落阴间，因为在你那里所行的异能，若行在所多玛，它还可以存到今日。但我告诉你们：当审判的日子，所多玛所受的，比你还容易受呢！"（太11：23、24）

我们大家若是认真留意迦百农这情形就好了！我们所有人都会倾向认为，要使人心归正，我们只需大有能力地传讲福音，只要把福音传到一个地方，人人就必然会相信。我们忘记了，不信有很强的能力，人对上帝的敌意是何等之深；我们忘记了，迦百农的人听过最完美无缺的讲道，看过最令人震惊的神迹证实这讲道，却依旧死在过犯罪恶当中。我们需要得到提醒，对一些人作了活的香气叫他活的同一个福音，对另外一些人却是作了死的香气叫他死；那使蜡软化的同样一团火，却使泥土变得刚硬。事实上，令人心如此大大刚硬的，莫过于就是经常听到福音，却故意选择去服侍罪和世界。从来没有一群人像迦百农人一样得到如此大的眷顾，但从来没有一群人像他们那样变得如此刚硬。让我们警惕，不要追随他们的脚踪行。我们应当常常做启应祷文里的祷告："良善的主，救我们脱离内心刚硬。"

接着我们从这些经文看到，**对人的灵魂来说，苦难可以成为何等大的祝福。**

我们看到一个瘫子，在迦百农被带到我们主这里来，为要得到医治。他无助无力，躺在褥子上，被四个好心的朋友抬来，被缒下来，放到耶稣正在讲道的房子中间。这人立刻遂心所愿，身体和灵魂的大医生看见他，并且使他很快得到医治。他使这人的健康和力量复原，他赐他比这大得多的祝福，就是罪得赦免。简而言之，这人那天早上从自己家被抬出去时，虚弱且要依赖人，身体和灵魂都萎缩，最后却欢欢喜喜回到自己家中。

谁能怀疑这人到了生命尽头，会为他的瘫痪感谢上帝呢？没有这瘫痪，他很有可能生死都在无知当中，根本就不会来见基督。没有这瘫痪，他可能会一辈子都在加利利青翠的山冈上放羊，绝不会被带到基督这里来，绝不会听到这配得称颂的话："你的罪赦了。"这瘫痪确实是一种祝福。谁能说这瘫痪不是他灵魂得永生的起头呢？

第二章

历世历代有何等多的人能见证，这瘫子的经历正是他们自己的经历！他们已经通过患难学会了智慧。丧亲之痛显出是怜悯，损失显出是真利益。疾病把他们带到灵魂的大医生这里，送他们去到圣经那里，把世界关在门外，让他们看到自己的愚昧，教导他们祷告。成千上万的人可以和大卫一样说："我受苦是与我有益，为要使我学习你的律例。"（诗119：71）

让我们小心，落在患难之中时不要低声埋怨。我们可以肯定，每一个挫折都是有需要的，每一种试炼都有智慧的原因。每一种疾病和愁苦，都是从上帝而来充满恩惠的信息，为的是呼吁我们与他更亲近。让我们祈求，可以学会上帝命定的每一种患难要传达的教训。让我们总要谨慎，"不可弃绝那向我们说话的"。

最后我们从这一段经文看到，我们的主耶稣基督拥有赦罪这祭司的能力。

我们看到我们的主对这瘫子说："小子，你的罪赦了。"他说这话是有深意的。他知道他身边那些文士的心。他要让他们看到，他宣称是那位真正的大祭司，有赦免罪人的权柄，虽然当前他很少发出这宣告。但他有权柄——这是他明明白白地告诉他们的。他说："人子在地上有赦罪的权柄。"他说"你的罪赦了"，只是在行使他理所当然的职分。

让我们思想，他的权柄是何等的浩大，他竟然有赦罪的权柄！这是除了上帝无人能做的事情。天上的天使、地上的人、聚集召开会议的教会以及任何宗派的牧师，都不能从罪人的良心那里除去负罪的重担，赐他在上帝面前的平安。他们可以指向那为一切罪人所开的泉源。他们可以带着权柄宣告，上帝愿意赦免哪些人的罪。但他们不能靠自己的权柄赦罪，他们不能除去过犯，因为这是上帝独有的特权，这特权是他交在他的儿子耶稣基督手里的。

让我们稍停片刻，思想耶稣是我们的大祭司，我们知道该往哪里去得赦免，这是何等浩大的福气！我们自己和上帝之间必须要有一位祭司和一样祭物。良心要求我们许多的罪要得以补赎，神的圣洁要求绝对需要赎罪。没有一位为人赎罪的祭司，人就不可能有内心平安。耶稣基督正是我们需要的那位祭司，他有饶恕和赦罪的大能，内心温柔，且愿意施行拯救。

现在让我们自问，我们是否已经认识主耶稣基督是我们的大祭司，我们有没有求助于他？我们有没有寻求赦罪？如果没有，我们就仍在罪中。愿圣灵与我们的心同作见证，我们已经坐在耶稣脚前，听到他的声音说"小子，你的罪赦了"，否则就绝不安息。

二 呼召利未，基督是灵魂的医生，新酒旧瓶

可2：13—22

13. 耶稣又出到海边去，众人都就了他来，他便教训他们。
14. 耶稣经过的时候，看见亚勒腓的儿子利未坐在税关上，就对他说："你跟从我来！"他就起来，跟从了耶稣。
15. 耶稣在利未家里坐席的时候，有好些税吏和罪人与耶稣并门徒一同坐席，因为这样的人多，他们也跟随耶稣。
16. 法利赛人中的文士（有古卷作"文士和法利赛人"）看见耶稣和罪人并税吏一同吃饭，就对他门徒说："他和税吏并罪人一同吃喝吗？"
17. 耶稣听见，就对他们说："康健的人用不着医生，有病的人才用得着。我来本不是召义人，乃是召罪人。"
18. 当下，约翰的门徒和法利赛人禁食。

他们来问耶稣说:"约翰的门徒和法利赛人的门徒禁食,你的门徒倒不禁食,这是为什么呢?"

19. 耶稣对他们说:"新郎和陪伴之人同在的时候,陪伴之人岂能禁食呢?新郎还同在,他们不能禁食。

20. 但日子将到,新郎要离开他们,那日他们就要禁食。

21. 没有人把新布缝在旧衣服上,恐怕所补上的新布带坏了旧衣服,破得就更大了。

22. 也没有人把新酒装在旧皮袋里,恐怕酒把皮袋裂开,酒和皮袋就都坏了;惟把新酒装在新皮袋里。"

* * *

这一段开头提到的蒙召之人名叫利未,就是四福音书第一卷中称为马太的那人,让我们都不要忘记这一点。他是一个使徒,是一个传福音的,现在呈现在我们眼前的,是他的早年经历。

我们从这些经文看到,**基督呼召人从世界中出来,给他们做他门徒的权柄**。我们看到"利未坐在税关上",基督对他说:"你跟从我来。"立刻"他就起来,跟从了耶稣"。他从一位税吏变成一位使徒,也是现在全世界都知晓的新约圣经第一卷书的作者。

这是一个极富重要意义的真理。没有上帝的呼召,无人可以得救。我们都如此深深地陷入罪中,如此与这世界长相厮守,以至于除非上帝首先用他的恩典呼召我们,否则我们就绝不能转向神寻求拯救。上帝必须通过他的圣灵对我们内心说话,然后我们才能对他说话,第十七条信纲说那些做上帝儿女的人,是"照着神旨,到了定规的时候,必蒙圣灵感召"。呼召罪人的工作,交托给了基督这样一位如此恩慈的救主,我们是何等有福啊!

主耶稣呼召一个罪人做他仆人的时候,是作为主权的君王行事，但他也是带着无限的怜悯行事。他经常拣选那些看起来最不可能按他的旨意行、离他国度最遥远的人。他用大能吸引他们到他自己这里来，打破旧有性情和习惯的枷锁，使他们成为新造的人。就像磁铁吸引铁，南风软化冻结的土壤一样，同样基督呼吁罪人从这世界出来，融化最刚硬的心。"耶和华的声音大有能力。"听到这声音时，不让自己的心刚硬的人有福了！

我们读了这一段圣经，对于任何人是否能得救的问题就不应全然绝望。呼召利未的那一位仍然活着，仍在动工。神迹的世代还没有过去。贪财是一种强大的动机，但基督的呼召更强大。甚至对那些"坐在税关上"，享有这世界大量美物的人，我们也不要对他们绝望。那对利未说"你跟从我来"的声音，仍能触动他们的心。我们仍可以看见他们起来，背起他们的十字架，来跟从基督。让我们不断地盼望，为他人祷告。谁知道神不会为我们身边任何人动工呢？没有一个人太糟糕，以致基督不愿呼召的。让我们为万人祷告。

我们从这段经文学到的另一件事情就是，**基督其中一个主要职分就是做"医生"。**文士和法利赛人因着基督与税吏及罪人一同吃饭就责备他。但"耶稣听见，就对他们说：'康健的人用不着医生，有病的人才用得着。'"

主耶稣不像一些人认为的那样，到这世上来仅仅做颁布律法者、君王、教师和楷模。如果这是他到世上来的全部目的，那么对人来说，他们所得的安慰就少了。饮食养生法和健康法则，对病后康复的人来说是再好不过了，但并不适用于在致命疾病下苦苦挣扎的人。对一个好像伊甸园中的亚当那样没有堕落的人而言，一位教师和楷模可能就足够了。但像我们这样堕落的罪人，我们自己首先需要医治，然后才能重视法则。

　　主耶稣到世上来，既做教师也做医生。他知道人性的需要，他看我们都患上灵魂致命的疾病，被罪的瘟疫击打，正一天天死去。他同情我们，下来把从上帝而来的药带给我们，解救我们。他来赐健康和医治给垂死的人，医治伤心的人，给软弱的人加力量。没有一个因罪患病的人，是病情太过严重，以致他不能医治。他的荣耀就是医治病情最绝望的人，使他们重新得着生命。至于绝不失败的技能，永不疲倦的温柔，对人属灵疾病的长期经验，在这一切方面，这位灵魂的大医生无出其右者。从来没有人像他这样。

　　但我们自己对基督这特别的职分又知道多少？我们曾经感受过我们灵里的疾病，向他求医治吗？除非我们这样行，否则在上帝眼中，我们就不可能是义的。如果我们认为，罪疚感要拦阻我们到基督这里来，那么我们对信仰的认识就根本不正确。感受到我们的罪，知道我们得病，这是真正基督教信仰的开始。感知到我们的败坏，厌恶我们自己的过犯，这是灵命健康的起初迹象。发现自己灵魂有病的人是真有福的！让他们知道，基督正是他们需要的那位医生，让他们毫不拖延，来到他的面前求助。

　　最后我们从这些经文看到，**在信仰方面，尝试把根本不同的东西混在一起，这比无用还要糟糕**。他对法利赛人说，"没有人把新布缝在旧衣服上"，"也没有人把新酒装在旧皮袋里"。

　　当然我们必须把这番话看作是一个比喻。这番话是特别针对法利赛人刚刚提出的那个问题的——"约翰的门徒禁食，你的门徒倒不禁食,这是为什么呢?"我们主的回答清楚表明,强迫他的门徒禁食,这不妥当,也不合时宜。那属于他的小群,在恩典方面依然幼稚,在信心、知识和经历方面依然软弱。他们必须接受温柔的带领,而不是在这初级阶段,就用他们不能承受的要求,作为重担加在他们身上。而且禁食适合只是新郎的朋友,就是住在旷野中传悔改的洗、穿骆驼毛织的衣服、吃蝗虫和野蜜的那一位的门徒。但禁食并不同样适合耶稣的门徒,他是新郎本人,给罪人带来好消息,且活在人间,像其他人一样。简而言之,目前要求他的门徒禁食,就是好像"把新酒装在旧皮袋里"。这就好像尝试把根本不同的事情混杂结合在一起。

这些小小比喻立定的原则极其重要。这是一种箴言式的说法,可以广泛应用。忘记这一原则,已经给教会带来了极大伤害。因着企图把新布缝在旧衣服上,把新酒装在旧皮袋里而带来的弊端,既不少也不小。

加拉太教会在这方面如何?事情记在保罗的书信里。有人希望在这家教会把犹太教和基督教协调起来,既施洗也给人行割礼。他们努力要保留礼仪和典章的律例,把这和基督的福音并列。实际上他们就是真诚地"把新酒装在旧皮袋里"。他们这样做的时候就大错特错了。

使徒去世之后,初期基督教会在这方面如何?我们在教会历史中看到这方面的记载。一些人尝试让福音更为人所接受,就把福音与柏拉图哲学混合在一起。一些人从异教徒的神庙里借用异教崇拜的形式、队列行进和服饰,以此向异教徒传福音。简而言之,他们就是"把新布缝在旧衣服上"。他们这样做,就撒下了大恶的种子,为罗马天主教全面背道铺平了道路。

今天很多认信的基督徒情况又如何？我们只需看看我们身边就能发现，有成千上万的人，试图把服侍基督与服侍世界调和起来，有基督徒之名，却过不义之人的生活——与服侍罪中之乐的仆人在一起，与此同时，却要跟从那被钉十字架的耶稣。一句话说，他们企图享受那"新酒"，却紧紧抓住那"旧皮袋"不放。他们有朝一日要发现，他们是在尝试做那不可能做成的事。

让我们用严肃自省来结束对这段经文的默想。这段经文应在今天引人深深地察验自己的内心。我们岂没有读过经上的话吗？"一个人不能侍奉两个主。""你们不能又侍奉上帝，又侍奉玛门。"让我们把这些经文与我们主在这一段经文结束时所说的话并列察看："没有人把新酒装在旧皮袋里。"①

三 解释对安息日正确的看法

可2：23—28

23. 耶稣当安息日从麦地经过。他门徒行路的时候掐了麦穗。
24. 法利赛人对耶稣说："看哪，他们在安息日为什么做不可做的事呢？"
25. 耶稣对他们说："经上记着大卫和跟从他的人缺乏、饥饿之时所做的事，你们没有念过吗？
26. 他当亚比亚他做大祭司的时候，怎么进了上帝的殿，吃了陈设饼，又给跟从他的人吃？这饼除了祭司以外，人

---

① 需要记住，这里讲的是皮袋，而不是玻璃酒瓶或陶器，否则就不能明白这比喻的意思。该词还见于大卫说的这番话："我好像烟（薰）的皮袋。"（诗119：83）

都不可吃。" 人不是为安息日设立的。
27. 又对他们说："安息日是为人设立的， 28. 所以人子也是安息日的主。"

* * *

这段经文让我们看到我们主耶稣基督在地上工作时一幅特别的画面。我们看到我们配得称颂的主和他的门徒，在安息日从麦地经过。我们得知他的门徒"行路的时候，掐了麦穗"。立刻我们就听到法利赛人向我们的主指责他们，仿佛他们犯了严重的道德方面的罪。"看哪！他们在安息日为什么做不可做的事呢？"他们得到的回答充满极深的智慧，是所有那些渴望明白守安息日这主题的人都应当细察的。

我们从这段经文看到，**那些在信仰方面仅仅是形式主义者的人，把何等夸张的重要意义附加在了那些琐碎的小事上。**

如果这世上还有仅仅是形式主义的人，法利赛人就是这样的人了。他们似乎只思想外在的部分，信仰的外壳、外表和礼仪。他们甚至用他们自己的传统，加增这些外在的事。他们的敬虔，是由洗濯、禁食、特别的服装，以及随从私意的敬拜组成的，而悔改、相信和圣洁相对而言则被忽略了。

门徒若是犯了一些违反道德律的罪，法利赛人很有可能不会挑他们的错，反而会纵容贪婪，或作假见证、勒索和放纵，因为这些都是他们自己倾向要犯的罪。但他们一看到有人破坏了他们自己人为的守安息日的传统，就大声疾呼，挑人毛病。

让我们警醒祷告，免得我们也落入法利赛人的错误中。这世上从来不会缺少那些按他们脚踪行的口头认信之人。今天有成千上万的人，显然更看重信仰外在的礼仪，而不是信仰的教义。遵守纪念圣徒的日子，诵读信条时把头转向东方，听到耶稣的名时作揖——他们在这些事情上小题大做，却不看重悔改、相信或从世界分别出来为圣。让我们常常警惕，提防这种精神，这种精神既不能安慰人，也不能使人得满足或使人得救。

我们在思想中应当确定这条原则，就是当一个人开始看人为的仪式和礼仪更重要，抬举这些超过福音的传讲，那他的灵魂就会落在糟糕的光景里。这是灵里得病的一种症状，是人里面的毛病，也常常是良心不安的源头。人脱离抗罗宗运动的精神，背道而走向罗马天主教运动的第一步，常常就是沿着这方向。难怪保罗对加拉太人说："你们谨守日子、月份、节期、年份，我为你们害怕，惟恐我在你们身上是枉费了工夫。"（加4：10、11）

第二，我们从这些经文看到，**圣经知识具有何等大的价值**。

我们的主引用圣经，以回应法利赛人的控告。他用大卫的所作所为提醒他的敌人。那时大卫"缺乏饥饿"。"大卫所做的事，你们没有念过吗？"他们不能否认诗篇的作者，合神心意的那人不可能树立一个恶劣榜样。实际上他们知道，在大卫一生的年月中，"除了赫人乌利亚那件事"（王上15：5），他都没有偏离上帝的命令。但大卫做了什么事？他进到上帝的殿中，因饥饿所迫，"吃了陈设饼，这饼除了祭司以外，人都不可吃"。① 耶稣就以此表明，在维持生命必需的情形里，上帝律法的要求是可以放松的。我们的主让他的对头去读圣经上的这个例子，他们找不到话来回答他。圣灵的宝剑，是他们不能敌挡的兵器。他们蒙羞，闭口不言。

我们的主在这场合的举止，应当成为所有他百姓的榜样。我们信心和行为的重大根据，总应是"经上记着"。"圣经怎么说？"在所有争议的问题上，我们应当努力与上帝的道站在同一战线。在所有引发争论的问题上，我们应当努力能够为我们的行为找到一个符

---

① 这段经文提到亚比亚他做"大祭司"，而这里所讲的事记载在《撒母耳记上》第二十一章六节，那里讲亚希米勒是大祭司，这就引出一个难点。

以下是对这一难点的不同解释。

1. 贝扎（Beza）说亚比亚他和亚希米勒各有两个名字，亚比亚他常被称为亚希米勒，亚希米勒常被称为亚比亚他（此说法的证据见撒下 8∶17；代上 8∶16；24∶3）。

2. 莱特富特（Lightfoot）把这句话翻译为"当大祭司的儿子亚比亚他的时候"。他认为，提亚比亚他而不是他父亲的名字，只因为亚比亚他把以弗得带给大卫，而且通过他用乌陵和土明向上帝求问。他还说，犹太人想到"亚比亚他"就想到乌陵和土明，说事情是"在亚比亚他"下做的，就表明是在上帝指示下做的。

3. 惠特比（Whitby）认为对于这里讲的"大祭司"，我们不可理解这人是严格按此称之为大祭司，他只是一个地位卓越的人。他引为证的例子有太 2∶4；26∶3；27∶62；约 11∶47；可 14∶10、43。

4. 有人认为亚比亚他和亚希米勒同时做大祭司。同时有两位大祭司，这根本没有什么异乎寻常的地方，这从撒下 8∶17 可以看出，那里列出两个人的名字，说他们是"祭司"。

5. 有人认为在这里，人抄写《马可福音》原文时有衍文或错讹。贝扎使用的抄本完全省略了被翻译为"当亚比亚他做大祭司的时候"这句话。圣加尔（St. Gall）抄本和哥特（Gothic）版本只是作"祭司"而非"大祭司"。波斯版本作"亚希米勒"而非"亚比亚他"。但是公平地说，绝大多数抄本和版本的证据支持这里记载的文字。

这些解决方案，一些显然比其他可能性更大。但它们当中任何一条，都比一些人断言马可犯了一个错误的观点合理得多，更值得相信！这样的理论否认圣经默示的整个原则。然而抄写圣经的人可能偶尔犯错，但起初的作者在写每一个字的时候受上帝默示，因此不可能犯错。

合圣经的答案。我们应当让我们的仇敌看到，圣经是我们行事为人的准则。我们应当总要找一段清清楚楚的经文，作为我们能够使用的最强有力的论证。如果我们服侍基督，那么我们就必须料到在这个世界上，我们的意见会遭到攻击。我们就可以肯定，除非引用圣经，否则什么也不能让我们的对手闭口不言。

但我们必须记住，如果我们想和我们的主一样使用圣经，那么我们就必须熟悉圣经，熟悉它的内容。我们就必须勤奋、谦卑、持久地带着祷告的心读圣经，否则在我们需要时就不会经历到圣经经文所带给我们的帮助。要有效地使用圣灵的宝剑，我们就必须熟悉它，常常把握在手中。要认识圣经，并不存在一条捷径。圣经的知识，不是凭着人的直觉临到人身上，我们必须学习、深思这本书，带着祷告的心去读并且查考。绝不可把它放在书架上，或时不时随随便便翻看。学习圣经的人，也只有学习圣经的人，才能在争战的日子里发现圣经是手中预备好的使用兵器。

最后，我们从这段经文看到**在守安息日的问题上作决定的真正原则**。我们的主说："安息日是为人设立的，人不是为安息日设立的。"

这句话是一个有着极深智慧的宝藏，值得我们密切关注。除了《马可福音》，其他福音书都没有记载这句话，因此这就更值得我们关注。让我们来看这句话所包含的内容。

"安息日是为人设立的。"上帝为乐园中的亚当设立了安息日,在西奈山上向以色列人重申这一点。这是为全人类设立的,不仅仅是为犹太人,而且是为亚当全家设立的。这是为了人的益处和幸福设立的,是为人身体的好处、思想的好处、灵魂的好处设立的。上帝赐人安息日,是作为一样福益、一种祝福,而不是一种重担。这是上帝起初设立安息日的意图。

但"人不是为安息日设立的"。上帝吩咐要遵守这个日子,却从未打算如此强制执行,以致伤害人的健康,或者干预人维持生命所需的要求。上帝从未要人如此解释"守安息日为圣日"这条起初的命令,以致伤害人的身体,或拦阻向他的同胞做施怜悯的工作。这个要点是法利赛人已经忘记或者已经掩埋在了他们的传统之下。

这段经文当中根本没有任何一点可以支持一些人的鲁莽论断,就是我们的主已经废除了第四条诫命。相反,他明白地讲到安息日是一种特权、一种恩赐。他只是规范了遵守安息日要达到的地步。他向人表明,在安息日可以做维持生命所必需以及怜悯的工作。但他没有说一句话去支持这种观念,就是基督徒不需要"记念安息日,守为圣日"。

让我们在守安息日这件事上谨慎自己的行为。在当今的时代,太严格遵守这一日的危险几乎并不存在。更大的危险在于,人亵渎这一日,全然忘记了这一日。让我们努力,为着在我们当中全然持守这一日努力争辩。我们可以确信,国家的兴旺,个人在恩典上的长进，是与持守圣安息日紧密联系在一起的。①

---

① 这段经文的最后一句非常特别："人子也是安息日的主。"人们对这句话曾作出相当奇怪的解释，值得我们留意：

1. 克里索斯托（Chrysostom）、格劳修斯（Grotius）、克洛维（Calovius）和其他人认为，这里的"人子"是指"任何人"，即任何按血缘关系从亚当家族生的人，而非基督他自己。姑且不提对这种解释涉及的各种教义所作的各样反对意见，一条无可辩驳的反对意见就是新约圣经从来没有这样使用"人子"一词。惠特比说在新约圣经中这一说法出现了八十八次，不过总是用在基督身上。

2. 其他人说我们主的意思，是断言他自己有权利废除第四条诫命。但这看起来是极不能令人满意的答案。我们的主在一处地方清楚地宣告，他来"不是要废掉，乃是要成全"律法。他在另一处挑战犹太人，要他们证明他对律法有任何违反的地方："你们中间谁能指证我有罪呢？"他的仇敌最后把他带到该亚法面前时，并没有控告他违反第四条诫命。要是他的教导或做法给了他们借口，无疑他们本会这样做的。

真正的意思看来是，我们的主宣告他有权废除法利赛人认为强加在安息日上的一切传统规矩和人为律例。作为不是要来行毁灭，而是要来施拯救的人子，他断言有权柄释放那有福的安息日，脱离拉比们用来妨碍和毒害这日的虚假和迷信观念，恢复它正确的含义和应用。他宣告安息日是他的日子——即创造和设立都是为着他，因他首先在乐园和在西奈山赐下，并且宣告他决心捍卫和洁净他的日子，除去犹太人强加在其上的，并且把它赐给门徒——按照它原本的目的成为得祝福、安慰和益处的一日。

我们主的话隐含两种意思。一种含义就是他自己有神性。"安息日的主"就是上帝他自己。这就好像是说："在这里有一人比殿更大。"（太 12：6）另外一种含义，就是他打算要把安息日从一周第七日改为头一日。他说这句话的时候，无疑这些事情对犹太人来说都不是显然的，很有可能他的门徒也不清楚。在他升天之后，他们"要想起他的话"。

迈尔（Mayer）的注释里有一段话值得我们注意。"肯定的是，基督作为一切事上教义的完美典范，他并没有干犯，也不容人干犯任何一条上帝的律法。因此我们可以认定，他在这里所说的一切，目的不是别的，正是要迫使法利赛人承认他们的瞎眼和无知，并且指明要按上帝诫命正确地遵守安息日——但是上帝从未要求人按法利赛人以为的那样如此严格地遵守安息日。"——《迈尔圣经注释》，1631 年。

第 三 章

一 在安息日医治手萎缩的人，基督受仇敌窥探，难过忧伤

可3：1—12

1. 耶稣又进了会堂，在那里有一个人枯干了一只手。
2. 众人窥探耶稣，在安息日医治不医治，意思是要控告耶稣。
3. 耶稣对那枯干一只手的人说："起来！站在当中。"
4. 又问众人说："在安息日行善行恶，救命害命，哪样是可以的呢？"他们都不作声。
5. 耶稣怒目周围看他们，忧愁他们的心刚硬，就对那人说："伸出手来！"他把手一伸，手就复了原。
6. 法利赛人出去，同希律一党的人商议怎样可以除灭耶稣。
7. 耶稣和门徒退到海边去，有许多人从加利利跟随他。
8. 还有许多人听见他所做的大事，就从犹太、耶路撒冷、以土买、约旦河外并推罗、西顿的四方，来到他那里。
9. 他因为人多，就吩咐门徒叫一只小船伺候着，免得众人拥挤他。
10. 他治好了许多人，所以凡有灾病的，都挤进来要摸他。
11. 污鬼无论何时看见他，就俯伏在他面前，喊着说："你是上帝的儿子！"
12. 耶稣再三地嘱咐他们，不要把他显露出来。

* * *

这段经文让我们看到，我们主再次行了一件神迹，在会堂里医治了一个"枯干了一只手"的人。我们的主总是以他父的事为念，常常行善——既在朋友面前，也在敌人面前。这就是我们主在地上工作时每天的榜样。并且他"给我们留下榜样，叫我们跟随他的脚踪行"（彼前2：21）。无论多么软弱，都努力效法他们主的基督徒真有福了！

让我们从这些经文中观察，**我们主耶稣基督的仇敌怎样窥探他**。我们看到"众人窥探耶稣，在安息日医治不医治，意思是要控告耶稣"。

在此我们看到一个何等可悲的证据，证明人性邪恶！这些事情发生在安息日，而且是在会堂里，是人聚集在一起听上帝的道和敬拜上帝的地方。然而即使在上帝的日子，在敬拜上帝的时候，这些卑劣的形式主义者，也正在密谋行恶反对我们的主。正是这些在小事上如此严格，假装要把它们分别为圣的人，在聚会中却充满恶毒的意念（箴5：14）。

基督的百姓绝不可以为要比他们的主日子过得更好。一个本性恶毒充满仇恨的世界，总在窥探着他们。世人用敏锐嫉妒的眼光，不断地扫描他们的行为举止，留意并密切观察他们所行的道，他们是被盯梢的人。他们做事，没有一样不被世人留意。他们的穿着，他们的花费，他们对时间的使用，他们在人生一切人际关系中的行为举止，都受到严密观察。他们的敌人等着他们出错。如果他们有任何时候陷入错误，罪人就要大大欢喜。

所有基督徒要能常常记住这一点就好了。无论去到哪里，无论做什么，让我们都记住，与我们主一样，我们是被人"窥探"的。想到这一点，就应当使我们用一种神圣的忌邪之心看待我们的一切行为举止，好使我们不做任何可以让仇敌亵渎的事。这应当使我们努力避免任何只不过看起来是"恶事"的事情。最要紧的是，这应当使我们多多祷告，祈求上帝保守我们的脾性、言语和每天在众人面前的举止无可指摘。救主自己被人"窥探"，所以知道如何同情他的百姓，在需要的时候供应他们恩典。

第二，让我们观察**我们主立定的关于遵守安息日的重大原则**。他教导说，在安息日"行善"是合乎律法的。

我们的主通过提出一个重要问题来教导这条原则，他问身边的人，"在安息日行善行恶，救命害命，哪样是可以的呢？"医治这个在他面前一只手枯干的可怜受苦之人，或者撇下他不管，哪一样更好？在安息日让一个人恢复健康，还是像他们此刻那样，阴谋要杀人，对一个无辜之人心怀怨恨，哪一样更有罪呢？他在安息日救一个人性命，就该受到责备吗？他们想要杀他，难道是无可指责的吗？难怪我们主的仇敌面对一个像这样的问题"都不作声"。

从我们主说的这番话可以清楚地看出，没有一个基督徒应当犹豫是否该在星期日行一件真正的善事。基督徒总是可以良心无愧地行一件真正的怜悯工作，比如服侍病人，解除人的痛苦。第四条诫命赋予安息日的神圣，丝毫不受这种事情的任何侵犯。

但我们必须小心，不要滥用我们主在这里立定的原则，使之背负恶名。我们绝不可容自己认为，允许"行善"意味着每一个人都可以在安息日去寻找自己的欢乐。允许"行善"绝不是要为娱乐、属世的欢庆、旅行和满足感官之欲打开大门。这允许的意图，绝不是容许在星期日火车站开放，或在星期日行驶轮船，或在星期日举行展览。这些事对任何人都没有好处，肯定会给许多人带来伤害，剥夺了许多仆人第七日的安息，把成千上万人的星期日变成做苦工的日子。让我们小心，不要曲解我们主的话，使之失去其正确的含义。让我们记住，他配得称颂的榜样，容许的是哪一种在安息日"行善"。让我们自问，我们主在安息日做工，和许多人认为自己度过安息日，却敢诉诸我们主的榜样作为辩护的做法，是否有丝毫相似之处。让我们回到我们主这番话清楚的含义，在其上持定我们的立场。他赐我们有一种自由，可以在星期日"行善"，但对于欢宴、观光、开派对和旅行，他却根本没有赋予人这样的自由。

最后让我们观察，**我们主心中因仇敌的举动，生发出何等的感情**。我们得知，"耶稣怒目周围看他们，忧愁他们的心刚硬"。

这句话发人深省，要求我们特别关注。这句话为要提醒我们，我们的主耶稣基督在凡事上和我们自己相同，只是没有犯罪。无论是哪一种无罪的感情，只要是属于人的部分，我们的主也同有，而且是在经验中知道这种感情。我们在圣经中看到他"惊奇"，他"欢喜"，他"哭"，他"爱"，在此我们看到他感到"怒"。

从这句话可清楚地看出，有一种"怒"是合法、正确、不犯的。有一种怒气是有理由的，在某些场合是可以正确显明的。所罗门和保罗的话，看来都教导同样的功课。"北风生雨，谗谤人的舌头也生怒容。""生气却不要犯罪。"（箴 25：23；弗 4：26）

然而我们必须承认，这一点难以把握。在人心经历的所有感情当中，可能没有一样像愤怒一样，会如此快地变为犯罪。没有一样比一旦被激起的怒气，看起来更不受控。没有一样比它更能带人进入如此大恶。脾气糟糕，容易生气，情绪激动，连义人都会被这些带到何等地步，这是人有目共睹的。保罗和巴拿巴在安提阿"争论"的历史，以及摩西被惹动，结果"用嘴说了急躁的话"的故事，是每一个读圣经的人都熟悉的。发怒时说的话，违背了第六条诫命。这可怕的事实，主在登山宝训中有清楚的教导。然而在此我们看到，有一种怒是合乎律法的。

在结束对这个主题默想时，让我们热切祷告。求上帝加给我们所有人能力，可以在发怒的问题上留意我们的灵。我们可以肯定，没有一种人类感情，像发怒一样需要如此谨慎防备。无罪的怒气十分罕有，人的怒气极少是为了上帝的荣耀。在每一种情形里，义怒都应当结合着愤怒之人的伤心难过之情，正如在我们主的这情形里一样。无论如何这是我们可以肯定的：绝不发怒，比发怒以至于犯罪要好。①

二 设立十二使徒，基督的朋友误会他的热心

可3:13—21

13. 耶稣上了山，随自己的意思叫人来，他们便来到他那里。

14. 他就设立十二个人，要他们常和自己同在，也要差他们去传道，

---

① 与此问题相关，巴特勒（Butler）主教论愤怒的讲道值得一读。他在该讲道的结束部分说："那愤怒之情经常导致人犯下恶念和报复这些可怕的罪。原本这是上帝放在我们人性当中的，而且适当地发怒也不是犯罪，且是人心中常见的情绪。从其最早的来源而言，愤怒本身无非是对伤害和邪恶自然而生的一种愤慨的感觉，是对受造界中唯一的丑陋，对唯一理当憎恶和不悦对象的义怒。"——巴特勒主教

15. 并给他们权柄赶鬼。
16. 这十二个人有西门,耶稣又给他起名叫彼得;
17. 还有西庇太的儿子雅各和雅各的兄弟约翰,又给这两个人起名叫半尼其,就是雷子的意思;
18. 又有安得烈、腓力、巴多罗买、马太、多马、亚勒腓的儿子雅各和达太,并奋锐党的西门;
19. 还有卖耶稣的加略人犹大。
20. 耶稣进了一个屋子,众人又聚集,甚至他连饭也顾不得吃。
21. 耶稣的亲属听见,就出来要拉住他,因为他们说他癫狂了。

* * *

这一段的开始,描写的是设立十二使徒。这是我们主在地上工作期间的一件大事,人总应当带着极大兴趣来读。这区区几个人带给世界的益处是何等之大!几位犹太渔夫的名字被全世界数以百万计的人认识和热爱,而许多君王和富有之人的名字却已失传,被人遗忘。使人灵魂得益处的人,要"被记念直到永远。"(诗112:6)

让我们从这些经文中留意,**这里提名的十二个人当中,有多少在被设立为使徒之前,已经得到呼召要做主的门徒。**

在这群人当中,至少有六位,圣经特别记载了他们第一次蒙召来跟从基督的情形。这六人是彼得与安得烈、雅各与约翰、腓力与马太。简单来讲,几乎毫无疑问的是,在我们主的使徒当中,十一个人在被设立之前已经归正。

所有福音的工人都当如此,在他们被分别出来,做教导其他人的伟大工作之前,他们应当是已经首先得到圣灵呼召的人。"首先归正,然后按立",这原则应当既适用在使徒身上,也适用在他们身上。

这原则对真信仰之益处的重要性，怎样强调也毫不为过。主教和长老团在考察接受按立候选人属灵品格方面，绝不可能太过严格、太过具体。一位没有归正的牧师，完全不适合担任职务。他从未亲身尝过恩典的滋味，怎能本于经历讲述这恩典呢？他自己只是按救主的名认识他，又怎能向会众举荐这位救主呢？他自己还没有经历归正和新生，怎能敦促人、让他们知道自己需要归正和新生？那些劝说自己的儿子为获得一门好营生，或得到让人尊敬的职业而成为神职人员的父母，是何等大错特错！这不是劝他们说那不真实的话，妄称主的名，那又是什么？没有什么人像没有归正、属世的牧师那样，给基督教的事业带来如此大的伤害。他们是对异教徒的支持，是魔鬼喜欢的人物，是对上帝的冒犯。

接着，请让我们留意门徒被设立所担任那职分的性质。他们要"和基督同在"，他们要被"差去传道"，他们"有权柄治病"，他们有"权柄赶鬼"。

这四点值得关注，它们包含了极多教训。我们主的十二位使徒，毫无疑问是一群特别的人。他们去世的时候，没有人能继承他们。严格按字意来说，世上并不存在使徒传承的事。除非人能像他们一样行神迹，做无谬教导，否则无人能真正被称为是"使徒的继承人"。但话虽如此，我们却绝不可忘记，基督设立使徒，是要他们在许多事上作所有福音工人的模式和榜样。我们记住这一点，就可以从这一段得到关于忠心工人本分的至为有用的教训。

和使徒一样，忠心的工人应当与基督保持亲密相交。他应当多多"和他同在"，应当"与子"相交（约一1∶3），常常住在他里面。他应当从世界分别出来，每天像马利亚一样坐在耶稣脚前，聆听他的话语。他应当学习他，效法他，饮于他的圣灵，跟随他的脚踪行。当他登上讲坛的时候，他应当努力，使自己能够说，"我们将所看见、所听见的传给你们"（约一1∶3）。

和使徒一样，忠心的工人应当是一位传道人，这必须永远是他首要的工作，他必须把他最多的心思用在这工作上。他应当把传道放在施行圣礼这工作之上（林前1∶17）。他应当高举这工作，远超诵读仪文之上。一个不讲道的工人，对基督的教会几乎毫无用处。他就像一座没有灯的灯塔，一位不出声的号手，一位睡着了的守夜人，一团画出来的火。

和使徒一样，忠心的工人必须努力在各方面行善。虽然他不能医治病人，却要努力在所接触的所有人当中舒缓忧愁，加增幸福。他必须努力成为人所周知安慰人的人，辅导的人，使人和睦的人，帮助人的人，是所有人的朋友。人应当看他不是一个统管辖制的人，而是一个"因耶稣做他们的仆人"的人（林后4∶5）。

和使徒一样，忠心的工人必须反对魔鬼各样的作为。虽然基督现在不是呼召他把邪灵从人身体里赶出去，他却必须常做准备，敌挡魔鬼的诡计，揭露魔鬼为人灵魂布下的网罗。他必须揭露人赛马、看戏、跳舞、赌博、醉酒、亵渎安息日和满足肉体情欲的倾向。每一个时代都有自己独特的试探，撒旦的诡计众多。但是，不管魔鬼在哪方面忙忙碌碌，神的工人也应当在那里，准备好面对他，敌挡他。

牧师的责任何等重大！他们若尽本分，工作会何等繁重！为了支持他们的手，给他们的手加力，他们何等需要所有会众的祷告！

难怪保罗经常如此对众教会说："请为我们祷告。"

最后让我们留意，**我们主耶稣基督的热心如何遭人误解**。我们得知他们"出来要拉住他，因为他们说他癫狂了"。

这事实并不令我们感到惊奇。那位来膏抹耶户的先知，被称为是"狂妄的人"（王下9：11），非斯都说保罗"癫狂了"。没有什么比人不能明白为信仰所发热心而更清楚表明人性败坏。为金钱、科学、战争、商业或生意大发热心，这是世人能明白的。但是为信仰大发热心，却经常被人看作是愚昧、狂热、思想软弱的标志。如果一个人因为学习损害自己的健康，或过分关注生意，人不会找他的错，却说"他是一个勤奋的人"，但如果一个人因讲道令自己精疲力竭，或者把毕生时间用在向灵魂行善上，人就会高声呼喊说："他是一个狂热分子，行义过分。"这世界并没有改变，"属血气的人不领会上帝圣灵的事，反倒以为愚拙。"（林前2：14）

如果我们要与我们配得称颂的主喝同一个杯，就让我们的信心不要因此动摇。被家人误解，这在血肉亲情方面对我们来说可能是难的，但我们却必须记住，这并非是一件新事。让我们想起我们主的话，"爱父母过于爱我的，不配做我的门徒"。耶稣知道我们经受试炼的苦楚，耶稣与我们感同身受，耶稣要给我们帮助。

对于那些尚未归正之人不讲理的地方，让我们就像我们的主一样耐心承受。让我们怜悯他们，他们是瞎眼，缺乏知识，不要因此对他们的爱就有丝毫减少。最重要的是，让我们祷告，求上帝改变他们的内心。谁能知道，现在企图让我们转身离开基督的这些人，有一天不会成为新造的人，用不同的眼光看待万事，连他们自己也来跟从基督呢？

第三章

三 警告纷争，福音中完全的赦免，永远的定罪

可3：22—30

22. 从耶路撒冷下来的文士说："他是被别西卜附着。"又说："他是靠着鬼王赶鬼。"
23. 耶稣叫他们来，用比喻对他们说："撒旦怎能赶出撒旦呢？
24. 若一国自相纷争，那国就站立不住；
25. 若一家自相纷争，那家就站立不住；
26. 若撒旦自相攻打纷争，他就站立不住，必要灭亡。
27. 没有人能进壮士家里抢夺他的家具，必先捆住那壮士，才可以抢夺他的家。
28. 我实在告诉你们：世人一切的罪和一切亵渎的话，都可得赦免；
29. 凡亵渎圣灵的，却永不得赦免，乃要担当永远的罪。"
30. 这话是因为他们说："他是被污鬼附着的。"

* * *

我们都知道，如果我们行事端正，而我们的行为举止却被人误解误传，这是何等痛苦的事。这是我们的主耶稣基督在整个地上工作期间要不断承受的试炼。在我们现在读的这部分经文中，就有这样一个实例。"从耶路撒冷下来的文士"看见他所行的神迹，他们不能否认这些神迹是真实的，那么他们怎么办？他们控告我们配得称颂的救主，说他与魔鬼联合。他们说："他是被别西卜附着，他是靠着鬼王赶鬼。"

在我们主对这邪恶控告的回应中，有一些说法值得我们特别留

意，让我们看看当中包含有什么可给我们使用的教训。

首先我们应当留意，**纷争和分裂是何等邪恶**。

这是我们主一开始在回答文士时强烈地带出的教训。他表明，人认为撒旦会"赶出撒旦"，而且就这样摧毁自己的势力，这念头是何等荒谬。他诉诸那众所周知的事实，是连他的仇敌也必须承认的，就是哪里有分裂，哪里就不可能有力量。"若一国自相纷争，那国就站立不住。"

这事实并没有得到人充分的重视。没有什么比滥用个人判断更能带来如此大的邪恶。基督徒的分裂，是有形教会软弱的一个重大原因。这些分裂常常消耗精力、时间和力量，而这些本来是应该用在更好的事情上的。他们给了不信之人一个有力的把柄，用来反对基督教真理。他们帮助魔鬼，而撒旦确实是导致信仰分裂的主要肇事者。如果他不能扑灭基督教信仰，他就要努力让基督徒彼此争吵，让每一个人反对他的邻舍。没有谁比魔鬼更晓得"分裂就是征服"这个道理。

让我们下定决心，竭尽全力避免一切在信仰方面的分歧、冲突和争辩。让我们厌恶这些，把它们看作是教会的瘟疫。对于一切使人得救的真理，我们再如何大发热心也毫不为过。但我们很容易犯错误，把病态的挑剔误以为是讲求良心，把仅仅是为琐碎之事所发的热心，误以为是为真理大发热心。除非一家教会离弃了福音，否则人就没有任何理由离弃这家教会。让我们为合一与和睦的缘故，愿意大大让步，作出许多牺牲。

第二，让我们留意，我们主在这段经文中对赦罪的宣告是何等充满荣耀。他说："世人一切的罪和一切亵渎的话，都可得赦免。"

对许多人来说，这句话就像耳边风，他们看不到当中特别美好的地方。但是，对于那深知自己罪性，深深体会到自己需要怜悯的人来说，这句话特别甜美宝贵。"一切的罪都可得赦免。"年轻和老年时犯的罪，头脑、手、舌头和意念中犯的罪，违背上帝一切诫命的罪，像扫罗那样逼迫的罪，像玛拿西一样奸淫的罪，像钉基督十字架的犹太人一样公开与他为敌的罪，像彼得一样后退离开基督的罪，所有这一切的罪都可以得到赦免。基督的血可以把这一切都洁净除去。基督的义可以遮盖一切，在上帝眼前把一切都隐藏起来。

这里立定的教义，是福音的冠冕和荣耀。它向人传达的第一件事，就是白白的赦罪，完全的赦免，完全的赎罪，不用附上银钱和代价。"你们在一切不得称义的事上信靠这人，就都得称义了。"（徒13：39）

如果我们从前从未接受这教训，就让我们此刻毫不犹豫地把它紧紧抓住。这既是传给其他人，也是传给我们的。就在今天，如果我们到基督这里来，我们也可以得到完全的赦免。"我们的罪虽像朱红，必变成雪白；虽红如丹颜，必白如羊毛。"（赛1：18）

如果我们已经领受了这教训，就让我们牢牢坚守。有时我们可能感觉灰心、不配和沮丧，但如果我们已经真正凭信心到耶稣这里来，我们的罪就能完全得到赦免。它们被抛在神的身后，从他记念的册子上完全被涂抹掉，沉到深海里。让我们只要信，不要怕。

最后我们应当留意，**一个人的灵魂有可能永远在地狱里沉沦**。我们主的话是清楚直接的，他讲到有人"永不得赦免，乃要担当永远的罪"。

这是一个可怕的事实，丝毫不容置疑。但它是事实，我们绝不可闭眼不看。我们发现圣经反复断言这事实。上帝为了清楚无误地表明这一点，使用了许多各种各样的意象，运用了各种各样的说法。简而言之，如果没有"担当永远的罪"这样的事，我们就可以把圣经抛开，说这句话根本没有意义。

在这末后的日子，我们亟须把这可怕的事实常常摆在眼前。已经有教师起来，公然攻击永远刑罚的教义，或者努力要把它解释得不复存在。人的耳朵发痒，要听关于"上帝的爱"，以及一位慈爱的上帝是不可能容许地狱存到永远这些貌似有理的话。永远刑罚的教义，被人说成只是一种"猜测性的问题"，对于这问题，人可以按自己的意思想信什么就信什么。在这一切虚假教义的洪流之中，让我们紧紧抓住那古旧的真理。让我们不以相信有一位永远的上帝，有永远的天堂和永远的地狱为耻。让我们记住，罪是一种无限的恶，它需要一种具有无限价值的赎罪，救相信的人脱离它的后果——不信的人拒绝上帝为此提供的解决之道，这要使他遭受一种无限的损失。最要紧的是，让我们完全相信圣经上清清楚楚的陈述，就像今天我们眼前看到的这段话。一节清楚的经文胜过一千个抽象的论证。

最后，如果真有"永恒的地狱"，那么就让我们努力，不让自己落入其中。让我们逃命，不要停留（创 19：16、17）。让我们奔向那摆在我们面前福音里的盼望，以此作我们的避难所，不等到我们知道并感受到安全，就绝不止步。让我们绝不以寻求安全为耻。对罪、贪爱世界和享乐，我们当大以为耻，但我们绝不需要为寻求得救和脱离永远的地狱为耻。①

---

① 这里解释的这段经文中有一句话，要求我们特别留意。人公认它是圣经中一处难解的地方，常常让读圣经的人内心不安。我指的是我们主的这句话："凡亵渎圣灵的，却永不得赦免。"由此看来，好像存在着不得赦免的罪这样的事。

一些解经家认为，这里讲的罪完全局限于我们主在地上的时候——他们想以此破解这个难题。他们说当文士和法利赛人看到我们主所行神迹的证据，却拒绝相信他就是弥赛亚的时候，他们就是犯了这不得赦免的罪。他们断言说我们的主靠着鬼王行神迹，这就是亵渎圣灵。

如果这里看到的这段经文是完全独立于其他经文之外，这种看法可能就有一定道理；但即使如此，人若断言，在五旬节那日归正、罪得赦免的那三千人中没有心硬的文士和法利赛人，这也是一种武断的说法。但对于这种看法而言，不幸的是，这里立定的教义，除了这里以外，也可以在圣经其他地方找到。我当指的是那些人所周知的经文：来6：4、6；约一5：17。在所有这些地方，看来经文在指一件不得赦免的罪。

那么这不得赦免的罪是什么？人必须坦然承认，圣经没有一处定义它准确的实质。最有可能成立的观点，就是人虽在理智方面清楚地认识福音，却故意拒绝，故意选择罪。也就是说人头脑里有亮光，心里却充满仇恨。加略人犹大就是这样的例子。我们绝不可自我恭维，认为未曾有人跟随他的脚踪行。在圣经没有任何定义的情况下，可能我们对此认识的确定程度就不可能大大地突破这看法。然而就算是这种观点，我们也必须谨慎处理。在知识基础上的不信，必须要突破何种界限才能成为这不可赦免的罪，对此上帝是满有怜悯地不让我们知道。上帝满有怜悯地安排，让人绝不能确定任何弟兄是犯了一件不得赦免的罪。

虽然很难定义什么是不得赦免的罪，要支持它不是什么，难度却是低得多。在这一点上做一些说明，有可能就可以帮助舒缓良心软弱给人带来的苦恼。

我们几乎可以肯定，因着惧怕自己犯了这不得赦免的罪而忧愁的人，正是那些没有犯下这罪的人。他们对此惧怕担忧，这事实本身就是有利于他们的最强有力的证据。人的良心受困扰，对是否得救感到焦虑，惧怕被上帝弃绝，关注将来的世界，渴望逃脱上帝的愤怒——这些应该从不会在那已经犯了不得赦免之罪的人心里出现。这种人普遍的特征，更有可能是良心彻底刚硬，内心像被烙了一样，没有任何感觉，对属灵的关注彻底失去感知。对于这个问题，我们可以很安全地讲到这里为止。有不得赦免的罪这样的事，但因此苦恼的人，是最没有可能犯了这罪。

以下引用的托马斯·富勒（Thomas Fuller）的话值得注意：

"干犯圣灵的罪，总是伴随着这两种征兆：完全没有懊悔，全然不渴望得到赦免。如果你真的能说你的罪对你是一个重担，你确实渴望得到赦免，为了得到赦免不惜一切代价，你就可以得到安慰；靠着上帝的恩典，你还没有、绝不会犯下那不得赦免的罪。我不愿明确地对你说，你曾离这罪有多近。正如大卫对约拿单说的那样：'我离死不过一步！'同样你也可能仅仅与这罪擦肩而过，但你可以肯定，你还没有犯下这罪。"——富勒，《良心受伤的原因和医治》

四 基督的弟兄和母亲

可3：31—35

31. 当下，耶稣的母亲和弟兄来站在外边，打发人去叫他。
32. 有许多人在耶稣周围坐着，他们就告诉他说："看哪，你母亲和你弟兄在外边找你。"
33. 耶稣回答说："谁是我的母亲？谁是我的弟兄？"
34. 就四面观看那周围坐着的人，说："看哪，我的母亲，我的弟兄。
35. 凡遵行上帝旨意的人，就是我的弟兄姐妹和母亲了。"

* * *

就在这段经文之前，我们看到我们配得称颂的主被文士控告，说他与魔鬼结盟，他们说："他是被别西卜附着，他是靠着鬼王赶鬼。"

在我们现在看的这段经文里，我们发现文士这种荒谬的控告，并不是耶稣此时要忍受的一切。我们得知，"耶稣的母亲和弟兄来站在外边，打发人去叫他"。他们还不能明白我们主活出的这美好的、有价值的生命。虽然毫无疑问他们非常爱他，他们却想真诚地说服他不再做工，要他爱惜自己，他们根本不晓得他们在做什么！他们根本没有留意，也不明白我们主在12岁时说的话："岂不知

我应当以我父的事为念吗？"（路2：49）①

我们的主面对这一切拦阻，依然保持沉静坚忍，这一点很有意思。这些事情没有一件能打动他，敌人的毁谤和无知朋友好意的劝阻，都不能把他从他的道路上调转过来。他已经硬着脸面好像坚石，面向十字架和冠冕。他知道他来到这世上所做的工是什么。他有当受的洗还没有成就，他是何等迫切（路12：50）。

让所有真正服侍基督的人都像他一样。不让任何事情使他们片刻掉头离开那窄路，或者让他们停下往后看。让他们不要留意敌人恶意的话，让他们不要屈从于他们尚未归正的家人和朋友那些出于好意但却是错误的恳求。让他们用尼希米的话回答："我现在办理大工，不能下去。"（尼6：3）让他们说："我已经背起十字架，我不愿把它抛弃。"

我们从这段经文学到一个重要的功课。我们认识到，**哪些人被算作是耶稣基督的家人**。他们是他的门徒，"遵行上帝旨意的人"。对于这些人，教会伟大的元首说："他们就是他的弟兄姐妹和母

---

① 司各特（Scott）论到我们主在这情形中所说的话，值得我在此引用："很清楚这些提示当中，有很多是适宜的，并且毫无疑问，此处有预言的目的，为要让圣经发出声讨，谴责直到今天极多人对耶稣母亲马利亚怀有的那偶像崇拜式的尊崇。毫无疑问，她是一位优秀且尊贵的人，但她显然并不完全。她有权得到极大的敬重，极高的尊崇，但肯定无权接受信仰高度的信靠和敬拜。"

很难指出还有任何教义，比罗马天主教关于童贞女马利亚代求有效，或我们向她祷告有用的教义更没有圣经根据。至于罗马天主教会最近认可的童贞女马利亚无原罪成胎这教义，不过是人为的虚构，得不到圣经任何一句话的支持。童贞女马利亚虽圣洁，充满美德，但很清楚的是，她看自己是生在罪中，需要一位救主。我们有她自己这句清楚的话为证："我灵以上帝我的救主为乐。"（路1：47）

至于教父对我们主的母亲在这里举止的意见，惠特比收集了一些很有趣的说法：狄奥菲拉克（Theophylact）责怪她虚荣而且有罪愆，竭力要影响耶稣，不让他教导上帝的话语。德尔图良宣告她犯了不信的罪。克里索斯托为着这一件事，说她虚荣、不坚定和疯狂。"

亲了。"

这句话有何等深刻的意义！它向所有真信的人打开一座何等丰富的安慰之宝藏！有谁能够测透，我们主对那生他、在怀中乳养他的母亲马利亚的爱是何等之深？有谁能够想象，他对他肉身的兄弟，共度童年的兄弟的爱是何等宽广？毫无疑问，没有一颗心像基督的心一样有如此深邃的爱的源泉。然而就连他也对那些"遵行上帝旨意的人"说，他们每一个人"就是他的弟兄姐妹和母亲了"。

让所有真基督徒都从这句话畅饮安慰。让他们知道，至少有一位是认识他们、爱他们、看顾他们、算他们是他自己家里的人。他们在这世上贫穷，这又何妨呢？如果他们记得，他们是上帝儿子的弟兄姐妹，就没有理由以己为耻。因着信仰，他们在自己家里受到逼迫和苦难，这又何妨？他们可以记住大卫的话，用在自己的光景里："我父母离弃我，耶和华必收留我。"（诗27：10）

最后，让所有因人的信仰而逼迫和取笑他们的人，听从这句话的警告并且悔改。他们逼迫取笑的人是谁呢？上帝的儿子耶稣的家人！万王之王、万主之主的家人！肯定的是，如果他们停下并且认真思想他们正在做的事，就是有智慧了。他们逼迫的人，有一位大能的朋友——"他们的救赎主大有能力，他必向你为他们辨屈。"（箴23：11）

第三章

第 四 章

一 撒种人的比喻

可4：1—20

1. 耶稣又在海边教训人。有许多人到他那里聚集，他只得上船坐下。船在海里，众人都靠近海站在岸上。
2. 耶稣就用比喻教训他们许多道理。在教训之间，对他们说：
3. "你们听啊，有一个撒种的出去撒种。
4. 撒的时候，有落在路旁的，飞鸟来吃尽了；
5. 有落在土浅石头地上的，土既不深，发苗最快，
6. 日头出来一晒，因为没有根，就枯干了；
7. 有落在荆棘里的，荆棘长起来，把它挤住了，就不结实；
8. 又有落在好土里的，就发生长大，结实有三十倍的，有六十倍的，有一百倍的。"
9. 又说："有耳可听的，就应当听。"
10. 无人的时候，跟随耶稣的人和十二个门徒问他这比喻的意思。
11. 耶稣对他们说："上帝国的奥秘只叫你们知道；若是对外人讲，凡事就用比喻，
12. 叫他们看是看见，却不晓得；听是听见，却不明白。恐怕他们回转过来，就得赦免。"
13. 又对他们说："你们不明白这比喻吗？这样怎能明白一切的比喻呢？
14. 撒种之人所撒的，就是道。
15. 那撒在路旁的，就是人听了道，撒旦立刻来，把撒在他心里的道夺了去；
16. 那撒在石头地上的，就是人听了道，

立刻欢喜领受，

17. 但他心里没有根，不过是暂时的，及至为道遭了患难，或是受了逼迫，立刻就跌倒了；

18. 还有那撒在荆棘里的，就是人听了道，

19. 后来有世上的思虑、钱财的迷惑和别样的私欲，进来把道挤住了，就不能结实；

20. 那撒在好地上的，就是人听道，又领受，并且结实，有三十倍的，有六十倍的，有一百倍的。"

* * *

  这部分经文讲的是撒种人的比喻，在我们主讲过的所有比喻当中，可能没有一个像这比喻如此广为人知。因主施恩，让它包含了人所熟悉的意象，以至于没有一个比喻像它一样如此易懂。[①]没有一个比喻像它一样有如此普遍和长久的应用。只要还有一家基督的教会，还有基督徒的聚集存在，这比喻就仍要发挥作用。

  这比喻的用词无须解释。用一位古代作家的话来讲，"它需要应用，而不是解释"。让我们现在来看看它教导了什么。

  我们首先得到的教导是，**有一些听福音的人，他们的心就像田地旁边的道路**。

  有一些人听讲道，却是一个耳朵进，一个耳朵出。他们去到一

---

① "我们的救主从容易明白、人所熟悉的事物借用比喻，比如撒种的人、种子、土地、生长、枯萎、撒种人盼望的实现或落空。所有这些都是众所周知的。通过这些事，他教导我们一些属灵的功课。因为没有哪一样地上的事不会让我们想起一些天上的事。基督看日头、风、火、水、母鸡、一粒小小的芥菜种，或者普通发生的事，如一天的工钱、婚筵的礼服、犹太人的礼仪或仆人在主人桌前侍候、儿女在父亲桌前求饼和鱼，没有哪一样不可以用来在恩典中造就我们。地上的事一定要提醒我们天上的事，我们一定要把自然这本书翻译成恩典这本书。" ——《托马斯·泰勒论撒种人的比喻》，1634年。

第四章

个敬拜的地方，是流于形式，或出于赶潮流，或者要在人面前显得受人尊重。他们对讲道的内容根本没有兴趣。在他们看来，讲道只不过是一些言辞和名字，是他们不能明白的谈论。讲道不涉及金钱、吃喝、衣服，也不关乎交友。他们坐下，耳听讲员发出的声音，心却思想别的事。讲道讲的是律法还是福音，这与他们毫无关系。它在他们身上起的效果，就像水在石头上起的效果一样。结束时他们离去，和进来时一样，没有加增任何知识。

有极多认信的基督徒怀有这种心态。几乎没有一家教会，在当中找不到几十个这样的人。一个礼拜日接一个礼拜日，他们容许魔鬼夺去那撒在他们内心表面的好种子。一周接一周，他们活着，却没有信心、敬畏、知识或恩典——在信仰的事情上没有任何感觉，对任何事情都不在乎，也不感兴趣，仿佛基督从来没有在十字架上死过一样。通常他们在这种光景中死去，埋葬，在地狱里永远沉沦。这是一幅可悲的画面，却是再真实不过。

第二，我们得到教导说，**有一些听福音的人，他们的心就像田地里的石头地**。

在这些人身上，讲道带来暂时的感动，但没有深入持久和长存的果效。他们欢喜听忠心传讲真理的讲道。他们讲到福音的甘甜时，谈吐间看上去有欢喜和热情，也讲到听福音时经历的快乐。他们可能因着传道人的呼吁被感动而流下泪水，带着外表的诚恳谈论自己内心的冲突、盼望、挣扎、渴望和恐惧。但不幸的是，他们的信仰一点都不稳定。他们"心里没有根，不过是暂时的"。他们心里没有圣灵真正的动工，他们的感动就像约拿的蓖麻，一夜间长出，一夜间消亡。他们就像快快成长一样迅速退下。他们"为道遭了患难,或是受了逼迫",立刻就跌倒了。他们的良善被证明是"早晨的云雾,又如速散的甘露"(何6:4)。他们的信仰生命,不过就像摘下的花的生命。这生命没有根,很快就枯萎了。

在每一处有福音传讲的聚会中,都有许多正是处在这种心态当中的人。他们和身边许多人不同,并非漫不经心、不留心听的听众,所以他们误以为自己光景不错。他们听道时感到愉悦,因此有自我膨胀的感觉,认为自己心中必然有恩典。然而他们却是上当受骗,大错特错了。旧事还没有过去,在他们里面没有真正归正的工作。他们虽然有一切的感觉、情感、喜乐、盼望和心愿,实际上却走在毁灭的大道上。①

第三,我们在此学习到,**有一些听福音的人,他们的心就像田地里长满荆棘的土**。

这些人来听传讲基督的真理,而且在某种程度上遵守所听的道。他们的理性认同这讲道,他们的判断认可这讲道,他们的良心被讲道感动,他们的情感喜爱这讲道。他们承认这讲道都是正确的,是好的、配得完全接受。他们甚至不做福音谴责的许多事,接受了福音要求的许多习惯。但不幸的是,他们就此止步。好像有一些东西把他们紧紧地锁住,绝不能跨越他们信仰中的某一地步。他们光景中极大的秘密推动力,就是世界。"世上的思虑、钱财的迷惑,和别样的私欲"拦阻这道,不让它在他们心里产生完全的果效。在他们的属灵光景中,每一件事看起来都有盼望,令人感到乐

---

① 所有希望明白"心就像石头地的听众"有何特征的人,应当研读爱德华兹的专著《宗教情感》。尚未深入了解这个问题的基督徒,极少会想到一个人可能有强烈的宗教情感,与此同时却没有上帝的恩典。

观，他们却止步不前。他们从来没有达到新约基督教信仰的全面标准，他们没有结出完全的果子。

几乎没有哪一位基督忠心的工人，不能指出这种人的例子。在所有情形中，他们的命运是最可悲的。他们已经走了如此远，却不再进一步；已经看见如此多，却不能看到一切；已经认同如此多，却不愿把心交给基督，这确实是最可悲的！对于这种人，只有一种判决，即若没有一种坚定的改变，他们将绝不能进入天国。基督要得着我们全部的心。"凡想要与世俗为友的，就是与上帝为敌了。"（雅4：4）

最后，我们得到教导说，**有一些听福音的人，他们的心就像田地里的好土。**

这些人是真正从心底里接受基督真理的人，他们绝对相信并彻底遵守这真理。在这些人身上，这真理所结的果子要显明出来——从里到外一致、清楚和无误的果子。他们真正恨恶罪，为罪忧伤，敌挡和弃绝罪。他们真正爱、信靠、跟从和顺服基督。圣洁要在他们生命的一切方面显明出来——他们谦卑、思念属灵的事、忍耐、温柔而且有爱心。有一些事情可以被人看到，因为圣灵真正的动工是不能隐藏的。

在忠心传讲福音的地方，总有一些处于这种心态中的人。与他们身边属世的人相比，他们的人数可能非常少。他们的经历和灵命进步程度可能大不相同，一些结出三十倍，一些结出六十倍，一些结出一百倍的果实。但落入好土的种子，所结的果子总是一样的。总有看得见的悔改，看得见的对基督的信心和看得见的圣洁生活。

没有这些就没有使人得救的信仰。

现在让我们自问，我们是哪一种土？我们应当被归属于哪一类听众？我们是带着哪一种内心听道？让我们绝不要忘记，前三种听道方式是没有益处的，只有一种听道方式是正确的！让我们绝不要忘记，内心端正的听众只有一种正确的记号！这记号就是结果子。人不结果子，就是走在通往地狱的路上。

二 灯不可放在斗底下，听道、行道的重要性

可4：21—25

21. 耶稣又对他们说："人拿灯来，岂是要放在斗底下、床底下，不放在灯台上吗？
22. 因为掩藏的事，没有不显出来的；隐瞒的事，没有不露出来的。
23. 有耳可听的，就应当听。"
24. 又说："你们所听的要留心。你们用什么量器量给人，也必用什么量器量给你们，并且要多给你们。
25. 因为有的，还要给他；没有的，连他所有的也要夺去。"

* * *

这段经文看来是要贯彻执行撒种人的比喻，让听了这比喻的人留意。这段经文很特别，因为它包含有连续、简短和格言式的话。这些话主要是为了抓住一个无知听众的注意力。即便讲道的主题被

人遗忘，这些话依然经常冲击着人们，并驻留在人的记忆中。[①]

我们从这段经文看到，**我们不仅应当领受知识，还要把知识传递给他人**。

蜡烛点亮，不是为了隐藏起来，而是为了摆在灯台上供人使用。上帝赐人信仰的亮光，不是为他自己一人，而是为了其他人的益处。我们应当努力传播、散发我们所得的知识。我们要向其他人表明我们已经找到的宝藏，劝说他们自己也来寻求。我们要把我们已经听到的好消息告诉他们，努力使他们自己也相信和重视这好消息。

有朝一日我们所有人都要为着如何使用知识交账。在审判日，上帝的册子要让我们看到我们做了什么。如果我们把银子埋在地里，如果我们满足于一种懒惰、什么也不做的基督教信仰——只要我们自己还能上天堂，就对发生在别人身上的事不闻不问，那么最终将会面对可怕的揭露，"因为掩藏的事，没有不显出来的"。

所有基督徒都理当把这些事记在心上，那古老的传统，就是唯独神职人员应当教导和传播信仰的知识，是时候应当被打破并永远丢弃在一旁了。行善和发光，是基督教会所有成员，不管是牧师还

---

① 这里看的这段经文，是许多证据中的其中一个，证明我们主在许多不同场合使用同样的话、同样的观念。"灯放在斗底下"这个谚语，在登山宝训里就出现过。同样，"掩藏的事，没有不显出来的"，"你们用什么量器量给人，也必用什么量器量给你们"，都可以在《马太福音》中找到，但两处都与我们现在看的《马可福音》这一段完全没有关系（太 10：26；7：2）。

这个问题值得关注。有人尝试把四福音书合参起来，并且认定我们的主绝不会说同样的话超过一次。这生出来的无谓难题绝非为少为小。

是平信徒都当尽到的本分。在瘟疫流行的时候，如果有人发现一种灵验药方，邻舍应当告诉邻舍。基督徒如果看到其他人蒙昧无知，因缺乏知识而死亡，就应当告诉他们，自己已经找到了医治他们灵魂的药。使徒彼得是怎样说的？"各人要照所得的恩赐彼此服侍，做上帝百般恩赐的好管家。"（彼前4∶10）教会若顺服这节经文就有福了。

第二，我们从这些经文学到，**聆听并且认真思想我们所听内容是很重要的**。

这一点明显是我们的主非常强调的。我们已经在撒种的比喻中看到他呈示的这一点。我们在此看到他用两句特别的话强调，"有耳可听的，就应当听"；"你们所听的要留心"。

听道是一个蒙恩的主要渠道，恩典借此传递到人的灵魂中。"信道是从听道来的。"（罗10∶17）通向归正的第一步，就是从圣灵领受愿意听的耳朵。人若不"听"，是很少有悔改并相信基督的。普遍的原则，就是保罗提醒以弗所人的原则："你们既听见真理的道，也信了。"（弗1∶13）

当我们听到有人大声反对把讲道当作蒙恩之道时，就让我们把这牢记在心。从来不会缺少人，尝试要把讲道从圣经赋予它的崇高位置上推下。有许多人大声宣告：对于人来说，聆听所读的仪文和领受主餐，要比听解释神的道重要得多。对于所有这样的观念，我们都要警惕。让我们立定一个原则，就是"听道"是上帝已经赋予人的其中一样最重要的蒙恩之道。让我们按照合宜的价值和分量看待其他每一样蒙恩之道。但让我们绝不要忘记保罗的话，"不要藐视先知的讲论"，以及他临终对提摩太的吩咐："务要传道。"①
（帖前5：20；提后4：2）

最后我们从这段经文学到，**勤奋使用信仰方面的特权很重要**。我们的主怎么说？"你们所听的要留心……并且要多给你们。因为有的，还要给他；没有的，连他所有的也要夺去。"

我们看到圣经不断表明这一条原则。毫无疑问，信徒一切所有都是出于恩典。他们的悔改、相信和圣洁，全然都是上帝的恩赐。但圣经不断地向我们表明，一个信徒蒙恩的程度，与他自己勤奋使用蒙恩之途径有关，也是与他自己忠心并完全按照所得光照和知识来生活紧密相关的。懒惰懈怠总是上帝的话语所不鼓励的。圣经总是表明，在听道、读经和祷告方面，若努力和付出代价，总会带来赏赐。"殷勤人必得丰裕。"（箴13：4）"懈怠的人必受饥饿。"（箴19：15）

留心这重要原则是灵命得兴旺的主要秘诀。在属灵成就方面迅速进步的人——在恩典、知识、力量和被上帝使用方面明显成长的人——总要显明是一个勤奋的人。为了促进他灵魂的福祉，他会千方百计努力尝试。他勤奋读经，勤奋灵修，认真听讲道，认真领受主餐。他种什么就收什么。正如经常锻炼身体肌肉就有力，同样，

---

① "公开和持续传讲上帝的道，是上帝拯救人类常用的方法和工具。圣徒保罗称之为使人与上帝和好的工作。通过传讲上帝的话语，上帝的荣耀扩张，人的信心得到喂养，爱心加增。借着它，无知的人得到教训，粗心的人受到劝勉邀请，顽固的人受责备，良心软弱的人得安慰，所有犯下邪恶重罪的人，受到上帝愤怒的警告。通过传道，对基督君王和长官理当的顺服被栽种在臣民心中；因为顺服发自良心，良心是建立在上帝的话语上，而上帝的话语通过传道发挥果效。这样，普遍而言，没有传道，顺服就不再有了。"——格林德尔（Grindal）大主教致伊丽莎白女王的信。

勤奋使用蒙恩之道,灵魂所蒙的恩就要加增。

我们希望在恩典中有长进吗?我们希望有更强的信心,更光明的盼望,更清楚的认识吗?如果我们是真基督徒,毫无疑问,我们是希望的。那么就让我们完全按照我们所得的光照而生活,善用每一个机会。让我们绝不忘记我们主在这段经文中说的话:我们用什么量器量给我们的灵魂,上帝也必用什么量器量给我们。我们为我们的灵魂做得更多,我们就必发现上帝为它们做得更多。

三 种子撒在地里的比喻

可4:26—29

26. 又说:"上帝的国,如同人把种撒在地上。
27. 黑夜睡觉,白日起来,这种就发芽渐长,那人却不晓得如何这样。
28. 地生五谷是出于自然的:先发苗,后长穗,再后穗上结成饱满的子粒。
29. 谷既熟了,就用镰刀去割,因为收成的时候到了。"

* * *

这段经文中包含的比喻简短,而且只记录在《马可福音》中。但是对于一切有理由盼望自己是真基督徒的人而言,这比喻应当引起他极大的兴趣。它向我们呈现出恩典在每一个人身上动工的过程,也促使我们反省自己的属灵经历。

我们绝不可过度强调这比喻中的一些说法,比如说农夫"睡觉、起来","黑夜、白日"。在这比喻当中,就像在我们主所讲的许多比喻一样，**我们必须细心关注整个故事的主要内容和目的，不可太过强调较次要的方面**。在我们面前的这情形中，教导的主要问题就是，在种植谷物中一些人所熟悉的劳作和恩典在人心中动工的紧密相似之处。让我们把注意力集中在这一点上。

我们首先得到的教导是，谷物怎样生长，恩典也同样动工，**两者都必须要有撒种的人**。

我们都知道，土地绝不会自己长出谷子来。土地是杂草之母，却不是五谷之母。人手必须耕地撒种，否则绝不会有收成。

人心也是一样，绝不会自动转向上帝，进而悔改、相信和顺服。人心完全没有美德，全然向上帝死了，不能赋予自己属灵的生命。人子必须要用他的灵把人心打破，赋予它新的本性。他一定要使用努力做工的牧师的手，把上帝之道的好种子撒在人心上。

让我们认真留意这真理。人心中的恩典是外来的，这是从外而来的一种新的动因，从天上被差下来，种植在他心里。任由人自己，没有一个活人曾经是寻求上帝的。然而在传递恩典的工作中，上帝通常借助一些工具而动工。藐视教师和传道人所起的工具作用，就是期望在没有撒种的地方收割谷子了。

第二，我们得到的教导是，五谷怎样生长，恩典也同样动工，**有很多事情是超过人的理解和控制的**。

地上最有智慧的农夫也从不能解释，当他撒下一粒种子，在它的里面会发生什么变化。他知道这个普遍的事实，就是除非把种子放进土里，用土遮盖，否则收成的时候就不会有谷穗。但他不能命令每一粒种子都兴旺，他不能解释为什么一些种子发芽，其他却死去。他不能具体指出生命开始表露出来的具体时刻。他不能定义这生命是什么。有一些事他必须放在一边的。他撒种，而把生长的事情交给上帝。这一切"只在那叫他生长的上帝"（林前3：7）。①

恩典在人心中的动工也类似——完全充满奥秘，不可测透。我们无法解释为什么上帝的道在聚会中的一个人身上生出果效，却不在另一人身上发挥效力。我们不能解释为什么在一些情形里，人有各样可能的优势，而且听到各样的恳求，却拒绝这道，继续死在过犯罪恶当中。我们不能解释，为什么在其他情形里，有各样可能想得到的困难，也没有人特别去鼓励，人却重生，成为坚定的基督徒。我们不能把上帝的灵将生命传递给一个人的方式，以及一个相信的人得到新生命的准确过程讲得一清二楚。我们看到某些结果，但我们不能看得更深入。"风随着意思吹，你听见风的响声，却不晓得从哪里来，往哪里去；凡从圣灵生的，也是如此。"（约3：8）

让我们也留意这事实，因为它极具启发性。这对牧师和教师来说，毫无疑问要令他们降卑。最大的能力、最大有能力的讲道、最勤奋的工作都不能理所当然地带来成功。唯独上帝能赐人属灵的生命。但与此同时，这事实也是一种令人赞叹的解药，解决人过分忧虑和沮丧的问题。我们首要的工作就是撒种，做完之后就可以凭信心和忍耐等候结果。我们可以"黑夜睡觉，白日起来"，把我们的工作交给主。唯独他能，并且如果他认为恰当，就必赐下成功。

---

① "一粒麦子由人手种在地里，之后要发芽生长；芽要露出茎，茎要露出麦穗，麦穗要露出子粒；若问最没有学问、不善思考的人，为什么埋下种子这一举动，必然会导致接下来这一系列现象，他可能就会嘲笑说这问题看来多么幼稚。但是人的智慧从未能够回答这问题，人的聪明从未能看穿这果的真因；人在这类问题方面的知识，从未突破初级观察的阶段。他们只能周而复始地观察到某种结果总是一贯发生在之前某种作为之后。"——《格雷斯韦尔（Greswell）论圣经比喻》，卷二，第132页。

第四章

第三，我们得到教导，五谷怎样生长，恩典也同样动工，**生命的彰显是渐进的。**

有一句格言说得好："大自然做事需要时间。"并不是种子一发芽，成熟的谷穗就立刻出现。植物经过许多成长阶段，然后才达至完全。"先发苗，后长穗，再后穗上结成饱满的子粒。"但在所有这些阶段当中，一件重大的事情是确定的，就是即使在它最弱小的时候，它依然是一株有生命的植物。

恩典的动工也相似，是在人心里逐渐动工。上帝的儿女不是生来就在信心、盼望、知识或经历方面已经完全。他们的起头，通常都是"这日的事为小"。他们部分地看到自己的有罪，基督的丰富和圣洁的美好。但尽管有这一切，在上帝家中最弱小的孩子，依然是上帝真正的儿女。虽然他有一切的软弱和缺点，他仍然是活的。虽然目前他只是在"长穗"，但恩典的种子已经确实在他心里发芽。他是"从死里复活的人"。那智慧人说："活着的狗比死了的狮子更强。"（传9：4）

让我们留意这真理，也因为它得着安慰。让我们不要因为恩典弱小就藐视恩典，或因着人还不能像保罗一样信心刚强，就认为他们还没有归正。让我们记住，恩典就像别的事情，必须要有一个起头。最高大的橡树，曾经是一粒种子。最刚强的人，曾经是一位婴孩。长穗时的恩典，强过根本没有恩典千倍。

最后，我们得到教导，五谷怎样生长，恩典也同样动工，**除非种子成熟，否则就没有收成。**

没有农夫会想在谷子还青翠的时候就收割。他等候，直到日头、雨水、热力和冷气都做完它们指定的工作。金黄的谷穗低下头来，那时，直等到那时，他才挥动镰刀，把谷子收进仓里。

上帝也完全是这样做他恩典的工作。在他的百姓成熟和做好准备之前，他绝不会把他们从这世界上接走。在他们完成工作之前，他绝不会把他们接走。不管有时他们的死在人看来是何等难解，他们都绝不会在错误的时间去世。约西亚以及约翰的兄弟雅各，都是在他们被上帝大大使用的时候被带走。我们英国自己的君王爱德华六世，上帝没有容他活到成熟的光景。但在复活的早晨，我们必然会明白，他们的死，就像他们的出生一样，一切都有很好的安排。那位伟大的农夫，在他的谷物成熟之前绝不会收割。

在结束对这比喻的查考时，让我们把其中的真理记在心里。唯愿对于每一位信徒的死，我们都从中得到安慰。让我们安心，上帝的任何一位儿女去世，并不存在着偶然、事故或错误。他们都是"上帝的田地"，并且上帝最清楚地知道，什么时候他们预备好要迎接收割。

四 芥菜种的比喻

可4：30—34

30. 又说："上帝的国，我们可用什么比较呢？可用什么比喻表明呢？
31. 好像一粒芥菜种，种在地里的时候，虽比地上的百种都小，
32. 但种上以后，就长起来，比各样的菜都大，又长出大枝来，甚至天上的飞鸟可以宿在它的荫下。"
33. 耶稣用许多这样的比喻，照他们所能听的，对他们讲道。
34. 若不用比喻，就不对他们讲；没有人的时候，就把一切的道讲给门徒听。

* * *

芥菜种的比喻,既有历史性也有预言性特征。看起来这是为了举例说明,从基督第一次降临直到审判那日,他在地上有形教会的历史。在之前的比喻中,撒在地里的种子向我们表明恩典在人心中动工;芥菜种的比喻则让我们看到,认信的基督教信仰在地上的发展。

我们首先认识到,就像芥菜种一样,**基督的有形教会在开始时也很弱小**。

在犹太人的语言中,芥菜种是一种格言式的说法,表明某种非常细小、无足轻重的事物。我们的主说它"比地上的百种都小"。我们在福音书中两次发现,我们主讲到软弱的信心时,使用这比喻作比较(太17:20;路17:6)。不管在我们听来这是多么奇怪,但对犹太人来说,这种观念无疑是很熟悉的。上帝的儿子在这里,就像在其他地方一样,向我们表明了一种智慧,就是向人说话时使用对方熟悉的语言。

其实,我们不容易找到一个比这芥菜种更真实表明基督有形教会之历史的象征。

软弱并且看起来无足轻重——这无疑是教会起初的特征。教会的元首和君王是怎样来到这世上的?他是作为一个软弱的婴孩来到,生在伯利恒的马槽里,没有财富、军队、随从或权力。教会的元首招聚在他自己身边而且指定做他使徒的是哪些人?他们是贫穷和没有学问的人——渔夫、税吏和与之相似职业的人。在所有人看来，他们是最不可能震动世界的人。教会伟大的元首在地上工作期间，最后一件公开的作为是什么？几乎所有门徒都离弃了他，一位门徒出卖了他，另一位不认他，然后他被钉十字架，像罪犯一样被钉在两个强盗中间。第一批建造教会的人，从耶路撒冷一座楼房里出去，向人类传讲的教训是什么？这教训对犹太人来说是绊脚石，对希腊人来说是愚拙。它宣告，他们这新信仰的伟大元首，已经在十字架上被处死，尽管如此，他们通过他的死向世人传讲生命之道！对于这一切，人的思想看不到别的，只看到软弱和无力。确实，一粒芥菜种的象征完全按照字义得到了证实和应验。在人肉眼看来，有形教会的起头让人藐视，无足轻重，没有能力，极其微小。

第二，我们认识到，就像芥菜种一样，**有形教会一旦种下，就要生长，而且大大地增长。**

"一粒芥菜种，"我们的主说，"种上以后，就长起来，比各样的菜都大。"在英国人听来，这句话可能令人震惊。在寒冷的北方气候中，我们并不习惯想到有这样的生长过程。但是对于那些对东方国家有所了解的人来说，这比喻没有任何令人感到惊奇的地方。见多识广、富有经验的旅行者的见证是清楚的，就是这样的增长既是可能的，也是实在的。[1]

---

[1] 莱特富特为了说明在东方国家芥菜这种植物会长得多大，他引用了拉比们的话："在示剑那地方有一株芥菜，长出三大枝，其中一条折断，有一位窑匠的帐篷那样大，结出大约三升芥子。"拉比西面·本查拉普塔说："我地里有一株芥菜种长成的树，我习惯爬上去，就像人习惯爬上一棵无花果树一样。"

读到这比喻的英国读者应当记住：杜鹃、石南和蕨，在一些比我们这地方更适合它们的气候里，长得要比我们本地的大得多。

第四章

再也没有其他比喻可以更贴切地描写基督在这世上的有形教会的成长和加增。教会从五旬节那日开始成长，快速成长，除了上帝的手动工，就没有什么可以解释个中原委。当一次有三千人归正，几天之后，另外五千人信主，它就是在奇妙地成长。当在安提阿、以弗所、腓立比、哥林多和罗马的会众聚集在一起，基督教信仰牢固确立的时候，它在奇妙地成长。当最后，曾经受人藐视的基督教信仰传遍欧洲、小亚细亚和北非的大部，尽管遭遇猛烈的逼迫和反对，却取代了异教的偶像崇拜，成为整个罗马帝国认信的信仰时，它就是在奇妙地成长。在许多人眼中，这样的成长必然是神奇的。但这只不过是我们主所说的这比喻的预言而已。"上帝的国，好像一粒芥菜种。"

基督有形教会的成长还没有结束。虽然它的一些枝条背道，令人难过，其他枝条软弱，令人叹息，但它仍在全世界延伸扩展。在过去五十年间，新的枝条已经不断在美洲、印度、澳大利亚、非洲、中国、南洋的海岛上蓬勃生长。无疑在成长当中有许多恶事，虚假的认信和腐败也很多。但总体上，异教信仰在衰退、消亡和化解。尽管有伏尔泰和潘恩一切的预言，尽管外有仇敌内有背叛，有形教会仍继续向前——这芥菜仍在生长！

我们可以完全相信，这预言还没有穷尽。有一日将要临到，那时教会伟大的元首要得回他的权柄和统治，把各样仇敌践踏在脚下。认识耶和华的知识要再次充满遍地，好像水充满洋海一般（赛11：9）。撒旦还有待捆绑，外邦人还有待成为我们主的产业，地极还有待成为他的领地。到那时这比喻要得到完全应验。小小的种子要成为一棵大树，遍满全地（但4：11）。

在结束对这比喻的默想时，让我们下定决心，绝不因着教会一开始弱小，就藐视基督教会里任何的运动或上帝使用的工具。让我们记住伯利恒的马槽并学到智慧。那卧在当中无助婴孩的名字，现在为全世界人所共知。耶稣出生那日种下的小小种子，已经成为一棵大树，我们自己在它的树荫下欢喜快乐。让这成为我们信仰的一个坚定原则，就是绝不要"藐视这日的事为小"（亚4：10）。一个孩子可能成为一所学校兴旺的起头；一个人归正，可能成为一家教会大有能力的开始；一句话，可能成为某个基督教事业蒙福的起头；一粒种子，可能成为得救灵魂大丰收的开始。①

---

① 为公平起见，我要说我对这比喻采取的看法，并不是一些解经家持守的观点。

一些人认为，主讲这比喻是让人看到恩典在一个信徒心里渐进动工。我不打算说，这或许并不是我们主讲这比喻时心里所想的。我认为相当可能这比喻有一种双重解释，因为一位信徒和全教会的经历，在很多方面是一样的。我对这种观点主要的反对意见，就是它不像我持守的观点那样，如此切合这比喻的用词。

为数很少的一些解经家认为，这芥菜种象征着邪恶和败坏的原则。这比喻的目的，是让人看到背道何等不知不觉地在教会内开始，最终如何完全生长并充满整个教会。我要说，我是一点儿也看不到这种解释的正确之处。不提别的原因，单是思想这比喻开篇的话，"上帝的国，我们可用什么比较呢？"便知道这种理解就是过分严厉。如果整个比喻充满的是对邪恶推进的描写，人就会期望这问题本应是："魔鬼的国，我们可用什么比较呢？"

我承认，对"天上的飞鸟"的理解会带来一些问题。许多人认为它象征着教会增长，归正相信基督教信仰和加入教会的人数，就像"鸽子向窗户飞回"（赛60：8）。一些人认为这象征着当教会开始变得伟大兴旺，就像在君士坦丁那时候，很多世俗和虚假认信之人仅仅出于属肉体的动机而加入教会。当我们记住在撒种人的比喻中（可4：4—15），我们主亲口宣告"天上的飞鸟"意思是指撒旦，我们就必须承认，这种解释有相当道理。

第四章

五 基督行神迹，平息加利利海上的风暴

可4：35—41

35. 当那天晚上，耶稣对门徒说："我们渡到那边去吧！"
36. 门徒离开众人，耶稣仍在船上，他们就把他一同带去，也有别的船和他同行。
37. 忽然起了暴风，波浪打入船内，甚至船要满了水。
38. 耶稣在船尾上，枕着枕头睡觉。门徒叫醒了他，说："夫子，我们丧命，你不顾吗？"
39. 耶稣醒了，斥责风，向海说："住了吧！静了吧！"风就止住，大大地平静了。
40. 耶稣对他们说："为什么胆怯？你们还没有信心吗？"
41. 他们就大大地惧怕，彼此说："这到底是谁，连风和海也听从他了？"

* * *

这段经文描写了加利利海上的一场风暴——那时我们的主和他的门徒正过海去，以及我们的主片刻之间平息风浪的神迹。《马可福音》记载的神迹很少有像这样的，能如此冲击使徒的心。他们当中至少有四个人是渔夫。彼得、安得烈、雅各和约翰很有可能从小就熟悉加利利海和它的风暴。我们主在地上来回奔走的过程中，很少有哪一些事比得上这段经文所记载的包含更多丰富的教训。

首先让我们认识到，**服侍基督并不意味着他的仆人免于风暴**。我们在这里看到十二使徒正在尽自己的本分，他们顺服地跟从耶稣，他去到哪里，他们就去到哪里。他们天天参与他的事工，聆听他的话语。他们天天向世人作见证，不管文士和法利赛人怎样想，

他们都相信耶稣，爱耶稣，愿意为他的缘故舍弃一切，不以为耻。然而在此我们看到，这些人落在患难当中，被一场风暴吹来吹去，甚至有淹死的危险。

让我们牢牢地记住这教训。如果我们是真基督徒，就绝不可期望，在我们通往天堂的路上诸事顺利。如果我们和其他任何人一样，要忍受疾病、损失、丧亲之痛和失望，我们就绝不要以为奇怪。白白的赦罪和完全的饶恕，恩典一路相随，并且最终得荣耀，所有这一切都是我们的救主已经应许要赐给我们的。但他从未应许我们不受患难。他太爱我们，以至不会作出这样的应许。借着患难，他教导我们许多宝贵的功课，是没有患难我们就绝不可能学会的。通过患难，他让我们看到我们的空虚软弱，吸引我们到他施恩的宝座前，洁净我们的情感，使我们脱离对世界的依赖，让我们盼望天堂。在复活的早晨，我们所有人必然要说："我受苦是与我有益。"我们应当为着每一场风暴感谢上帝。

第二，让我们认识到，**我们的主耶稣基督是真正的人**。这段经文告诉我们，当风暴涌起，海浪敲击小船。他在船尾"睡觉"。他有一个身体，和我们自己的身体完全一样——一个会饥渴，感受到痛苦、疲倦需要休息的身体。难怪他的身体此时需要休息。因为他已经整天努力做他父的事，他已经在露天向大量的人讲道。难怪"当那天晚上"，他的工作完成之后，他就躺下"睡觉"了。

让我们也留心这教训。上帝命令我们来信靠的这位救主，正如他是上帝，也是真正的人。他知道人所受的试炼，因为他经历过这些。他知道人身体的软弱，因为他曾经感受过这些软弱。我们在这有需要的世上向他呼求帮助时，他能非常明白我们的意思。他正是

第四章

男男女女的救主，这些人有软弱的身体，作痛的头颅，生活在一个令人感到疲倦的世界上，每天早晨和夜晚都要恳求安慰。"我们的大祭司并非不能体恤我们的软弱。"（来4：15）

第三，让我们认识到，**我们的主耶稣基督，作为上帝而大有能力**。我们在这段经文看到，他在做那尽人皆知不可能做到的事。他向风说话，风就遵从。他命令海浪，海浪就顺服他。他用一句话"住了吧！静了吧！"就使狂怒的风暴变为平静。这句话是起初创造万物的那一位上帝说的话。风浪认识它们主人的声音，然后——就像顺服的仆人那样——马上安静下来。

让我们也留心这教训，把它藏在心里。对主耶稣基督来说，没有什么是不可能的。像风暴一样的情欲再强烈，他也能把它们驯服。人的脾性再狂怒暴躁，他也能把它改变。良心再搅扰不安，他也能对它说平安，使之平静。人只要放下骄傲，作为一个降卑的罪人到基督这里来，他就无须绝望。基督能在他心里行神迹。人一旦把灵魂交给基督保守，就无须为着能否走到旅程终点感到绝望。基督能带他渡过各样危险，基督要使他胜过每一个仇敌。我们的家人反对我们又如何？我们的邻舍嘲笑我们又怎样？我们所处的光景艰难，这又如何？我们遇见的试探是大的，这又如何？如果基督站在我们这一边，我们就是与他在同一条船上，这一切都算不得什么。帮助我们的那一位，比所有反对我们的都大。

最后，我们从这一段经文认识到，**我们的主耶稣基督对他自己的百姓极其有耐心和怜悯**。我们看到，在这情景里门徒显得极其缺乏信心，屈从于最不恰当的恐惧。他们忘记了他们的主在过往日子行的神迹和对他们的看顾。除了眼前的危险，他们就什么也没有想到。他们匆忙叫醒我们的主，呼喊说："夫子！我们丧命，你不顾吗？"我们看见我们的主至为温柔怜悯地对待他们。他没有严厉责备他们。他没有因着他们不信，就警告要弃绝他们。他只是问了那触动人心的问题："为什么胆怯？你们还没有信心吗？"

让我们牢记这教训。主耶稣同情他们并充满温柔和怜悯之心。"父亲怎样怜恤他的儿女，耶和华也怎样怜恤敬畏他的人。"（诗103：13）他不是按信徒的罪待他们，也不是按照他们的不义报应他们。他看到他们的软弱，晓得他们的缺点。他知道他们在信、望、爱这一切方面的缺陷。然而他却不将他们弃绝。他不断地忍耐他们，他爱他们到底。他们跌倒时，他把他们扶起；他们犯错时，他将他们挽回。他的忍耐和他的慈爱一样，是一种超过人所能认识的忍耐。当他看到一个人心正，就会担待他许多的缺点——这是主耶稣的荣耀。

在结束对这段经文的默想时，让我们想起耶稣没有改变并由此得着安慰。他的心仍像当年渡过加利利海平息风暴一样。耶稣在高天之上，在上帝的右边，依然满有同情心，依然大有能力，依然对他的百姓充满怜悯忍耐。让我们对与我们同有信心的弟兄更有爱心和忍耐。他们可能在许多事上犯错，但如果耶稣已经接纳他们，忍耐他们，我们肯定也能够忍耐他们。让我们对自己心怀更大盼望。我们可能非常软弱、虚弱、不稳定，但如果我们真的能说，我们确实要到基督这里来相信他，我们就可以得着安慰。良心要回答的问题并不是，"我们像天使一样吗？我们像将来在天上时一样完全吗"？要问的问题是："我们真心到基督这里来吗？我们真的悔改并相信吗？"①

---

① 这故事的发生地加利利海又叫提比哩亚海，它是一个内陆湖，约旦河流入其中。南北大概长 15 英里、宽 6 英里，它位于深谷，大大低于海平面。它的表面低于地中海 652 英尺，四周大部分地方有陡峭的山头环绕。故此，所有旅行者都记载说，湖面经常会突然刮起强风或风暴。

我们配得称颂的主在地上工作期间，经常去到加利利海及其周边地方，超过巴勒斯坦任何其他地方。主似乎对这地方情有独钟。迦百农、提比哩亚、伯赛大和格拉森人的地方，都在它的海岸边上，或者在这湖紧接的近邻地区。就是在加利利海的水面上，我们的主曾经在上面行走。在它岸边，他复活之后向门徒显现。他曾坐在水面的一条船上，在水边的一幢房子里，讲了《马太福音》十三章记载的七个比喻。在岸边，他呼召彼得、安得烈、雅各和约翰。他命令门徒从这湖里撒网，神迹般拉上许多鱼。在它周围之地，他两次用几块饼和几条鱼让众人吃饱。在岸上，他医治那被鬼附的人，之后两千头猪一头扎进这湖里。

在圣地很少有像加利利海及其周边地方那样，与我们主的工作有如此密切的关系。

《马可福音》释经默想

第 五 章

一 基督在格拉森人的地方进鬼

可5：1—17

1. 他们来到海那边格拉森人的地方。
2. 耶稣一下船，就有一个被污鬼附着的人从坟茔里出来迎着他。
3. 那人常住在坟茔里，没有人能捆住他，就是用铁链也不能。
4. 因为人屡次用脚镣和铁链捆锁他，铁链竟被他挣断了，脚镣也被他弄碎了，总没有人能制伏他。
5. 他昼夜常在坟茔里和山中喊叫，又用石头砍自己。
6. 他远远地看见耶稣，就跑过去拜他，
7. 大声呼叫说："至高上帝的儿子耶稣，我与你有什么相干？我指着上帝恳求你，不要叫我受苦！"
8. 是因耶稣曾吩咐他说："污鬼啊，从这人身上出来吧！"
9. 耶稣问他说："你名叫什么？"回答说："我名叫群，因为我们多的缘故。"
10. 就再三地求耶稣，不要叫他们离开那地方。
11. 在那里山坡上，有一大群猪吃食。
12. 鬼就央求耶稣说："求你打发我们往猪群里附着猪去。"
13. 耶稣准了他们，污鬼就出来，进入猪里去。于是那群猪闯下山崖，投在海里，淹死了。猪的数目约有二千。
14. 放猪的就逃跑了，去告诉城里和乡下的人。众人就来，要看是什么事。
15. 他们来到耶稣那里，看见那被鬼附着的人，就是从前被群鬼所附的，坐着，穿上衣服，心里明白过来，他们就害怕。

16. 看见这事的，便将鬼附之人所遇见的和那群猪的事，都告诉了众人。

17. 众人就央求耶稣离开他们的境界。

* * *

这些经文描写了一件福音书经常记载的神迹，就是赶鬼。在新约圣经所有类似情形中，没有哪一件像这一件描述得如此全面。在描述这一事件的所有三位福音书作者当中，没有一人像马可一样对它作出如此完全细致的描写。

我们在这些经文中首先看到，**我们的主在地上服侍期间，魔鬼占据人的身体是一件真实的事情。**

一个令人痛苦的事实就是，一直以来都不缺乏认信的基督徒，企图把我们主所行的神迹解释得不复存在。他们努力尝试用自然的原因描述这些事，表明这些神迹并非通过任何超自然的能力行出。在所有神迹当中，没有哪些神迹像赶鬼的神迹一样，受到他们如此努力不懈的攻击。他们毫无顾忌地全然否认撒旦会附在人身上。他们告诉我们，这只不过是精神错乱、疯狂或癫痫。他们认为，相信魔鬼会占据一个人的身体是荒唐的。

对于这些怀疑和反对的意见，最好和最简单的回答就是回到福音书中清楚的叙述，特别是回到此刻摆在我们面前的这段叙述。如果我们不相信撒旦会占据人的身体，这里详细描写的事实就是完全不能解释的。非常清楚的是，精神错乱、疯狂或癫痫并不是传染性的疾病，无论如何不能传染到一群猪身上！当这人一得到医治，两千头猪就狂暴地奔向悬崖落在海里。关于这一点，竟然有人要我们相信，它们如此行，是出于突然的冲动，而没有任何明显的理由！这种推理极其令人失望，如果有人能够用这样的解释令自己感到满意，他们就落在了可怜的心态当中。

让我们警惕，在所有与魔鬼有关的事情上，人那种怀疑不信的精神。无疑在鬼附身这个问题上，有极多事情是我们不明白和不能解释的。但是不要让我们因此就拒绝相信这事。东方的君王，因为生活在气候炎热的国家而从未见过冰，就不相信冰可能存在；他和因为自己从未见过鬼附身就拒绝相信这一现象的人同样愚昧。我们可以肯定，在关于魔鬼及其势力的问题上，我们更可能是相信得太少，而不是相信得太多。不相信撒旦存在，不相信它是有生命的，这常常证明是通往不信上帝的第一步。

第二，我们在这些经文中看到，**撒旦是何等可怕地残忍、大有能力和恶毒**。在所有这三方面，我们面前的这段经文都有足够的教训。

撒旦的**残忍**表现在它所占据其身的这不幸之人的悲惨光景中。我们看到他住在"坟茔里"，"没有人能捆住他，就是用铁链也不能"。没有人能驯服他。他"昼夜常在坟茔里和山中喊叫，又用石头砍自己"。他赤身露体，不穿衣服。如果撒旦得着权柄，就会使我们所有人都落入这种光景。他总是欢喜把最大的痛苦加在我们的身体和思想之上。这样的情形隐约描绘出地狱里的各种痛苦。

撒旦的**能力**，表现在污鬼说的那句可怕的话上。当我们的主问："你名叫什么？"他回答说："我名叫群，因为我们多的缘故。"我们极有可能对于撒旦手下邪灵的数目、狡猾和活动毫不知情。我们忘记了他是一位王，统管着手下众多的灵，他们遵他的意思行事。如果我们的眼睛可以看到灵，我们有可能会发现，他们散布在我们的道路上，在我们的床边，观察我们做的一切，达到我们无法想象的地步。不论私下或公开，不论在教会里或在世界上，它们就在我们身边，忙忙碌碌地与我们为敌。对他们的存在，我们却毫不察觉。

撒旦的**恶毒**显明在"求你打发我们往猪群里附着猪去"这奇怪的恳求上。他们从如此长久被控制的那人身上被赶出之后，依然渴望行恶。他们不能再伤害一个不灭的灵魂，就渴望得到许可，伤害那些在旁进食、不能说话的牲畜。这就是撒旦的真实本性。它的本性就是要伤害、杀害、毁坏，难怪他被称为亚玻伦（Apollyon）（启9：11），那毁灭人的。

让我们小心，不要不知不觉养成在关于魔鬼的事情上轻视取笑的习惯。这种习惯可怕地证明人是瞎眼和败坏的，并且这种习惯太普遍不过了。只有死刑犯取笑要处决他的刽子手这种行为被视为合宜的时候——也唯有到了这时——人对撒旦轻描淡写才会是正常的。如果我们更多地想要认识到这位灵里大敌的能力和存在，并且更多地祷告求上帝救我们脱离它，我们所有人就稳妥了。一位现已安息的卓越基督徒说得对："祷告若不包括恳求神保守我们脱离魔鬼，就是不完全的。"

最后，我们从这部分经文看到，**我们主在魔鬼身上的能力和权柄是何等完全**。我们在那污鬼的喊叫中看到了这一点："我指着上帝恳求你，不要叫我受苦。"我们从我们主的命令"污鬼啊，从这人身上出来吧",以及污鬼立时的顺从看到了这一点。我们在那曾经被鬼附的人身上立刻发生的奇妙改变看到了这一点——众人看到他"坐着,穿上衣服,心里明白过来"。我们在所有这些魔鬼的恳求上看到了这一点——"求你打发我们往猪群里附着猪去"。它们知道若没有耶稣许可,他们什么也不能做。所有这些事情都表明,有一位比撒旦拥有更大能力。魔鬼手下的众军甚多,却要面对能命令比十二营更多天使的那一位。"王的话本有权力。"(传8:4)

对所有真正的基督徒来说,这里教导的真理充满了极大的安慰。我们生活在一个充满艰难和网罗的世界上,我们自己软弱,被软弱所困。想到有一位大有能力的属灵仇敌,就是撒旦,总在我们身边,而且他狡猾、有力且充满恶毒,这的确使我们不安,令我们沮丧。但是感谢上帝,我们有耶稣这位大能的朋友,他"能拯救我们到底"。他已经在十字架上胜过了撒旦。他还要在所有相信的人心中胜过它,为他们代求,让他们的信心不至失落。他再来的时候要最终完全胜过撒旦,把他捆绑并扔在那无底坑中。

现在要问的是,我们自己是否已经脱离了撒旦的权势?毕竟这是关乎我们灵魂的重大问题。撒旦仍然在所有悖逆之子心中做王统治(弗2:2)。他仍然是罪人的王。我们是否已经靠着恩典,打破了他的捆绑,逃脱了他的魔爪?我们是否真正弃绝它和它一切的作为?我们是否天天抵挡它,使它逃跑?我们是否穿上上帝全副的军装,抵挡它一切的诡计?愿我们若非满意回答这些问题就绝

第 五 章

不安息。①

二 基督打发那曾被鬼附的人回家去

可5：18—20

18. 耶稣上船的时候，那从前被鬼附着的人恳求和耶稣同在。
19. 耶稣不许，却对他说："你回家去，到你的亲属那里，将主为你所做的是何等大的事，是怎样怜悯你，都告诉他们。"
20. 那人就走了，在低加波利传扬耶稣为他做了何等大的事，众人就都希奇。

* * *

四福音书没有经常叙述被我们主耶稣基督医治的人后来的举

---

① 新约圣经中记载的鬼附身这整个主题，毫无疑问，充满极深奥秘。被鬼附的不幸之人悲痛受苦——他们清楚地知道我们主是上帝的儿子；他们有双重意识，有时候鬼说话，有时是人说话。所有这些都是极深的奥秘。这也不可能不是奥秘。我们对于我们不能见、不能触摸的生命知之甚少，我们对一个邪灵如何控制一个像我们自己一样有血有肉受造之人的头脑毫无所知。我们能清楚地看到，在我们主地上工作期间，很多人被鬼附。我们可以清楚地看到，鬼附人的身体和占据人心灵魂不一样。我们能猜测，上帝容许他们被鬼附的原因，就是为了清楚地表明我们的主要来败坏魔鬼的作为。但我们必须就此止步，不再深入探究。

但是我们应当小心，不要以为鬼附的事只是完全局限在我们主的时候，而在我们自己的日子已经没有这样的事。这是一种鲁莽和没有根据的结论。想到这点虽然可怕，但在疯人院，有的例子如果不是鬼附，也可能差得不远。简而言之，我相信，为数不少的名医的观点是清楚和确定的，就是鬼附依然存在，虽然案例极其稀少。

当然，如果轻慢地处理像这可怕的教义，如果动辄就确定地宣告任何具体的人是被鬼附了，这就会是一种自以为是的做法。但如果过去有这样的事，新约圣经毫无疑问地表明确实如此，我们就没有充分的理由认定，这样的事不会再次发生。自从我们的主到地上以来，人性并没有改变，撒旦尚未被捆绑，鬼附因此既不是完全不可能，也不是不大可能，但上帝的怜悯已经限制了这种事情经常发生。

《马可福音》释经默想

动。福音书里的故事经常描写神奇的医治经过，然后隐去这得医治之人后来的经历，转而继续去讲其他的事。

但一些非常有趣的故事讲述了得医治之人后来的举动；在格拉森这地方有鬼从他身上被赶出去的这人就是其中一例。摆在我们面前的这段经文讲了这故事。这段经文简短，却充满了宝贵教训。

我们从这段经文认识到，**主耶稣比他的百姓更清楚他们当处的正确位置**。我们得知当我们主准备离开格拉森，"那从前被鬼附着的人恳求和耶稣同在"。我们能很容易理解这请求。这人为着在自己身上发生的奇妙改变而心存感恩，对拯救他的救主充满爱。他想，最好不过就是跟从我们的主，做他的同伴和门徒，与他同行。他预备离开本家和家乡，跟从基督。然而一眼看上去很奇怪的是，耶稣却拒绝了这请求。"耶稣不许"。我们的主有其他事要这人去做，对于他能做什么事最荣耀上帝，我们的主比他看得清楚。主说："你回家去，到你的亲属那里，将主为你所做的是何等大的事，是怎样怜悯你，都告诉他们。"

这句话当中有极深的智慧。基督徒希望身处的位置，并不总是对他们灵魂来说最好的位置。如果他们能够自己选择，他们要选择的位置，并非总是耶稣要他们身处的位置。

没有谁比那刚刚归正相信上帝的人更需要这教训。对于什么真正对他们有益处，这种人的判断常常非常糟糕。他们在恩典中已经领受了很多新的教导，因着目前新的地位心情无比激动，开始用新的亮光看待身边每一件事，却对撒旦的深藏不露和他们自己内心的软弱几乎一无所知。他们只知道不久之前他们是瞎眼的，现在蒙了怜悯他们得看见。在所有人当中，他们最容易落在犯错的危险当

第 五 章

中。他们有最好的动机，却容易在他们生活的计划、选择、迁移和职业方面犯错。他们忘记了，我们最喜欢的并不总是对我们灵魂最好的，恩典的种子既需要夏天也需要冬天，既需要热力也需要冷气，才能成熟并进而显出荣耀。

让我们祷告求上帝指引我们归正以后一切的道路，不要容许我们在选择上犯错，或者作仓促决定。对我们而言最健康的地位和位置是这样的：上帝在其中让我们最谦卑；最容易受教而知道我们自己的罪性；最容易受到吸引而来读圣经和祷告；最容易蒙上帝引领，从而生活凭信心而不是凭眼见。这可能和我们喜欢的很不一样，但如果基督通过他的护理，已经把我们放在这位置中，就让我们不要匆忙离开。让我们在当中常在上帝里面。最要紧的，就是不要凭我们自己的意思，而是要处在耶稣要我们身处的位置。①

---

① 论到我们主在这段经文中说的话，我不能不指出，我们确实可以质疑，人是否有时为了进入福音侍奉，就鲁莽地放弃了世俗的工作。简而言之，我怀疑在陆军、海军、法律界或在商人办公室中突然归正相信上帝的人，有时为了成为神职人员，就不恰当地和轻率地放弃了他们的职业这一做法。

看来人们是忘记了，单单归正并不是我们蒙召、有资格教导他人的证据。上帝可以真正确实地在世俗的工作中，就像在讲台上一样得到荣耀。归正的人身为地主、官员、军人、水手、律师或商人，可以大大被上帝使用。所有这些职业都需要为基督作见证的人。加德纳中校和维加斯上尉，很有可能作为军人，要比他们离开军队而成为神职人员能为基督的事业做成更多工作。

我们沿着人生道路前进时，应当既留意**内在愿望**的呼召，也留心上帝**护理之工**的呼召。我们为自己选择的位置，通常对我们灵魂来说是最糟糕的。当两种互相冲突的职责摆在一个信徒面前，那条最少挫折，最与自己爱好相符的道路，很少会是他正确的选择。

我写下这段话的时候，当然想起有许多卓越的基督徒，他们开始的时候是做世俗工作，后来为着牧师的职分离开这工作。约翰·牛顿和爱德华·比克斯特思（Edward Bickersteth）就是这样的例子。但我认识到，这样的情形是例外。而且我认识到，在每一种这样的情形中，人既有圣灵内在的呼召，也有明显的上帝护理之工的呼召。作为一种通则，我相信人应当认真遵守圣徒保罗的原则："你们各人蒙召的时候是什么身份，仍要在上帝面前守住这身份。"（林前 7：24）

我们从这段经文认识到另一件事，**就是信徒自己的家首先需要他的关注**。从我们主对这曾经被鬼附之人说的这句震撼的话中，我们学习到这教训。他说："你回家去，到你的亲属那里，将主为你所做的是何等大的事，是怎样怜悯你，都告诉他们。"这人的亲属，除了看到他在撒旦影响之下，很有可能已经多年不见他了。最有可能的是，对他们来说他就像一个死了的人，甚至比死人更糟，不断给他们带来麻烦、焦虑和忧愁。那么在这方面就是他尽本分的道路，在这方面他就最能荣耀上帝。让他回家去，告诉他的亲属，耶稣为他做了什么。让他在他们眼前作活见证，见证基督的怜悯。让他舍己，为了做帮助其他人这更崇高的工作，放弃在基督身边的欢乐。

　　我们主这句简单的话背后含有何等深意！它应当在所有真基督徒心中激发何等反思！"你回家去，到你的亲属那里，告诉他们。"家远超过任何其他地方，它是上帝的儿女应该首先努力行善的地方。家是他最常常被人看到的地方，他蒙恩的真实性应当在家中最真实地显明出来。家是他应当把最深厚的情感倾注的地方。家是他应当每天努力为基督作见证的地方。家是他只要服侍世界，就会用自身榜样天天伤害人的地方。家是他一旦蒙恩受教要来服侍上帝，就特别有本分作基督活的书信的地方。愿我们天天都记住这些事！让人绝不要说我们在外是圣徒，但在我们自己家里是恶人；在外面谈论信仰，但在家里却爱世界，而且毫不敬虔！

　　但说到底，我们有任何事情可以告诉其他人吗？我们可以见证在我们内心任何恩典的动工吗？我们是否已经历任何脱离世界、肉体和魔鬼的事？我们是否曾经尝过基督恩典的滋味？这些确实是严

第五章

肃的问题。如果我们还没有重生成为新造的人，当然我们就没有任何事情可以"告诉"人。

如果我们有任何事情可以告诉人，可以对其他人讲关于基督的事，那么就让我们下定决心讲出来。如果我们已经在福音里找到了平安和安息，就让我们不要沉默。让我们只要有机会，就对我们的亲属、朋友、家人和邻舍讲，告诉他们主为我们灵魂成就的事。并不是所有人都得到呼召要做牧师，上帝不是要所有人都讲道，但所有人都能按照我们现在看的这人的脚踪行，按照安得烈、腓力和那撒玛利亚妇人的脚踪行。（约1∶41、45；4∶29）那不耻于对其他人说："你们都来听，我要述说他为我所行的事"（诗66∶16）的人是有福的。

三 患血漏的妇人得医治

可5∶21—34

21. 耶稣坐船又渡到那边去，就有许多人到他那里聚集，他正在海边上。
22. 有一个管会堂的人，名叫睚鲁，来见耶稣，就俯伏在他脚前，
23. 再三地求他说："我的小女儿快要死了，求你去按手在她身上，使她痊愈，得以活了。"
24. 耶稣就和他同去。有许多人跟随、拥挤他。
25. 有一个女人，患了十二年的血漏，
26. 在好些医生手里受了许多的苦，又花尽了她所有的，一点也不见好，病势反倒更重了，
27. 她听见耶稣的事，就从后头来，杂在众人中间，摸耶稣的衣裳，
28. 意思说："我只摸他的衣裳，就必痊愈。"
29. 于是她血漏的源头立刻干了，她便觉得身上的灾病好了。
30. 耶稣顿时心里觉得有能力从自己身

上出去,就在众人中间转过来,说:"谁摸我的衣裳?"
31. 门徒对他说:"你看众人拥挤你,还说'谁摸我'吗?"
32. 耶稣周围观看,要见做这事的女人。
33. 那女人知道在自己身上所成的事,就恐惧战兢,来俯伏在耶稣跟前,将实情全告诉他。
34. 耶稣对她说:"女儿,你的信救了你,平平安安地回去吧!你的灾病痊愈了。"

* * *

　　这部分经文的主题,就是耶稣行神迹医治一位患病的妇人。我们主在对付疾病方面的经验非常丰富!他对他患病肢体的同情是大的!外邦人的神祇,通常被描绘为在战斗中可怕、大有能力、嗜血,是强人的庇护神,勇士的朋友。而基督徒的救主总在我们面前显为温柔,容易听人恳求,医治伤心的人,是软弱无助之人的避难所,患难之人的安慰,病人最好的朋友。难道这不就是人性需要的救主吗?世界充满苦难,地上的弱者远比强者人数众多。

　　让我们在这部分经文中留意,**罪把何等的悲惨带进世界**。我们看到一个人,患上一种至痛苦的病,已经有"十二年"。她"在好些医生手里受了许多的苦,又花尽了她所有的,一点也不见好,病势反倒更重了"。她已尝试过各种方法,但都无用。医术证明不能医治她,她已经用漫长疲倦的十二年与这病抗争,但是病情和起初一模一样。"所盼望的迟延未得",确实令她"心忧"。(箴13:12)

　　我们没有更深地恨恶罪,这是何等令人难以置信!罪是世上所有痛苦疾病的根源。上帝造人,并非要他患病受苦。是罪——不是别的，而是罪——带来肉体承受的一切疾病。是罪让我们经受各种撕裂人的痛苦，各种令人厌恶的疾病，各种令人降卑的软弱，这一切都是我们可怜的身体容易患上的。让我们常常记住这一点，让我们用一种敬虔的憎恶恨恶罪。

第二，让我们注意到，**各人靠近基督时的感情是何等不同**。我们从这些经文得知，"有许多人跟随"我们的主，"拥挤他。"但我们得知只有一个人"从后头来"，凭信心摸他就得了医治。许多人跟从耶稣是出于好奇，没有从他得到益处。一个人，只有一个人，深深地感受到自己的需要，感受到我们救主有拯救她的能力，所以她来跟从耶稣，并且得到极大的祝福。

在当今基督的教会里，我们看到这同样的事情不断发生。众人来到我们敬拜的地方，坐满我们的座位。成百上千的人来到圣餐桌前，领受饼和杯。但在所有这些敬拜上帝和领受圣餐的人当中，从基督真正得到任何好处的人是何等寥寥无几！潮流、风俗、礼仪、习惯、爱刺激或者发痒的耳朵，是绝大多数人真正的动机。凭信心触摸基督，"平平安安"回家去的人，仅是少数。这句话可能听起来很严厉，但不幸的是，这是再真实不过的状况！

第三，请我们留意，**这妇人得到何等立刻的医治**。她一摸到我们主的衣服就得了医治。她十二年来寻求皆徒劳的那一件事，一刻之间就得到了成就。许多医生不能做成的医治瞬间做成了。"她便觉得身上的灾病好了。"

我们无须怀疑，福音书的作者要我们在这里看到一个象征，福音使人灵魂得解救的象征。许多良心疲倦之人的经历，和这位患病妇人一模一样。许多人愁苦多年，寻求与上帝和好，却不能寻到。

他去寻找这地上的医治方法，却得不到解救。他疲倦不堪，从一个地方去到另一个地方，从一家教会去到另一家教会，在这一切之后"一点也不见好，病势反倒更重了"。但最后他找到了安息，他是在哪里找到的？他在这妇人找到她安息的地方——在耶稣基督里。他已经不再指望自己的努力和行为可以带来解救。他已经到基督自己这里来，作为一个谦卑的罪人，把自己交在他的怜悯当中。立刻重担就从他肩头滑落，沉重变成喜乐，焦虑变为平安。真信心的一次触摸，可以比自己苦待自己百次成就更多的事。看一眼耶稣，这要比多年披麻蒙灰更有功效。愿我们直到死那一天都不忘记这一点！向基督他自己求，这是与上帝和好的真正秘诀。

第四，让我们留意，**基督徒在人面前承认自己从基督得到的益处，这是多么合宜**。我们看到这位妇人得到医治后，在众人注意到她的痊愈之前，基督却不容她就这样默默地回家去。我们的主问谁摸了他，"周围观看，要见做这事的女人"。毫无疑问，他不需要任何人告诉他，就完全知道这女人的名字和经历。但他希望教导她以及她身边所有的人一个功课，得医治的人应当公开承认得到的怜悯。

这里有一个所有真基督徒都应牢牢记住的功课。我们不应以在人面前承认基督，让其他人知道他为我们灵魂成就了何等的事为耻。如果我们靠着他的血找到了平安，被他的灵更新，我们就绝不可在每处恰当的场合退缩不承认。我们无须在大街上吹号，强迫每一个人注意我们的经历。对我们的全部要求，就是愿意承认基督是我们的主，不因这样做可能会给自己招来讥笑或逼迫而退缩。主并不要求我们做比这更多的事，但我们却不可满足于做得比这更少。如果我们在人面前以耶稣为耻，有一天他要在他的父和天使面前以我们为耻。

　　最后让我们留意，**信心是何等宝贵的恩典**。我们主对这位得到医治的妇人说："女儿，你的信救了你，平平安安地回去吧！你的灾病痊愈了。"在所有基督徒所蒙受的恩典当中，没有一样像信心那样，是新约圣经更频繁提到的，没有一样得到如此推崇。没有一样恩典把如此大的荣耀归给基督。盼望让人急切期盼要临到的美事。爱给人带来火热和甘心乐意的心。信心带着一只空空的手来，领受一切，却无以回报。对于基督徒自己的灵魂来说，没有一样恩惠像信心一样如此重要。凭信心我们入门；凭信心我们活着；凭信心我们站立；我们行事为人是凭信心，不是凭眼见；凭信心我们得胜；凭信心我们得平安；凭信心我们进入安息。没有哪一样恩惠像信心那样，应当成为如此多多自我反省的主题。我们应当常常自问，我真相信吗？我的信心是真正的吗，是真实的吗，是上帝的恩赐吗？

　　愿我们对这些问题不作出满意的回答就绝不安息！自从这妇人得医治那日以来，基督并没有改变。他仍满有恩惠，仍然有拯救的大能。如果我们要得救，只有一件事是必需的，那一件事就是信心的手，让一个人只是"摸"耶稣，他就必得痊愈。①

---

① 梅兰希顿（Melancthon）对这女人情形说的一些话，值得我们一读。毫无疑问，我们应当谨慎，免得匆忙把寓意和奥秘的意思加在圣经话语上。但我们绝不可忘记，我们主在地上工作时一切的作为都有深意；无论如何，这位改教家表达的想法有极美好的地方。他说："这女人确实很贴切地代表了犹太人的会堂，她长期以来因许多的祸患悲惨而痛苦不已，尤其是受到没有良心的君王、不称职的祭司或心灵的医生、法利赛人和文士的折磨；她在这些人身上花尽她所有的，却一点也不见好，病势反倒更重了。这情况持续，一直到以色列配得称颂的主亲自来'眷顾和救赎她'。"

四　管会堂之人的女儿复活

可5：35—43

35. 还说话的时候，有人从管会堂的家里来，说："你的女儿死了，何必还劳动先生呢？"
36. 耶稣听见所说的话，就对管会堂的说："不要怕，只要信！"
37. 于是带着彼得、雅各和雅各的兄弟约翰同去，不许别人跟随他。
38. 他们来到管会堂的家里，耶稣看见那里乱嚷，并有人大大地哭泣哀号，
39. 进到里面，就对他们说："为什么乱嚷哭泣呢？孩子不是死了，是睡着了。"
40. 他们就嗤笑耶稣。耶稣把他们都撵出去，就带着孩子的父母和跟随的人，进了孩子所在的地方，
41. 就拉着孩子的手，对她说："大利大，古米！"（翻出来就是说："闺女，我吩咐你起来！"）
42. 那闺女立时起来走，他们就大大地惊奇。闺女已经十二岁了。
43. 耶稣切切地嘱咐他们，不要叫人知道这事，又吩咐给她东西吃。

＊　＊　＊

　　这段经文记载了一个大神迹，一个死去的女孩被挽救重得生命。那"惊吓的王"大有能力，但有一位比他能力更大。死的钥匙掌管在我们主耶稣基督的手里，有一日他要"吞灭死亡直到永远"（赛25：8）。

　　让我们从这段经文认识到，**地位并不能让人脱离愁苦的势力范围**。睚鲁很有可能是有钱人，钱能得到的一切医疗帮助都能得到；然后钱却不能拦阻死亡临到他孩子身上。掌权的人的女儿，和穷人

的女儿一样会患病，掌权之人的女儿一样会死。

我们所有人都记住这点就好了，我们太容易忘记这一点。我们经常思想谈论，仿佛拥有财富是对付忧愁的万灵药，仿佛金钱能够给我们保证，使我们免于疾病和死亡。但如此的念头极端盲目。我们只需环顾四周，就能看到大量反证。死临到官廷，也来到农舍；临到地主，也临到佃农；临到有钱人，也来到穷人身上。它不会迁就人，等人有空或方便才到。门锁和门栓不能把它挡在门外。"按着定命，人人都有一死，死后且有审判"（来9：27）。所有人都要到一个地方去，那就是坟墓。

我们可以肯定，上帝给人定的分，远比第一眼看上去更公平。疾病大大地消除了人的差别，它不偏待人。天堂是唯一一个地方，"居民必不说'我病了'。"（赛33：24）那些把他们的爱放在上面的事之上的人是有福的！他们，只有他们，才有一种不朽坏的财富。再过一点点时候，他们将要去到那再也听不到噩耗的地方，上帝要擦干他们脸上一切的眼泪，他们必不再哀伤。他们必不再听到那令人忧愁的话："你的女儿——你的儿子——你的妻子——你的丈夫死了。"以前的事都过去了。

第二，让我们认识到另一件事，**就是我们主耶稣基督的能力何等浩大**。那刺透这位管会堂之人的心，告诉他孩子死了的消息，并不能片刻拦阻我们的主。他立刻用这句恩言——"不要怕！只要信！"——让这位父亲消沉的灵欢喜起来。他来到这人家中，里面许多人哭泣哀号，接着他进入这女孩躺卧的房间。他拉着她的手，对她说："闺女，我吩咐你起来！"立刻她的心脏重新开始跳动，呼吸又回到那没有生命的躯体当中。"那闺女立时起来走"。难怪我们读到这句话:"他们就大大地惊奇。"

让我们花一些时间思想,在那家中发生的改变是何等奇妙。从哭泣到欢喜,从哀伤到庆贺,从死到生——这改变必然是何等奇妙浩大。只有那些曾经与死面对面,家中生命之光曾经熄灭,感觉自己心被铁链拘禁的人,才能诉说这奇妙。他们,只有他们,才能想象到睚鲁家人看到基督的大能把他们所爱的孩子重新交在他们手中时的感受。这家人在那晚上必然何等欢乐地重聚!

第三,让我们从这荣耀的神迹看到一个证据,表明耶稣能为死的灵魂做成什么。他能让我们死在罪恶过犯之中的儿女复活,使他们按着生命的新样在他面前行事为人。他能拉着我们儿女的手对他们说,"我吩咐你起来",命令他们不再为自己活,乃为替他们死而复活的主活。我们家里有一个死的灵魂吗?让我们呼求主,求主叫他活过来(弗2:1)。让我们一次又一次向他报信,恳求他帮助。来支持睚鲁的那一位,仍然有丰富的怜悯,而且大有能力。

最后,让我们把这神迹看作是一个有福的保证,保证我们主第二次显现的那日要做什么。他要呼召相信他的百姓从坟墓里出来。他要赐他们一个更好、更荣耀、更美丽的身体,远超过他们做客旅时的身体。他要把他的选民从东南西北招聚来,让他们不再分开,不再死亡。信主的父母必再次见到信主的儿女,信主的丈夫必再次看见信主的妻子。让我们小心,不要像那些没有指望的人,为在基督里睡了的家人哀伤。最年轻、最可爱的信徒,绝不会在所定的时间之前去世。让我们向前看,那荣耀复活的早晨将要临到。"那已经在耶稣里睡了的人,上帝也必将他与耶稣一同带来。"(帖前4:14)这句话有一天要完全应验。"我必救赎他们脱离阴间,救赎他们脱离死亡。死亡啊,你的灾害在哪里呢?阴间哪,你的毁灭在哪里呢?"(何 13:14)让睚鲁的女儿从死里复活的那一位依然活着!当他在最后那日收聚羊群的时候,连一只小羊都不会失落。

第 六 章

一 基督在自己的家乡，不信的罪

可6：1—6

1. 耶稣离开那里，来到自己的家乡，门徒也跟从他。
2. 到了安息日，他在会堂里教训人。众人听见，就甚希奇，说："这人从哪里有这些事呢？所赐给他的是什么智慧？他手所做的是何等的异能呢？
3. 这不是那木匠吗？不是马利亚的儿子雅各、约西、犹大、西门的长兄吗？他妹妹们不也是在我们这里吗？"他们就厌弃他（原文作"因他跌倒"）。
4. 耶稣对他们说："大凡先知，除了本地亲属、本家之外，没有不被人尊敬的。"
5. 耶稣就在那里不得行什么异能，不过按手在几个病人身上，治好他们。
6. 他也诧异他们不信，就往周围乡村教训人去了。

* * *

这段经文让我们看到，我们的主耶稣基督在拿撒勒"自己的家乡"。这是一个令人忧伤的例子，表明人心邪恶，值得我们特别留意。

我们首先看到，**人是何等容易低估他们熟悉的事**。拿撒勒人因我们主"跌倒"，他们认为，一个在他们当中生活如此之久，他的兄弟姊妹他们都认识的人，不可能配做众人的教师，得到人的跟从。

这地上没有哪个地方像拿撒勒一样拥有如此特权。在三十年时间里，上帝的儿子住在这城里，在它的大街上来往。有三十年时间，他在这城居民眼前与上帝同行，活出一种无可指摘、完美的生活。但这一切他们都忘记了。当主来到他们当中，在他们的会堂里教导时，他们并没有预备好相信福音。他们不愿相信，他们如此熟悉其面容，曾经如此长时间生活在他们当中，和他们一样吃喝，穿着打扮和他们一样的这一位，有任何权利宣告要得到他们的关注。因此他们"因他跌倒"。

我们无须为这一切当中任何事情感到惊奇。同样的事情每天都在我们身边、在我们自己的地方发生。英格兰享有诸多特权，诸如圣经、福音的传讲、教会中集体参加的圣礼，以及其他多而又多的蒙恩之道。然而，英格兰人不断低估它们的价值。他们对这些太习惯了，以至于认识不到他们的特权。一个可怕的事实就是，信仰比任何其他任何领域都更容易让人亲不尊熟生蔑。

对于一些主的百姓来说，我们主的这部分经历要给他们带来安慰。忠心的福音工人，容易因着他们教区会众或经常来听道的人不信而沮丧。这要给他们带来安慰。还有人在家里是唯一的基督徒，而且他们看到身边所有人都紧紧抓住世界不放——对他们来说，这当中有安慰。让这两种人都记住，他们与他们所爱的主喝的是同样的杯。让他们记住,他也曾受那些最熟悉他的人藐视。让他们学会,他们表里如一的美德也并非必然会让其他人接纳他们的观点和意见,正如主不能令拿撒勒人改弦更张一样。让他们晓得,他们主这令人忧伤的话,常常要在他仆人的经历中应验:"大凡先知,除了本地亲属本家之外,没有不被人尊敬的。"

接着我们看到,**我们的主在开始公开侍奉之前,在生活中屈尊附就,取了何等卑微的地位**。拿撒勒人藐视他说:"这不是那木匠吗?"

这是一句特别的话,仅在《马可福音》中出现过。它清楚地让我们看到,我们的主在他人生的前三十年,并不以亲手做工为耻。想到这一点,人就感到这是何等奇妙,让人几乎难以承受。他曾经造天地海和其中万物,而且凡被造的,没有一样不是借着他造的。然而就是那一位,上帝自己的儿子,取了仆人的样式,成为做工的人,"汗流满面才得糊口"。确实,"基督的爱是过于人所能测度的"。他本来富足,却为我们而成了贫穷。他生死都降卑自己,让罪人借着他可以活着,与他一同永远做王。

我们读到这段经文时要记住,贫穷并不是罪,除非我们自己因犯罪而导致贫穷,否则我们绝不要以贫穷为耻。我们绝不应当因着其他人贫穷就藐视他们。做赌徒、醉汉或贪婪的人、说谎的人,这是羞辱;但是我们亲手做工,用自己的劳动挣得口粮,这却不是羞辱。想到拿撒勒木匠的店铺,这就要推翻所有把财富当作偶像之人的狂傲思想。和上帝的儿子,世人的救主那样有相同的地位,这不可能是羞辱。

最后我们看到,**不信的罪是何等的罪大恶极**。马可教导这功课时用了两个特别说法。一个说法就是，我们的主因人心刚硬，就在拿撒勒"不得行什么异能"。另一个说法，就是他"诧异他们不信"。前一句话让我们看到，不信有一种能力，可以夺去人最大的祝福；另一句话让我们看到，不信之罪堪与自杀相比，不可理喻，就连上帝的儿子对此也感到诧异。

我们再如何大大警惕防备不信之心也毫不为过。不信是这世上最古老的罪。它始于伊甸园，当时夏娃听了魔鬼的许诺，不相信上帝说的"你吃的日子必定死"。在所有罪中它的后果最具毁灭性。它把死带进世界。它把以色列挡在迦南地之外四十年之久。它是特别把地狱填满的罪。"不信的必被定罪。"（可16：16）这是所有罪当中最愚昧和最前后矛盾的。他让一个人拒绝接受最清楚的证据，闭眼不看最清楚的见证，然而却相信谎言。最糟糕的是，它是世上最常见的罪，成千上万的人都彻底犯了这罪。他们自称是基督徒，他们对潘恩和伏尔泰一无所知，但在实际行为方面其实是不信的人。他们不完全相信圣经，不接受基督做他们的救主。

在不信这件事上，让我们谨守自己的心。内心——而非头脑——是不信之神秘力量的宝座。让一个人不信的，并不是缺乏证据，也不是基督教教义难懂，而是缺乏相信的意愿。他们爱罪，他们与世界紧紧地纠缠在一起。他们在这种心态当中，从来就不会缺少怀疑的理由去强化他们不信的意愿。相反，谦卑且像孩子一样的心，是相信的心。

让我们相信之后，也继续为我们的心警醒守望。不信的根从来没有被完全摧毁。只要我们停止警醒、祷告，不信的毒草很快就会萌发。没有哪一样祷告像门徒的祷告那样重要："求主加增我们的

信心。"(路17:5)①

二 第一次差遣使徒出去传道

可6:7—13

7. 耶稣叫了十二个门徒来,差遣他们两个两个地出去,也赐给他们权柄,制伏污鬼, 8. 并且嘱咐他们:"行路的时候不要带

---

① 这段经文有一个特别的说法值得留意。我说的是这句话——我们的主"就在那里不得行什么异能,他也诧异他们不信"。

这句话当然不可能是指,我们的主"不可能"在那里行异能,虽然他有行异能的心愿,却被一种比他更大的力量制止拦阻。这样的观点是对我们主不敬,事实上是否认他的神性。在人所不能的事,在耶稣却能;如果他愿意行异能,他就有能力。

这意思显然就是,我们的主因着看到人不信,就"不愿"在那里行任何异能。他被他看到的人心光景拦阻。他不愿把神迹奇事浪费在一代不信刚硬的人身上。他"不得"行大能,这并没有偏离他的原则,就是"照着你们的信给你们成全"。他手里有能力,但不愿使用。

我尝试作的这种分别有双重用处,因为它光照了另一节经文令人难过遭误解的经文。我说的是这句经文:"若不是差我来的父吸引人,就没有能到我这里来的。"(约6:44)"就没有能"这说法经常遭到极大误解。

这节经文清楚地宣告了人性的败坏和无助无能。人死在罪中,若不是父吸引他,就不能到基督这里来。换言之,他没有能力来。但他的这种没有能力的准确实质是什么?正是在这一点上人们存在着误解。

让我们一劳永逸地清楚明白,人没有能力到基督这里来,这并不是身体方面没有能力。说一个人有强烈坚定的意志要到基督这里来,却被某种神秘的身体方面的障碍拦阻,或者说他确实、诚实地有一种心愿,却没有能力,这是完全错误的观点。这样的教义全然推翻了人的责任,在许多情形里,导致人继续留在罪中。成千上万无知的人会对你说:"他们希望相信,希望到基督这里来,希望得救,"但是还说,"虽然他们有这种心愿,却没有能力。"这是致命的欺骗,败坏了许多人的灵魂。

真相就是人没有能力到基督这里来,没有能力行善。这是道德的问题,而不是身体的问题。说他有到基督这里来的意志,却是没有能力,这话不对。无疑他不能,没有能力;但这完全是因为他没有心愿。他的意志是他不归正之光景的主因,除非他的意志被圣灵改变,否则他就永远不会改变。他可能不喜欢这点,但实情就是这样。他的错在于他自己的意志。他无论怎么说,责任就在这里。他可能假称有许多美好的愿望,但实际上他没有诚实、真诚的心愿要变得更好。他"不愿到基督这里来得永生"。

第六章

食物和口袋，腰袋里也不要带钱，除了拐杖以外，什么都不要带，

9. 只要穿鞋，也不要穿两件褂子。"

10. 又对他们说："你们无论到何处，进了人的家，就住在那里，直到离开那地方。

11. 何处的人不接待你们，不听你们，你们离开那里的时候，就把脚上的尘土跺下去，对他们作见证。"

12. 门徒就出去传道，叫人悔改，

13. 又赶出许多的鬼，用油抹了许多病人，治好他们。

* * *

  这一段经文描写了主第一次差派使徒出去传道。教会伟大的元首，在把他的工人单独留在世上之前要验证他们。他教导他们，他还与他们在一起的时候，他们要试试看自己教导的能力，发现自己的弱点。因此在一方面，他能纠正他们的错误；另一方面，他们受训，去做有朝一日他们要去做的工作，这样到最后自己做工时就不再只是新手。要是所有福音的工人都像这样为他们当尽的本分做好预备，不像现在所经常发生的那样未经考验、未经验证、没有经验就担任职分，教会就有福了。

  让我们从这经文中观察，**我们的主耶稣基督如何差派他的使徒"两个两个地"出去**。马可是提到这事实的唯一一位福音书作者，此事值得我们特别留意。

  毫无疑问，这事实是要教导我们，所有为基督做工的人结伴同工，这有各样好处。那位智慧人有充分理由说"两个人总比一个人好"（传4：9）。两人一起做工，要比两人单独做工做得更多。他们可以在判断时彼此帮助，更少犯错误。他们可以互相帮助克服困难，如此失败的可能性就小了。他们可以在受试探而变得闲懒时彼

此激励，就较少重新回到懒惰和无动于衷的光景中。他们可以在受试炼的时候彼此安慰，会较少变得沮丧。"若是孤身跌倒，没有别人扶起他来，这人就有祸了。"（传 4：10）

在这末后的日子，基督的教会很可能没有足够经常记起这原则。无疑在全世界，不论是在本国还是海外，要收的庄稼是多的，然而工人无疑是少的，忠心工人的数目远远满足不了需求。在现有状况下，派遣工人"一个一个地"出去的理由，无可否认是强有力的。但我们主在这地方所做的依然令人震撼。事实上，人在《使徒行传》中几乎找不到一个实例，表明保罗或任何其他使徒是全然独自工作。这是另一个值得留意的情况。我们不得不得出这结论，就是如果人更严格遵守"两个两个"出去的原则，宣教的工场就会比现在收获更多果子。

在一切当中，有一件事是清楚的，即若是能够，所有基督的工人都当一同做工、彼此帮助，这是他们的本分。"铁磨铁，磨出刃来；朋友相感，也是如此。"牧师、宣教士、在教区进行探访的人以及主日学老师应当抓住机会聚会，共同领受美好的忠告。保罗的话包含一个太过经常被人遗忘的真理："又要彼此相顾，激发爱心，勉励行善。你们不可停止聚会，好像那些停止惯了的人，倒要彼此劝勉，既看见那日子临近，就更当如此。"（来 10：24、25）

第二，让我们看到，**我们的主用何等严肃的话讲论那些不愿接待或不愿听他工人话的人**。他说："当审判的日子，所多玛和蛾摩拉所受的，比那城还容易受呢！"

我们发现这是福音书极为频繁立定的真理。想到许多人把它完全忽略，真令人难过。成千上万的人似乎以为，只要他们上教会，

第 六 章

不杀人、偷窃、欺骗，或没有公开违反任何上帝的诫命，他们就没有落在极大的危险当中。他们忘记了，人的灵魂要得救，所需的不单是仅仅禁戒外在不端正的行为。他们看不到，一个人能在上帝面前干犯的其中一样最大的罪，就是听到基督的福音却不相信，得到邀请来悔改相信，却继续无动于衷和不信。简而言之，拒绝福音，这要让一个人沉沦到地狱的最深处。

看完一段像这样的经文之后，让我们扪心自问，我们是如何对待福音的？我们生活在一个基督教国家，我们家里有圣经，我们每年经常听到福音所传的救恩。但我们是否已经接受它进入我们心里？我们是否真正在自己的生活中顺从这福音？简单来说，我们是否已经抓住那摆在我们面前的指望，背起十字架来跟从基督？如果没有，我们就比向木头石头下拜的异教徒更加糟糕，就比所多玛和蛾摩拉的人更有罪。他们从未听过福音，因此谈不上加以拒绝；但对我们而言，我们听到福音却不信。愿我们都省察自己的内心，小心不要毁坏我们自己的灵魂！

最后让我们留意，**我们主的使徒传讲的是怎样的教义**？我们看到，"门徒就出去传道，叫人**悔改**"。

人必须悔改，一眼看上去这可能是一个非常简单和初级的真理。然而人可以写一本又一本的专著，表明这教义丰富的内容，以及它适合历世历代各种阶层等级的人。悔改与对上帝、人性、罪、基督、圣洁和天堂正确的看法不可分割地联系在一起。世人都犯了罪，亏缺了上帝的荣耀。所有人都需要认识到他们的罪，并且为罪忧伤，进而愿意离弃这罪，最终渴求罪得赦免。一句话，所有人都需要重生，奔向基督。这就是悔改得生命的意思。任何人要得救，所要求的不能比这更少。任何自认是教导圣经信仰的人，他们向人强调的不能比这更少。如果我们要按使徒的脚踪行，我们就必须命令人悔改，他们悔改的时候，我们必须命令他们多多悔改，直到最后那日。

我们自己悔改了吗？毕竟这对我们来说是最重要的问题。明白使徒所教导的，这是好的；熟悉基督教教义全备的体系，这是好的。但凭着经历认识悔改，在我们自己心里感受到悔改，这更好得多。愿我们不知道、不感受到我们已经悔改就绝不安息！在天国里没有不悔改的人。所有进入天国的人，都曾感受到罪，为罪忧伤，弃绝罪，并且寻求罪得赦免。如果我们盼望要得救，这就必须成为我们的经历。①

三　希律处死施洗约翰

可6：14—29

14. 耶稣的名声传扬出来。希律王听见了，就说："施洗的约翰从死里复活了，所以这些异能由他里面发出来。"

---

① 罗马天主教徒通常引用这段经文最后一句，连同《雅各书》里的一节经文（雅5：14），来支持他们给临终之人抹油的所谓圣礼。稍作思想就会看到，这节经文或那节经文都不是指这一点，根本就不是支持的证据。

　　在两处经文里，抹油明显是与医治那些接受抹油的人有关。而临终抹油，相反是向一个即将离世和没有复原指望的人施行抹油。

　　使徒时代的抹油和罗马教会的抹油之间差异如此明显，以至于一些最有才能的罗马天主教辩论家也不得不承认，"临终抹油"是建立在教会权威，而不是圣经权威之上。克洛维提到，伦巴德（Lombardus）、波纳文图拉（Bonaventura）、贝拉明（Bellarmine）、詹森（Jansenius）和提里奴斯（Tirinus）都持这种观点。

15. 但别人说："是以利亚。"又有人说："是先知，正像先知中的一位。"
16. 希律听见却说："是我所斩的约翰，他复活了。"
17. 先是希律为他兄弟腓力的妻子希罗底的缘故，差人去拿住约翰，锁在监里，因为希律已经娶了那妇人。
18. 约翰曾对希律说："你娶你兄弟的妻子是不合理的。"
19. 于是希罗底怀恨他，想要杀他，只是不能；
20. 因为希律知道约翰是义人，是圣人，所以敬畏他，保护他，听他讲论，就多照着行（"多照着行"有古卷作"游移不定"），并且乐意听他。
21. 有一天，恰巧是希律的生日，希律摆设筵席，请了大臣和千夫长，并加利利做首领的。
22. 希罗底的女儿进来跳舞，使希律和同席的人都欢喜。王就对女子说："你随意向我求什么，我必给你。"
23. 又对她起誓说："随你向我求什么，就是我国的一半，我也必给你。"
24. 她就出去对她母亲说："我可以求什么呢？"她母亲说："施洗约翰的头。"
25. 她就急忙进去见王，求他说："我愿王立时把施洗约翰的头放在盘子里给我。"
26. 王就甚忧愁，但因他所起的誓，又因同席的人，就不肯推辞，
27. 随即差一个护卫兵，吩咐拿约翰的头来。护卫兵就去在监里斩了约翰，
28. 把头放在盘子里，拿来给女子，女子就给她母亲。
29. 约翰的门徒听见了，就来把他的尸首领去，葬在坟墓里。

* * *

这段经文描写了上帝其中一位最出众的圣徒的死，讲述了施洗约翰被杀的故事。在所有福音书作者当中，没有一位像马可这样如此详细地讲述了这令人难过的故事。让我们看看这段经文里包含了哪些对我们自己灵魂来说，具有实际意义的教训。

我们首先看到**真理胜过良心的奇妙能力**。施洗约翰还活着的时候，希律"敬畏"他，在他死后因他不安。一位没有朋友、形单影

只,除了上帝的真理就没有别的武器的传道人,却让一位君王感到困扰和惧怕。

人人都有良心,这就是上帝的忠实仆人有能力的秘诀,这就是为什么被囚的保罗在他们面前说话的时候,腓力斯"甚觉恐惧",亚基帕"几乎被劝服"的原因。上帝并非没有让自己在未归正的人心里留下见证。人虽堕落败坏,他心里的思念却根据他的生活互相较量,或以为是,或以为非。这思念不能被除去,这思念能让甚至像希律这样的君王坐卧不安,心生惧怕。

没有谁更应当像牧师和教师那样努力牢记这个教训。如果他们传讲和教导基督的真理,就可以肯定他们的工作不是徒然的。孩子可能在学校里看上去不专心,听众可能在聚会中看来无动于衷。但在这两样情形里,人良心中正发生的事,经常是远超我们肉眼所能看见的。有时像施洗约翰这样撒种的人已经去世或离开,种子才开始萌芽,并至终结出果实。

第二,我们看到,**人在信仰之路上可能会进到很深的地步,然而却因伏在一件大罪之下而不得救。**

希律王比许多人走得都远。他"敬畏"约翰,知道约翰是一个义人,就"保护"他,"听他讲论,就多照着行"。他甚至"乐意听他"。但有一件事是希律不愿做的,就是他不愿意停止犯奸淫,不愿放弃希罗底。这样他就永远败坏了自己的灵魂。

让我们从希律的情形领受警告。让我们不要抓住任何东西不放,不要抓住我们喜爱的罪,爱惜任何拦阻我们得救的事。让我们常常省察内心,确保里面没有我们宠爱的私欲,或喜爱的过犯,这些就像希罗底一样在谋杀我们的灵魂。让我们宁愿砍掉右手,剜出右眼，也不愿下到地狱的火中。让我们不要满足于羡慕我们喜欢听的传道人，高兴地听福音讲道。让我们若非能和大卫一道说"你一切的训词，在万事上我都以为正直，我却恨恶一切假道"（诗119：128）就绝不安息。

第三，我们看到，**一位上帝的忠心工人是应当何等勇敢地责备罪**。施洗约翰清楚地指出希律生活邪恶。他没有给自己找借口，认为这样说出来是轻率、无礼、不合时宜，或是无用的。对这位君王的过犯，他没有说圆滑的话，或用委婉的话轻描淡写，掩饰他的不义。他对这位君王讲述清楚的真理，无惧后果——"你娶你兄弟的妻子是不合理的。"

这是所有牧师应当遵循的榜样。在公开或私下，在讲台上或在私下的探访中，他们都应当责备所有公开的罪，向那些活在这罪中的人发出忠心的警告。这可能会得罪人，这可能会让他们极不受人欢迎。这一切都不是他们要考虑的。本分是属于他们的，结果是属于上帝的。

这样做无疑需要有极大的恩典和勇气。毫无疑问，一个像施洗约翰一样责备人的人，在执行主人使命时必须有智慧并且带着爱心做工，责备恶人。在这一件事上，他忠心和爱心的品格明显地受到挑战。如果他相信一个人在伤害自己的灵魂，他就应当确实地对他如此说。如果他真是温柔爱他，就不应当让他不受警告，自我毁灭。现在他可能大大得罪人，但长远来说，忠心责备人的人通常会受人尊重。"责备人的，后来蒙人喜悦，多于那用舌头谄媚人的。"（箴28：23）

第四，我们看到，当人定意要继续犯罪时，他们是何等恶毒地仇恨一位责备他的人。希罗底，王的同流合污者，看来比希律王陷在罪中更深。她的良心刚硬，像被铁烙了一般，因施洗约翰忠心的见证而恨恶他，若不将他害死就绝不住手。

对此我们无须感到惊奇。当男男女女已经选择了他们的路，并且定意要走邪恶之道时，他们就厌恶任何想要使他们回头的人。他们不要受人管制，因受到反对而懊恼不已，被告知真相就生气发怒。先知以利亚被人称为是"使以色列遭灾"的人。先知米该雅被亚哈憎恶，"因为他指着我所说的预言，不说吉语，常说凶言"。历世历代每一位先知和忠心的传道人都受到同样待遇。总有人既不相信他们，还恨恶他们。

当我们听到福音忠心的工人被人开口反对、憎恶和辱骂时，我们绝不要感到惊奇。我们反倒要记住，上帝命定他们作见证反对罪、世界和魔鬼。如果他们忠心，就免不了得罪人。被邪恶不义之人厌恶，这并不会让牧师的品格受辱。人人都说一位牧师好，这对他并不是真正的尊荣。人并没有足够仔细地思想过我们主的这番话："人都说你们好的时候，你们就有祸了！"（路6：26）

第五，我们看到，**有时宴乐狂欢之后，何等多的罪便接踵而来**。希律举办盛宴庆祝生日，一整天交际、饮宴、跳舞。因一时冲动，他准许了一位邪恶女子的请求，把施洗约翰的头砍下来。第二天他很可能就因他的举动深深懊悔，但木已成舟，后悔晚矣。

这真实描绘了宴乐经常带来的后果。人身处其中，情绪一激动，就做出事后深深懊悔的举动。远离试探，避免给魔鬼留地步的人是有福的。一旦偏离安全之地，人绝不可能知道他们会做出什么事来。通宵达旦、拥挤的房间、喧嚣的娱乐、混杂的同伴以及歌

第六章

舞，可能在许多人看来无伤大雅，但基督徒绝不可忘记，参与这些事，就是为试探打开一道更宽阔的大门。

最后，我们从这段经文看到，**一些神最好的仆人，在这世上得到的赏赐是何等之少**。冤狱和暴死便是施洗约翰最后收取的果子，以此作为对他一生劳苦的回报。像司提反、雅各和其他这世界不配有的人一样，上帝呼召施洗约翰用血印证他自己的见证。

像这样的历史，为的是提醒我们：真基督徒最好的福分还没有来到。他的安息、他的冠冕、他的工价、他的赏赐，都在坟墓的另一头。在这世界上，他行事为人必须凭信心，而不是凭眼见；如果他要得人的称赞，就必定会失望。在今生，他必须撒种、劳动、争战、忍受逼迫。如果他期望得到地上极大的赏赐，他就是在期望他无法找到的东西。但今生并非全部，将来会有那报应的日子。那充满荣耀的收成尚未临到。天堂要补偿这一切。眼睛未曾看见，耳朵未曾听见的荣耀之事，是上帝为所有爱他的人预备的。真信仰的价值不是用眼见的事，而是用那看不见的事来衡量的。"我想，现在的苦楚若比起将来要显于我们的荣耀，就不足介意了。""我们这至暂至轻的苦楚，要为我们成就极重无比永远的荣耀。"（罗8：18；林后4：17）

四 使徒传道回来，休息的重要，基督的怜悯

可6：30—34

30. 使徒聚集到耶稣那里，将一切所做的事、所传的道全告诉他。

31. 他就说:"你们来,同我暗暗地到旷野地方去歇一歇。"这是因为来往的人多,他们连吃饭也没有工夫。
32. 他们就坐船,暗暗地往旷野地方去。
33. 众人看见他们去,有许多认识他们的,就从各城步行,一同跑到那里,比他们先赶到了。
34. 耶稣出来,见有许多的人,就怜悯他们,因为他们如同羊没有牧人一般,于是开口教训他们许多道理。

* * *

让我们留意这段经文,**众使徒从第一次宣教回来之后的举动**。我们看到"使徒聚集到耶稣那里,将一切所做的事、所传的道全告诉他"。

这句话具有很深的教益,对于所有福音工人和在向人灵魂行善这伟大工作中劳苦之人,是一个美好的榜样。这样的人每天都应像使徒在这里做的一样,把他们所有的作为告诉教会那伟大的元首。他们应当把他们所有的工作都呈明在基督面前,向他求忠告、引导、力量和帮助。

在属灵工作方面,祷告是成功主要的秘诀。祷告会感动震撼天地的那一位,祷告能把所应许的圣灵的帮助带下来,而没有圣灵,最细致的讲道、最清楚的教导、最勤奋的努力都是枉然。有最大恩赐的人,并不总是在为上帝做工方面最成功的人;最成功的人,通常是那些与基督保持最密切相交,最常常祷告的人。这样的人和先知以西结一样呼求:"气息啊,要从四方而来,吹在这些被杀的人身上,使他们活了。"(结37:9)这些人最准确地遵循使徒的榜样,"专心以祈祷传道为事"(徒6:4)。既有传道事工,也有祷告事工的教会是有福的!对于一位新牧师,我们当问的问题并不仅

第六章

仅是"他讲道能讲得好吗?"而且还要问:"他为他的会众、他的工作多多祷告吗?"

第二,让我们留意,**众使徒从他们第一次公开事工回来之后,我们主对他们说的话**。耶稣对他们说:"你们来,同我暗暗地到旷野地方去歇一歇。"

这句话充满温柔体贴。我们的主非常清楚他的仆人是灵也是肉体,既有灵魂也有身体。他明白他们不过是藏有宝贝的瓦器,且多为软弱所困。他让他们看到,他对他们的期望,并不超过他们身体力量所能行的。他所求的是我们能做的,而不是我们不能做的。"你们来,同我暗暗地到旷野地方去歇一歇。"

这句话充满大智慧。我们的主非常清楚,他的仆人既要关顾其他人的灵魂,也要看顾自己的灵魂。他知道,不断关注对众人的服侍,容易使我们忘记我们自己灵魂的事,我们在看守别人的葡萄园时,有忽略我们自己葡萄园的危险(歌1:6)。他提醒我们,牧师偶尔从公开的事工中抽身离开,反省自己里面的事,这是好的。"你们来,同我暗暗地到旷野地方去歇一歇。"

不幸的是,在基督的教会中需要这劝告的人寥寥无几。落入让自己过度工作和过度关注他人这危险中,以致损伤自己身体灵魂的人,不过是屈指可数。绝大部分认信的基督徒闲散懒惰,不为他们身边的世人做任何事。需要缰绳约束的人远没有需要马刺激励的人多。但这些寥寥无几的人,依然应当在心里牢记这段经文的教训。他们应当把自己的健康当作金钱,谨慎使用,而不应当像赌徒一样挥霍殆尽。他们应当满足于使用他们每天量力而得的收入,而不应当鲁莽提取本金。他们应当记住,做一点点事,把小事做好,通常就是长远来说做最多工作的方法。最重要的是，他们绝不可忘记热心为自己内心守望，花时间定期自我反省，安静默想。一个人的事工和在众人面前工作的成功，是与他自己灵魂的兴旺密切联系在一起的。偶然退下休息，这是其中一种最有用的武器。

最后，让我们留意**我们的主耶稣基督对那些一起到他这里来的人的感情**。我们看到他"就怜悯他们，因为他们如同羊没有牧人一般"。他们没有教师，没有向导，有的不过是瞎眼的文士和法利赛人。他们没有灵粮，只有人为的传统。数以千计不灭的灵魂站在我们主面前，无知无助，正通往毁灭的大路上。这触动了我们主耶稣基督的慈善心肠。他"就怜悯他们，于是开口教训他们许多道理"。

让我们绝不要忘记，我们的主昨日今日，一直到永远是一样的。他绝无改变。他在高天之上，在上帝的右边，仍然带着怜悯之心看顾着人们。他仍怜悯那些无知的人，那些偏离正道的人。他仍然愿意"教训他们许多道理"。他对自己那些听他声音的羊有特别的爱，他对全人类仍有一种极大的"普遍的爱"，一种真正同情的爱，一种怜悯的爱。我们绝不可疏忽这一点。那种教导说基督除了信徒以外任何人都不看顾的神学，是一种糟糕的神学。我们有圣经根据，可以对罪魁说，耶稣怜悯他们，关心他们的灵魂，耶稣愿意拯救他们，邀请他们来相信并因此而得救。

在结束对这段经文默想之前我们要自问，我们对基督的心意有任何认识吗？我们像他一样，对尚未归正之人的灵魂温柔地关心吗？我们像他一样，对那些好像没有牧者的羊一样的人充满深深怜悯吗？我们关心那些在我们自家门口不悔改的罪人吗？我们关心在国外的异教徒、犹太教徒、伊斯兰教徒和罗马天主教徒吗？我们使

第六章

用各种方法，甘心乐意奉献金钱在世界上广传福音吗？这些是严肃的问题，需要严肃回答。那些对他人灵魂毫不关心的人并不像耶稣基督。人大可怀疑这样的人是否已经归正，对自己灵魂的价值是否有任何认识。

五 基督用五饼二鱼给众人吃饱

可6：35—46

35. 天已经晚了，门徒进前来，说："这是野地，天已经晚了。
36. 请叫众人散开，他们好往四面乡村里去，自己买什么吃。"
37. 耶稣回答说："你们给他们吃吧！"门徒说："我们可以去买二十两银子的饼给他们吃吗？"
38. 耶稣说："你们有多少饼，可以去看看。"他们知道了，就说："五个饼，两条鱼。"
39. 耶稣吩咐他们，叫众人一帮一帮地坐在青草地上。
40. 众人就一排一排地坐下，有一百一排的，有五十一排的。
41. 耶稣拿着这五个饼，两条鱼，望着天祝福，擘开饼，递给门徒，摆在众人面前，也把那两条鱼分给众人。
42. 他们都吃，并且吃饱了。
43. 门徒就把碎饼、碎鱼收拾起来，装满了十二个篮子。
44. 吃饼的男人共有五千。
45. 耶稣随即催门徒上船，先渡到那边伯赛大去，等他叫众人散开。
46. 他既辞别了他们，就往山上去祷告。

* * *

在我们主耶稣基督所行的一切神迹当中，没有一件像我们现在读到的，得到四福音书如此频繁的描述。四位福音书作者的每一位都得到圣灵默示把它记录下来。显然它要求每一个读上帝话语的人，对它要有非同一般的关注。

让我们在这部分留意观察一件事，**就是这件神迹举出何等一个例子**，表明我们主耶稣基督的大能。我们得知他用五饼二鱼给五千人吃饱。经文明确地告诉我们，这群人没有任何吃的东西。经文同样明确告诉我们，为维持他们生命所做的全部预备，只不过是五饼二鱼。然而我们看到，我们的主把这些饼和鱼接过来，祝谢了，掰开，就把它们交给门徒，摆在众人面前。这一段叙述的结尾处告诉我们，"他们都吃，并且吃饱了"。而且"碎饼碎鱼收拾起来，装满了十二个篮子"。

毫无疑问，我们在此看到了创造的大能。某些之前不存在的真正、实在、物质的东西，因耶稣的命令说有就有了。这里没有为这种理论留下余地，即认为人受到一种视觉幻象或者强烈想象的影响。五千个饥饿的人，若嘴里没有吃到实在的饼，就绝不可能得满足。五个饼如果没有借助神迹而加增，门徒就不可能收拾了十二筐满满的零碎。简单来说，很清楚的就是，从无创造世界的那一位，在这场合中动工。除了在起初创造万有，在旷野赐下吗哪的那一位，没有别人能够这样"在旷野摆设筵席"。

所有真基督徒都应当把像这样的事实存在心里，在需要的时候记起。我们生活在一个邪恶的世界，支持我们的人寥寥无几，反对我们的人数量众多。我们自己内心软弱，随时都太过容易偏离正道。每一刻我们附近都有一位忙碌的魔鬼，盯着要看我们停滞不前，努力要把我们引入试探。我们可以转向哪里求安慰？有什么可以使我们的信心保持活泼，保守我们不陷入绝望？答案只有一个。我们必须仰望耶稣，我们必须思想他的大能，他古时所行的神迹奇事。我们必须想起,他如何能从无有为他的百姓创造出食物,甚至在旷野中也能供应那些跟从他的人的需要。我们思想这些事情的时候,必须记住这位耶稣依然活着,从未改变,而且他站在我们这一边。

让我们在这段经文中留意另外一件事,就是**我们的主耶稣基督行完喂饱人的神迹后的举动**。我们看到,"他既辞别了他们,就往山上去祷告"。

这情形中有一些事,对我们具有很深的效益。我们的主从不求人称赞。我们看到他在行了一件大神迹后,立刻想要独处,把时间用在祷告上。他所行的正是他在别处教导的,就是他说的"要进你的内屋,关上门,祷告你在暗中的父"。从未有人像他一样行如此大能的作为,从来没有人像他那样说过如此的话,也从未有人像他一样如此常常祷告。

让我们主在这方面的举动成为我们的榜样。我们不能像他那样行神迹,在这方面他无与伦比。但在独自灵修方面我们能按他的脚踪行。如果我们得着神儿女的心,我们就能祷告。让我们决心,比到目前为止更加多多地祷告。让我们努力安排时间、地点和机会,单独与上帝在一起。最重要的是,让我们不仅在努力为上帝做工之前祷告,也在我们工作完成之后祷告。

如果我们更经常反省我们的个人祷告习惯,这对我们所有人来说就都是好事。在一天二十四小时当中,我们把多少时间用在祷告上?在祷告的热心、全面和迫切方面,我们能留意到年复一年我们取得了怎样的进步?按照我们的经历,我们对"竭力地祈求"(西4:12)有多少认识?这些问题令人降卑,却对我们的灵魂大有裨益。恐怕没有什么事情像祷告那样，表明基督徒与基督的榜样是如此相距甚远。我们主流泪大声求告，终夜向上帝祷告，常常退下去到偏僻的地方与父亲密相交。对于这些事情，人更多的是谈论和羡慕，而不是效法。我们生活在一个匆忙、熙熙攘攘和所谓做工的时代，身处其中的人不断地受到试探，要减少他们的个人灵修，缩短他们的祷告。当情况变得如此，也就难怪基督的教会所做的事情之少，与它的组织机构完全不成比例。教会必须学习更紧密地效法它的元首，它的成员必须花更多时间在密室中祷告。"你们得不着，是因为你们不求。"（雅4：2）

六 基督在水面行走

可6：47—56

47. 到了晚上，船在海中，耶稣独自在岸上。
48. 看见门徒因风不顺，摇橹甚苦，夜里约有四更天，就在海面上走，往他们那里去，意思要走过他们去。
49. 但门徒看见他在海面上走，以为是鬼怪，就喊叫起来。
50. 因为他们都看见了他，且甚惊慌。耶稣连忙对他们说："你们放心，是我，不要怕！"
51. 于是到他们那里上了船，风就住了，他们心里十分惊奇。
52. 这是因为他们不明白那分饼的事，心里还是愚顽。
53. 既渡过去，来到革尼撒勒地方，就靠了岸。
54. 一下船，众人认得是耶稣。
55. 就跑遍那一带地方，听见他在何处，便将有病的人用褥子抬到那里。
56. 凡耶稣所到的地方，或村中、或城里、或乡间，他们都将病人放在街市上，求耶稣只容他们摸他的衣裳繸子，凡摸着的人就都好了。

＊　＊　＊

　　这处经文首先记载的事件，形象地美好象征了在耶稣基督第一次和第二次来之间，所有信徒的地位。我们就像门徒一样，现在被风暴吹来吹去，并没有享受到我们主可见的同在。就像门徒一样，我们必要再与我们的主面对面，虽然可能那是在情况极其危急的时候——当他再来的时候。就像门徒一样，我们必要看见当我们的主到我们这里来的时候，所有事情都要改变，而且是变得更好。我们必不再受风暴击打，将要享有极大平静。

　　对这段经文如此应用，并没有任何天马行空的意味。我们无须怀疑，主是"上帝在肉身中显现"，他生活中的每一步都有深意。但目前就让我们把自己局限在这些经文所包含的清楚的实际教训当中。

　　让我们首先留意，**我们的主如何看到相信他的人遭遇患难，并要在恰当时候帮助他们**。我们看到"船在海中，耶稣独自在岸上"。他看到"门徒摇橹甚苦"，就在海面行走，到他们这里来，用这恩言鼓舞他们："是我，不要怕！"就把风暴平静了。

　　想到这里，就要给所有真信徒带来安慰。无论他们在哪里，不管他们处境如何，主耶稣都能看见他们。无论他们是孤单，还是在人群当中；是患病，还是健康；是在海上，还是在陆地上；遭遇城里的危险，还是旷野的危险——那曾看见门徒在海上被风暴吹来吹去的同一双眼睛，此刻正不断地看着我们。我们从未落在他关怀的范围之外，我们的道路绝不能向他隐藏。他知道我们所走的道路，依然能够帮助。他可能不会在我们最希望的时候来帮助我们，但他却绝不让我们全然失败。曾在海面行走的那一位从不改变，他总要在合适的时候来到，扶持他的百姓。虽然他延迟，但让我们耐心等候。耶稣看着我们，不会弃绝我们。

第二，让我们留意，**当门徒一开始看到我们主在海上行走时，他们感到惧怕**。我们得知，"门徒以为是鬼怪，就喊叫起来，因为他们都看见了他，且甚惊慌"。

我们从这句话看到对人性何等忠实的描写！当今有成千上万的人，如果他们看到门徒所看见的，就会有同样的表现！如果有人登上一艘船，在夜半的风暴中突然看见一人在水面行走，逐渐靠近这船，要保持镇定，全然不怕，这样的人寥寥无几！人若愿意，就让他们取笑好了，这些没有学问的门徒是多么的迷信和惧怕。如果他们喜欢，就让他们夸口好了，在这末世，理智的大步前进和知识的快速传播。我们可以有信心地断言，若被安排在与使徒同样的位置上，表现出比他们更大勇气的人定是寥寥无几。最大胆的怀疑论者，当晚上看到他们不能解释的黑影，有时就已经显出是最大的懦夫了。

事实就是，所有人里面都有一种本能的感觉，让他们退缩离开看上去属于另一个世界的事情。人有一种意识，企图用装出来的镇静掩饰一个事实，就是既有看得见，也有看不见的事情，而且我们现在活在肉体中的生命，并不是人的唯一生命。但他们的掩饰却是徒然的。关于幽灵鬼魂的老生常谈，无疑是愚蠢和迷信的。几乎总能将其追溯至那些思想软弱之人的惧怕和想象。但是这些故事得到了全世界人的关注，这却是一个值得留意的事实。这是间接的证

第六章

据，表明人"潜意识里相信未见之事"，正如假币证明存在着真正的货币。这构成一种独特的见证，不信的人发觉难以完全将其解释得不复存在。这证明在人里面有某些东西，可以见证在坟墓之外有一个世界，并且当人感觉到这一点，他们就心生恐惧。

真基督徒明显的本分，就是面对那重大、眼不能见世界一切的惧怕时，依靠上帝供应的解决之道生活。这解决之道，就是相信一位看不见的救主，并且不断与他相交。有了这解决之道做兵器，即便在看见不能看见的那一位时，任何事情也都不能令我们惧怕。即使现在身边有许多危险，我们却正走向那属灵的世界。但有耶稣做我们的牧者，我们就无须惧怕。有他做我们的盾牌，我们就安全无虞。

最后，让我们留意，**在彼此尽本分方面我们有何等美好的榜样**。我们得知当我们的主在革尼撒勒地方上岸时，那里的人"跑遍那一带地方"，"将有病的人"用褥子抬到他那里。我们看到，"凡耶稣所到的地方，或村中，或城里，或乡间，他们都将病人放在街市上，求耶稣只容他们摸他的衣裳繸子，凡摸着的人就都好了"。

我们在这里看到了为我们树立的榜样，让我们同样去行。让我们努力把我们身边所有需要灵里得医治的人，都带到这位伟大的医生耶稣这里来，使他们可以得医治。每天都有人死去，时间短暂，机会迅速消失。黑夜来到就没有人能做工了。

让我们不遗余力，把男男女女带来，让他们认识耶稣基督，以至得救。"凡摸着的人就都好了"——想起这点，就让人大得安慰。

第 七 章

一 法利赛人的信仰

可7：1—13

1. 有法利赛人和几个文士从耶路撒冷来，到耶稣那里聚集。
2. 他们曾看见他的门徒中有人用俗手，就是没有洗的手吃饭。
3. 原来法利赛人和犹太人都拘守古人的遗传，若不仔细洗手就不吃饭；
4. 从市上来，若不洗浴也不吃饭；还有好些别的规矩，他们历代拘守，就是洗杯、罐、铜器等物。
5. 法利赛人和文士问他说："你的门徒为什么不照古人的遗传，用俗手吃饭呢？"
6. 耶稣说："以赛亚指着你们假冒为善之人所说的预言是不错的。如经上说：'这百姓用嘴唇尊敬我，心却远离我。
7. 他们将人的吩咐，当作道理教导人，所以拜我也是枉然。'
8. 你们是离弃上帝的诫命，拘守人的遗传。"
9. 又说："你们诚然是废弃上帝的诫命，要守自己的遗传。
10. 摩西说：'当孝敬父母，'又说：'咒骂父母的，必治死他。'
11. 你们倒说：'人若对父母说：我所当奉给你的，已经做了各耳板'（各耳板就是供献的意思）。
12. 以后你们就不容他再奉养父母。
13. 这就是你们承接遗传，废了上帝的道；你们还做许多这样的事。"

* * *

这段经文的写照令人降卑，因其表明人性在信仰方面能出什么事情。这是那些渴望基督的教会得兴旺的人，应当经常努力学习的一段经文。

这段经文要求我们关注的第一件事，**就是我们主在地上的时候**，犹太人的信仰光景凄惨低落。还有什么比眼前这段话更可悲？我们发现犹太人主要的教师在吹毛求疵，因为"他的门徒中有人用没有洗的手吃饭"！我们得知他们极其看重洗涤"杯、罐、铜器"这等物件！简单说来，那些仅仅从表面上最严格遵守人所发明之传统的人，竟被人看作是最圣洁的人！

我们应当记住，生活在此刻光景中的这民族，曾在世上最得上帝眷顾。上帝在西奈山上赋予他们律法、敬拜上帝的礼仪、祭司的职分、诸约和应许。摩西、撒母耳、大卫和众先知都曾在这百姓当中生活并去世。地上的民，没有像他们那样曾经拥有过如此多的属灵特权；也没有任何别的民，像他们那样曾经如此可怕地滥用他们的特权，如此彻底地弃绝他们自己的恩惠。纯金何其失光！从记载在《申命记》和《诗篇》中的信仰，到洗手和洗涤杯、罐的信仰，这堕落是何等之大！难怪我们主在地上做工的时候，发现百姓如同羊没有牧人一般。单单外在的遵守，并不能喂养人的良心，让人的内心分别为圣。

让犹太教会的历史成为对我们的警告，使我们绝不沾染虚假的教义。一旦容忍虚假的教训，我们就绝不会知道它会走到何等的远,我们最终会落入何等凄惨的信仰光景。我们一旦离开真理的王道,就可能最终落入到像法利赛人和文士一样洗杯洗罐的光景中。人一旦背离上帝的道,就没有什么最卑贱、无聊、不合情理的事做不出来。今天在基督的教会中有一些分支,是从来不读圣经,从来不传讲福音的。在这些分支中,现在唯一幸存的信仰,就是使用一些没有意义的形式,遵守某些人为的禁食和节期。这些分支开始的时候是好的,就像犹太教会一样,现在落入彻底荒凉不结果子和衰败的光景。对于虚假的教训,我们再如何警惕也毫不为过。一点点的酵能让整团发起来,让我们为着一次交付圣徒的真道竭力争辩。①

  要求我们关注的第二件事,**就是敬拜上帝的时候,仅仅用嘴唇敬拜毫无用处**。我们的主引用旧约圣经一段话来强调这教训:"以赛亚指着你们假冒为善之人所说的预言,是不错的。如经上说:'这百姓用嘴唇尊敬我,心却远离我。'"

  上帝在信仰中首要关注的,是人的内心。头低下、膝跪下;严肃的面孔和僵直的姿态;礼仪式的回应和形式主义的"阿们"声——所有这些加起来,都不能让一个人成为真正属灵的敬拜者。

---

① 虽然一眼看上去,法利赛人的风俗和传统荒唐可笑,但让人降卑的事实是,法利赛人从来不缺效法和继承他们的人。对洗杯、罐、铜器这些物件大发热心,这看起来近乎荒唐可笑,除了孩子以外,没有人会做这样的事。但我们无须看得太远,就能在离我们自家很近的地方发现完全与这对应的事情。现今,人们为神父和牧师穿的祭服、长袍、洗礼盆、牧师席、祭器台、圣坛隔板和类似事情认真严肃地争论,我们对此可以怎么说呢?对于许多人为在敬拜上帝时的礼仪、装饰、姿态那种过分的关注,我们可以怎么说?我们说圣经对于这些事完全沉默,这已经足够了。这是什么?难道不就是法利赛人的精神卷土重来吗?这是什么?岂不是对人传统的做法那种不合宜的热心令人难过地再次重现吗?人为这些事情辩护而提出的论据,有哪一条是法利赛人没有同样大大地强调和使用过的?一千八百年已经过去,然而为了洗杯、罐、铜器这等物件小题大做的那一代人仍然在我们中间。法利赛人的传承从未断绝。

第七章

上帝的眼睛看得比这些更远更深，他要求内心的敬拜。他对我们每一个人说："我儿，要将你的心归我。"

让我们在公开聚集的敬拜中记住这一点。我们绝不可满足于带着身体上教会，却把自己的心留在家中。人的眼睛可能在我们的敬拜中觉察不到有错，我们的牧师可能赞许地看着我们，我们的邻舍可能以为我们是基督徒当有样式的楷模，人们可能在赞美和祷告声中首先听到我们的声音。但如果我们的心远离，在上帝的眼中就没有什么比这更糟。在那位察验人思想，看到人里面隐秘事的上帝面前，这一切只不过是草木禾秸罢了。

让我们在个人的敬拜中记住这一点。如果我们的内心和我们的嘴唇不一致，我们就绝不可满足于只说好话。如果我们双膝跪下祷告，心思却飞到九霄云外，那么即便再流畅的长篇祷告对我们又有何益处呢？这对我们根本无益。上帝看到我们真正在做的事，所以拒绝我们的奉献。出于内心的祷告，是他爱听的祷告。出于内心的祷告，是他唯一应允的祷告。我们的恳求可能软弱，结结巴巴，在我们的眼中看为糟糕。我们可能无法用精巧的言语，或精心挑选的说法把恳求献上，若写下来，可能几乎无法看懂。但如果是出于一颗正直的心，上帝会明白这些恳求。这样的祷告是他喜悦的。

这段经文要求我们关注的最后一件事，就是**人倾向用自己发明的信仰取代上帝的话语**。三次我们看到我们的主对法利赛人发出这责备。"你们是离弃上帝的诫命，拘守人的遗传。""你们诚然是废弃上帝的诫命，要守自己的遗传。""你们承接遗传，废了上帝的道。"法利赛人的第一步，就是把他们的传统加在圣经里，作为有用的补充。第二步就是把它们放在与上帝的道同样的地位上，赋予它们同样的权柄。最后一步就是尊重它们超过尊荣圣经，贬低圣经并使其脱离本应有的合法地位。这就是我们主在地上时所发现事情的光景。从实际来看，人的传统就是一切，而上帝的话语则什么也不算。顺服传统变成了真信仰，顺服圣经则消失殆尽。

一个可悲的事实，就是基督徒在这件事上经常步法利赛人的后尘。同样的过程已经一次又一次发生，产生出完全一样的后果。人发明的宗教礼仪被强加给基督徒，这些礼仪表面上看起来有用，不管怎么说都是出于好意，但上帝的话语从来没有命令人要遵守这些礼仪。渐渐地，人们要求遵守这些礼仪的力度超过了遵守上帝自己的命令，人们捍卫这些礼仪的热心超过了捍卫上帝自己话语的权威。我们无须往远处去找实例，我们自己教会的历史，会给我们提供这些例子。①

让我们小心，不要企图给上帝的话语加上什么，作为得救必须的事。这是惹动上帝怒气的，这要让他审判我们，使我们落入瞎眼当中。这就等于是说，在对于人得救而言必须的事情方面，圣经不完全，我们比他知道得更多。加增和删减同样会轻易摧毁上帝话语的权威；把神的话语掩埋在人的发明之下，这和否认神的话语是真理一样，都会轻易摧毁上帝话语的权威。整本圣经——没有别的，只有圣经——必须成为我们信仰的准则，不容任何加增删减。

---

① 在斯图亚特王朝期间，人为了教规、礼拜程序而对清教徒展开逼迫，在太多的情形里或多或少都是为传统大发热心。人们大发热心强迫其他人服从英格兰教会，与此同时，酗酒、咒诅和公然的犯罪相对而言却无人理会。教会要求人顺服人为的教会规矩，违反的要被罚款或监禁，与此同时，公然悖逆上帝的十诫却被忽视了。经历给了我们痛苦的证据，证明传统一旦出现，一开始被称为有用，那么就会变为必不可少，最终经常被人变成偶像。所有人都必须对传统屈膝下拜，否则就要受到严惩。

最后，让我们在信仰方面清楚地分辨人的发明与上帝话语清楚的命令。上帝命令的，是人得救必不可少的，人所命令的却并非如此。人所发明的，可能当时有用便利，但得救与否并不取决于顺服这些事。上帝要求的，对永生来说至关重要；故意悖逆的人，要败坏自己的灵魂。①

二 人心是不洁的真正源头

可7：14—23

14. 耶稣又叫众人来，对他们说："你们都要听我的话，也要明白。

15. 从外面进去的，不能污秽人；惟有从里面出来的，乃能污秽人。"（有古卷

---

① 我们主在这段经文中提到，法利赛人狡猾地回避第五条诫命的要求，对此我们需要说几句话加以解释。

　　我们必须记住，法利赛人并没有公然否认第五条诫命的要求。很有可能他们像任何人一样，宣称非常重视第五条诫命，然而他们却想方设法将它废除。他们是怎样做到这一点的？

　　他们教导说，一个人可以把用来赡养父母的财产的任何部分分别为圣，用来服侍上帝，使之成为圣，这样就使自己免除了责任，无需再为父母花费。他只需要说他全部的金钱都是"各耳板"，就是奉献出来归神使用的，人就不能再要求他供应赡养父母。在向神做奉献是首要呼召的幌子下，他就永远让自己摆脱了赡养父母的担子。他没有公然否认自己有本分，应该用这世上的财物满足父母的需要，但他设立一种人的传统，宣称有一种更高的本分要求，就是对上帝尽本分的要求，就这样逃避了孝敬父母的本分。

　　法利赛人谎称为上帝荣耀大发热心，却废弃了神的话语。他们这种传统和诡辩，与耶稣会士等鼓吹罗马天主教之人的传统和诡辩，有着令人讨厌和震惊的相似性。以下一位古代解经家说的话，值得我们一读：

　　"圣经教导，在圣洁方面食物没有任何分别，凡是神所造的都是好的。教皇党人教导说，在某些时候禁戒吃肉，这是关乎信仰和良心的事，就这样废弃了神的教导。圣经教导，我们应当单单向上帝祷告，他们却多多向离世的圣徒祷告，就这样废除了这教导。圣经教导在救赎和代求方面，唯独基督是我们的中保，他们却让圣徒成为中保，就废除了圣经教导。圣经教导基督是教会唯一的元首，他们却用教皇至高的教义废除了这一点。圣经教导每个人都要顺服在上掌权的，他们却免除教皇和教皇的神职人员服从君王和长官民事权柄的责任，就借此废除了这一点。最后，与我们主在此反对法利赛人一样的一个实际情形是，上帝的话语命令儿女要孝敬父母，教皇党人却教导说，如果儿女起誓要过修道生活，就可免除孝敬父母的本分。——佩特，《〈马可福音〉注释》"

在此有

16. "有耳可听的，就应当听。"）

17. 耶稣离开众人，进了屋子，门徒就问他这比喻的意思。

18. 耶稣对他们说："你们也是这样不明白吗？岂不晓得凡从外面进入的，不能污秽人。

19. 因为不是入他的心，乃是入他的肚腹，又落到茅厕里。"这是说，各样的食物都是洁净的。

20. 又说："从人里面出来的，那才能污秽人。

21. 因为从里面，就是从人心里发出恶念、苟合、

22. 偷盗、凶杀、奸淫、贪婪、邪恶、诡诈、淫荡、嫉妒、谤讟、骄傲、狂妄。

23. 这一切的恶都是从里面出来，且能污秽人。"

* * *

我们在这一段的起头看到，**人对属灵的事理解得多么迟钝**。我们的主对众人说："你们都要听我的话，也要明白。"他对门徒说，"你们也是这样不明白吗？""岂不晓得？"

人性的败坏是一种普遍的灾病，它不仅影响人心、意志和良心，也影响思想、记忆和理解。在世上之事方面聪明敏锐的同一个人，常常完全不能理解基督教信仰最简单的真理，不能把握福音最清楚的论证。他不明白福音教义最清楚的阐述。这些在他看来，若不是愚拙，就是奥秘。这些在他听起来就像一门外语，他听到的都是零零星星的词，但不明白整体含义。"世人凭自己的智慧，既不认识神。"（林前1：21）人听见，却不明白。

如果我们要在对上帝的认识上有长进，就必须天天祷告祈求圣灵教导。离开他，即使有最聪明的头脑和最强大的推理能力，我们也是寸步难移。我们在读圣经、听讲道时，一切都取决于我们读

第七章

经和听道时的灵性。一个谦卑、受教、孩子般的心态，是成功的极大秘诀。那能常常与大卫一道说"求你将你的律例教训我"（诗119：64）的人是有福的。这样的人，既要听见，也要明白。

第二，我们从这段经文看到，**在上帝眼中，人心是污秽和不洁的主要源头。**与文士和法利赛人教导的不一样，道德的纯洁并不取决于洗或不洗，摸或不摸，吃或不吃。"凡从外面进入的，不能污秽人；从人里面出来的，那才能污秽人。"

这段话中有一个极深的真理，是人经常忽略的。我们很少认真思想我们起初的罪性和自然行恶的倾向。人经常把人的邪恶归咎于坏榜样、坏朋友、特别的试探，或魔鬼的网罗。人似乎忘记了，每个人里面都带着一个邪恶的源头。我们要一头扎入罪中，并不需要坏朋友教导我们或魔鬼试探我们。我们在自己里面就有天底下各种罪的起头。

我们在训练和教育儿童时应当记住这一点。在一切管理的工作中，我们绝不可忘记，所有悖逆和邪恶的种子都在孩子心里。仅仅把男孩女孩关在家里，把各种外在试探挡在门外，这并不够。他们里面带着一颗愿意去犯各种罪的心，除非这心被改变，否则无论我们做什么，他们都不会安全。当孩子真的犯错时，人普遍的做法，就是把一切责任都归咎在坏朋友身上，但这纯粹是无知、瞎眼和愚昧。坏朋友无疑是一种大恶，我们当尽可能回避。但除非孩子被圣灵更新，否则坏朋友唆使一个男孩或女孩犯罪的效力，就还不及他们内心提醒自己去犯罪的效力一半大。一切邪恶都始于人的里面。父母在为他们儿女归正祷告方面，若有他们极力拦阻儿女不结交坏朋友的努力的一半，他们儿女成长的结果，就会比现在好得多了。①

我们最后从这段经文看到，**人心包含何等一长串邪恶的黑名单**。"因为从里面，就是从人心里，发出恶念、苟合、偷盗、凶杀、奸淫、贪婪、邪恶、诡诈、淫荡、嫉妒、谤讟、骄傲、狂妄。这一切的恶，都是从里面出来，且能污秽人。"

看到这句话的时候，我们应当清楚地明白，我们的主是在讲普遍的人性，他并不只是在讲臭名昭著的亵渎上帝的人，或关在监狱里的囚犯。他是在讲全人类。我们所有人，不管在高位还是低位，富有还是贫穷，是主人还是仆人，年老或年幼，有学问还是无学问，我们所有人按着本性，都有耶稣在这里描述的心。这里提到一切邪恶的种子，都隐藏在我们所有人里面。它们可能隐藏起来，在我们一生中休眠，它们可能被压制住了——因人惧怕后果；因惧怕公众意见而约束自己；害怕被人发现；希望在别人眼中活得有体面；而最重要的是，它们被上帝大能的恩典所约束。然而，每个人在自己里面都有各样罪的根源。

当读到这经文时，我们应当何等的降卑！在上帝眼中，"我们都像不洁净的人"（赛64：6）。他在我们每一个人身上看到数不尽的邪恶，是世人根本不能看到的，因他查验我们的内心。肯定的

---

① 人经常用来反对"公立学校"教育的论证，在我看来是忘记了我们主关于人心的教导。毫无疑问，公立学校无论如何谨慎办学，都有许多邪恶的地方，情况必然也是这样，我们必须料到这一点。但同样真实的就是，在个人教育方面也有极大的危险，这种危险与在公立学校里缠绕一个男孩子的任何危险一样，都相当可怕。当然我们不可立下普遍适用的原则，而是必须考虑每一个人的品格和脾性。但像一些人那样，认定在公立学校接受教育的男孩子必然会变成坏人，而在家接受教育的男孩子必然成为好人，这肯定不是智慧的想法。这是忘记了我们主的教训，就是人心是邪恶的主要来源。人心不改变，一个男孩子即便留在家里，也可能学会各种各样的罪。

第七章

是，在我们容易犯的所有罪恶当中，自以为义是最不可理喻和最不应当的。

读到这段经文时，我们应当何等的为着福音而感恩！这福音包含完全的供应，可以解决我们可怜被玷污人性的一切需要。基督的血能"洗净我们一切的罪"，圣灵甚至能改变我们充满罪恶的心，而且在我们的心被改变之后，圣灵还一直保守它们的清洁。不以福音夸口的人，肯定对于那在他自己里面的灾祸一无所知。

想起这些经文时，我们应当何等的警醒！为着我们的心思意念、舌头和每天的行为，我们应当何等的认真守望！我们内心这污秽罪恶清单的起头，就是"恶念"，让我们绝不忘记这一点。思想是言行之母。让我们天天祷告祈求恩典，保守我们的思想井然有序，让我们恳切地火热呼求："不叫我们遇见试探。"

三 女儿被污鬼附身的叙利腓尼基族妇人

可7：24—30

24. 耶稣从那里起身，往推罗、西顿的境内去，进了一家，不愿意人知道，却隐藏不住。
25. 当下，有一个妇人，她的小女儿被污鬼附着，听见耶稣的事，就来俯伏在他脚前。
26. 这妇人是希腊人，属叙利腓尼基族。她求耶稣赶出那鬼，离开她的女儿。
27. 耶稣对她说："让儿女们先吃饱，不好拿儿女的饼丢给狗吃。"
28. 妇人回答说："主啊，不错，但是狗在桌子底下也吃孩子们的碎渣儿。"
29. 耶稣对她说："因这句话，你回去吧！鬼已经离开你的女儿了。"
30. 她就回家去，见小孩子躺在床上，鬼已经出去了。

* * *

除了在这里看到的事实之外，我们对这位妇人一无所知。她的名字，她的过去，身为外邦人是如何信主的，为何住在推罗、西顿的边境——所有这些事情都是向我们隐藏起来的。但这里讲到关于这妇人的少数几个事实，却充满宝贵的教训。让我们留意这些教训并从中学习智慧。

首先，这段经文目的是要鼓励我们为其他人祷告。在我们眼前看到的这历史叙事中，到我们主这里来的这位妇人，无疑落在了极大的患难之中。她看到所爱的孩子被污秽的灵附着，她看到女儿落入如此光景，以致无任何教导能触及她的思想，无任何药物能医治她的身体——这光景只比死稍好一点。她听到关于耶稣的事，恳求他"赶出那鬼离开她的女儿"。她为着那不能为自己祷告的女儿祷告，祷告不蒙应允就绝不止息。通过祷告，她得到了靠人的方法得不到的医治。通过母亲的祷告，女儿得到医治。女儿无法为自己祷告，但母亲为她向主恳求，而且她说的话并不是枉然的。女儿的情况看起来无望、穷途末路，但她有一位祷告的母亲，哪里有一位祷告的母亲，哪里就总有盼望。

这里教导的真理极其重要，记载的情况并不是一个孤立事件。很少本分像代祷一样，是圣经如此强烈劝人履行的。圣经中列举了大量实例，表明代祷可以给他人带来益处。那位迦百农官员的儿子、百夫长的仆人、睚鲁的女儿，所有这些都是明显的例子。虽然情况看起来令人绝望，但是当朋友和家人受到感动要为人祷告的

第七章

时候，上帝就乐意为人行大事。"义人祈祷所发的力量是大有功效的。"（雅5：16）

为人父母的，要特别记住这妇人的光景。他们不能赋予儿女一颗新心。他们能给儿女提供基督教教育，向他们表明生命之道，但他们不能赋予儿女们一种心愿以选择服侍基督，也不能给他们一颗爱上帝的心。但有一件事是他们总能做的，就是为他们祷告。他们能为执意要偏行己路，快快奔向罪中的浪子得以归正而祷告。他们能为爱世界、爱地上的事、爱作乐过于爱上帝的儿女得以归正而祷告。这样的祷告在高天得蒙上帝垂听。这样的祷告要常常带下祝福。让我们绝不要忘记，父母为其多多祷告的儿女，很少有最终沉沦的。让我们更多地为我们的儿女祷告。就算他们不愿让我们对他们说信仰的事，他们却不能拦阻我们向上帝说他们的事。

第二，这段经文的目的是教导我们坚持为其他人祷告。这位妇人一开始向我们主祈求，似乎什么也没得到。相反，我们主的回答倒是令她灰心。但她并没有在绝望中放弃，而是继续祷告，并不灰心。她用聪明的论证苦苦恳求。她不能接受拒绝，她恳求一些怜悯的"碎渣儿"，不愿什么也得不到。通过坚持不懈的恳求，她取得了成功，并最终听到这令人欢喜的话："因这句话，你回去吧！鬼已经离开你的女儿了。"

坚持祷告是极重要的。我们的心经常会变得冰冷、无动于衷，以为亲近神是无用的。我们的手很快垂下来，我们的腿很快发酸。撒旦不断努力要吸引我们离开祷告，让我们的头脑充满应当放弃祷告的理由。对于所有的祷告，这些情况都是确实存在的，但对于代求，它们表现得更强烈。人的代求总比理当的样子要软弱得多，人常常尝试一段短短的时间,然后就放弃了。我们看不到祷告马上有回应,我们看到为其祷告者的灵魂仍然落在罪中。于是就得出结论,以为祷告是无用的,就这样终止了代求。

为了用坚持代求的理据武装我们的思想,就让我们常常留心这位妇人的情况。让我们记住,她是怎样面对极大的难处,然而她继续祷告,并不灰心。让我们留意,她最终是如何欢喜回到家中。让我们靠着上帝的恩典,决心效法她的榜样。

我们知道什么是为自己祷告吗?毕竟,这是自我反省的第一个问题。绝不向上帝说自己灵魂事情的人,对于什么是为其他人祷告,就是一无所知。他仍然是没有上帝,没有基督,没有指望,还没有学会信仰最基本的方面。让他醒过来,呼求上帝。

但我们为自己祷告吗?如果有,那么让我们留心也为其他人祷告。让我们警惕自私的祷告——那全神贯注在自己的事情上,没有为除我们自己以外其他人留有余地的祷告。让我们不断地在上帝面前为我们所爱的全部人提名祷告,让我们为所有人祷告,为最坏的人、最刚硬的人、最不信的人祷告。即使他们继续不信,也让我们年复一年为他们祷告。上帝施行怜悯的时间可能在很久之后,我们的眼睛可能看不到我们代求得应允。应允可能在十年、十五年或二十年后才到。应允可能在我们已经用赞美代替了祷告,我们已经远离这世界之后才到。但只要我们还活着,就让我们为其他人祷告。为其他人向我们的主耶稣基督说话,这是我们能向任何人所行最大的善。审判的那日将要显明,吸引一些人到上帝这里来的其中一个最重要环节,就是朋友的代求。

四 聋哑的人得医治

可7：31—37

31. 耶稣又离了推罗的境界，经过西顿，就从低加波利境内来到加利利海。
32. 有人带着一个耳聋舌结的人来见耶稣，求他按手在他身上。
33. 耶稣领他离开众人，到一边去，就用指头探他的耳朵，吐唾沫抹他的舌头。
34. 望天叹息，对他说："以法大！"就是说："开了吧！"
35. 他的耳朵就开了，舌结也解了，说话也清楚了。
36. 耶稣嘱咐他们不要告诉人，但他越发嘱咐，他们越发传扬开了。
37. 众人分外希奇，说："他所做的事都好，他连聋子也叫他们听见，哑巴也叫他们说话。"

* * *

这段经文中要求我们留意的第一件事，就是这里**记载的是一件大能的神迹**。我们看到，有人带着一个"耳聋舌结的人"来见耶稣，求他"按手在他身上"。耶稣马上同意了他们的请求，这人就得了医治。主用一句话，一个触摸，马上就把言语和听力给了这人。"他的耳朵就开了，舌结也解了，说话也清楚了。"

但如果我们只把这看作是我们主拥有神性和大能的一个例子，就只不过是看到这段经文教训的一半而已。毫无疑问这实例表明了这一点，但它比这更多。我们必须比表面看得更进一步，看得更深入，如此就能在这段经文里发现宝贵的属灵真理。

我们当在这里看到我们主有能力医治在灵里耳聋的人。他能给罪魁一双听得见的耳朵，能让他喜悦聆听他曾取笑和藐视的福音。

我们也要在此看到我们主有能力医治在灵里是哑巴的人，他能教导最刚硬的罪人呼求上帝，能让那曾经只谈论属世之人的口唱新歌。他能让最恶毒的人讲属灵的事，见证上帝恩惠的福音。

当耶稣把他的灵浇灌下来，没有什么事是不可能的。我们绝不可对其他人感到绝望，我们绝不可看自己的心太坏以致不能改变。医治这又聋又哑之人的那一位依然活着。这个社会判断为没有指望的人，如果被带到基督这里来，就并非不可医治。

这段经文要求我们注意的第二件事，就是**我们的主用他看为好的特别方式，行出这里记载的神迹**。我们得知这又聋又哑的人被带到耶稣这里来时，他"领他离开众人，到一边去，就用指头探他的耳朵，吐唾沫抹他的舌头，望天叹息。"到那时，直等到那时，他才发出这有大能的命令："以法大！"就是说："开了吧！"

毫无疑问，在这些动作中有很多奥秘的地方，我们不知道主为什么采取这些行动。我们的主本可以轻易说话，命令这人马上复原健康，而无需采取这里的行动。他采用这步骤的原因，圣经没有记录下来，我们只知道结果就像其他时候一样，这人得了医治。

但是从我们主在这一次的作为中，我们可以学到一个简单的教训，就是基督在人当中做成他工作的时候，并不受限于只使用任何一种方法。有时他认为用一种方式做工是好的，有时则是用另一种方式。他的仇敌绝不能说，除非他用某种不改变的方法，否则他就根本无法做工。

我们看到在基督的教会中，同样的事仍在发生。我们看到有证据不断地表明，主并不受限于唯独使用任何一种方式把恩典传递给人。有时他很乐意通过公开传讲的道，有时则是使用个人读经时读到的上帝话语而动工。有时他使用疾病和患难让人苏醒,有时则通过朋友的责备或劝告。有时他使用蒙恩之道,让人从罪的道路中转回,有时他通过某种护理之工,吸引人的注意力,却根本不使用任何蒙恩之道。他不愿人把任何蒙恩之道当作偶像加以尊崇,以致贬损了其他方法。他不愿让任何方法被人藐视看为无用,看作没有价值而被忽略。一切方法都是好的,都是有价值的,一切都可以依次被使用来成就同一个伟大的目的,就是灵魂的归正。所有方法都掌握在那一位手中,他"不交代他所做的事",并且最知道在他医治的每一个个别情形中,使用哪一种方法最好。

这段经文中要求我们留意的最后一件事,就是**那些看到这神迹的人,为此作的了不起的见证**。他们论到我们的主说:"他所做的事都好。"

极有可能的是,对基督说出这番话的人,并不清楚他们所说这番话的完全意思。他们像该亚法一样,说这话"不是出于自己"(约11:51)。但是他们开口所讲的真理,却充满极深和无法言说的安慰,是所有真正的基督徒应当天天记住的。当回首我们人生过去的日子,从归正的那一刻起,让我们记住,"我们主所做的事都好"。他当初带我们出黑暗入奇妙光明;让我们降卑,看到自己的软弱、罪责和愚昧;夺去我们的偶像,为我们选择我们一切的福分,把我们放在我们现在所处的光景,并赐下我们现在所有的——他所做的一切都是那么美好!他不让我们任意而行——这是他赐给我们何等大的怜悯!

让我们展望将来日子的时候记住这一点。我们不知道将来的日子会如何,是光明还是黑暗,是多还是少。但我们知道,我们是在

"所做的事都好"的那一位手中。他对我们做的任何事都不犯错。他收取，也赐予；他击打并夺去；他让我们动起来，也让我们立定；所做的尽是带着完全的智慧，时机正好，方式正好。群羊的大牧者不会犯错，他带领他羊群中每一只羔羊走在正道上，通往可安居的城。

直到复活的那天早上，我们才能看到这句话完全的美妙之处。我们那时回望人生，知道自始至终发生的每一件事的意义。我们必要记得我们被带领走过的全路程，承认一切"所做的事都好"。现在困扰我们每一件事的前因后果，那时就要如正午的日头一样清楚地显明。我们必将为着我们过去的瞎眼惊叹，为着我们竟然怀疑我们主的慈爱感到惊奇。"我们如今仿佛对着镜子观看，模糊不清，到那时，就要面对面了。我如今所知道的有限，到那时就全知道，如同主知道我一样。"（林前 13：12）①

---

① 我们的主为什么在行神迹之前作出这般行动——吐唾液、望天和叹息？这个问题经常让解经家迷惑不解。施蒂尔引用的马丁·路德的一些观察值得我们一读：

"基督并不是因为这可怜人耳聋舌结而发出叹息，这乃是为所有人的舌头和耳朵发出的共同叹息；是的，也是为所有人心、身体和灵魂，为着所有从亚当直到他最后一位子孙发出的叹息。"

"我们所爱的主看得很清楚，因着舌头和耳朵引发的困苦和忧愁是何等的巨大。因为曾加在基督教信仰之上最大的祸害，并不是出于暴君（以及逼迫、杀害、反对上帝话语的骄傲），而是出于住在上下颚之间那一块小小的肉，是它给上帝的国度带来最大的伤害。"

第七章

第 八 章

一　基督用七个饼给众人吃饱，法利赛人的不信

可8：1—13

1. 那时，又有许多人聚集，并没有什么吃的。耶稣叫门徒来，说：
2. "我怜悯这众人，因为他们同我在这里已经三天，也没有吃的了。
3. 我若打发他们饿着回家，就必在路上困乏，因为其中有从远处来的。"
4. 门徒回答说："在这野地，从哪里能得饼，叫这些人吃饱呢？"
5. 耶稣问他们说："你们有多少饼？"他们说："七个。"
6. 他吩咐众人坐在地上，就拿着这七个饼祝谢了，擘开，递给门徒，叫他们摆开，门徒就摆在众人面前。
7. 又有几条小鱼；耶稣祝了福，就吩咐也摆在众人面前。
8. 众人都吃，并且吃饱了，收拾剩下的零碎，有七筐子。
9. 人数约有四千。耶稣打发他们走了。
10. 随即同门徒上船，来到大玛努他境内。
11. 法利赛人出来盘问耶稣，求他从天上显个神迹给他们看，想要试探他。
12. 耶稣心里深深地叹息说："这世代为什么求神迹呢？我实在告诉你们：没有神迹给这世代看。"
13. 他就离开他们，又上船往海那边去了。

＊　＊　＊

我们再次看到，我们主用几个饼和鱼给众人吃饱。他知道人心，看到妒忌的人和怀疑的人兴起，这些人要质疑他所行奇妙作为是否真实。他再次行出这里记载的大神迹，就堵住了所有故意不看证据之人的口。他在众人面前，在四千证人面前，第二次表明他的大能。

让我们从这部分经文观察，**我们的主耶稣基督有何等大的慈爱和怜悯**。他看见周围有"许多人"聚集，并没有什么吃的。他知道大多数人跟从他，除了好奇，就别无其他动机，绝无任何理由可以被看作是他的门徒。然而当他看到他们饥饿困乏，就怜悯他们——"我怜悯这众人，因为他们同我在这里已经三天，也没有吃的了。"

我们主耶稣基督的同情心，在这句话中活现出来。他甚至怜悯那些不是他百姓的人，那些没有信心，没有美德，跟从这世界的人。他对他们起了怜悯之心，虽然他们并不知道这一点。他为他们死，虽然他们对他在十字架上所做的毫不在乎。他们只要悔改相信他，他就愿意施恩接纳他们，白白赦免他们的罪。让我们小心，绝不可用任何人的标准来衡量基督的爱。毫无疑问，他对属于他自己、爱他的人有一种特别的爱。但他也有一种怜悯的普遍之爱，甚至是为那些心不感恩和邪恶的人存留。他的爱是"过于人所能测度的"（弗3：19）。

让我们在这方面，就像在任何其他方面一样努力以耶稣作我们的榜样。让我们对众人显出恩慈、同情、怜悯、礼貌。让我们不仅向朋友和信徒家里的人，也向众人快快行善。让我们践行我们主的命令："要爱你们的仇敌，为那逼迫你们的祷告。"（太5：44）这为要表明基督的心意。这是把火堆在仇敌头上，融化敌意，化敌为友的正确之道（罗12：20）。

第二，让我们从这部分经文观察，**在基督没有什么事是不可能的**。门徒说："在这野地，从哪里能得饼，叫这些人吃饱呢？"他们这样说是很有道理的。没有起初从无创造出世界的那一位亲手动工，事情就是不可能的。但在耶稣大能的手中，七个饼和几条鱼就变得足以满足四千人。在主没有难成的事。

我们绝不可让自己怀疑，基督是否有能力满足他所有百姓灵里的需要。对每一个信靠他的人来说，在他那里"口粮有余"。信徒觉得自己软弱、渺小、败坏、空虚，但只要耶稣活着，就让他们不要绝望。在他里面有无限怜悯和恩惠的宝藏，积蓄起来供所有相信他的人使用，他要快快把这些赐予凡求告的人。"父喜欢叫一切的丰盛在他里面居住。"（西1：19）

让我们绝不怀疑基督必要护理看顾所有他百姓现世的需要。他知道他们的光景，熟悉他们的一切需要。任何对他们真正有好处的事情，他都绝不会让他们缺乏。他登上高天，坐在上帝右边之后，他的心并没有改变。在野地里怜悯饥饿的众人，供应他们需要的那一位仍然活着。我们可以想，他会更何等丰丰富富地供应那些信靠他之人的需要呢？他要供应他们，不负他们所托。他们的信心可能偶然会受试炼，他们可能有时要继续等候，被带到非常卑微的地步。但相信的人必不全然缺乏。"他的粮必不缺乏，他的水必不断绝。"（赛33：16）

最后让我们观察，**不信让我们的主耶稣基督生出何等大的忧愁**。我们得知，"法利赛人出来盘问耶稣，求他从天上显个神迹给他们看，想要试探他。耶稣心里深深地叹息。"这叹息中有何等深意！这叹息发自主因恶人败坏自己灵魂而忧伤的心。虽然他们是他的仇敌，耶稣看着他们在不信中让自己心硬，却不可能不内心忧愁。

我们的主耶稣基督在此表达的感受，总要成为所有真基督徒的感受。为着其他人的罪忧伤，这是真正蒙恩的一个主要证据。真归正的人，总是带着同情和关注看待未归正之人。大卫的心意就是如此——"我看见奸恶的人，就甚忧伤。"（诗 119：158，《英王钦定本》）这是在以西结的时候敬虔人的心意——他们"因城中所行可憎之事叹息哀哭"（结 9：4）。这是罗得的心意——"那义人住在他们中间，看见听见他们不法的事，他的义心就天天伤痛。"（彼后 2：8）这是保罗的心意——"我是大有忧愁，心里时常伤痛。"（罗 9：2）在所有这些例子当中，我们都看见像基督心意的方面。那位伟大元首所感受的，他的肢体同样感受。看见罪的时候，他们都感到忧伤。

让我们在结束对这部分经文默想的时候严肃自省。我们知道自己身上有任何与基督相似的地方，与他有同样感受吗？看见人继续落在罪和不信当中，我们感受到痛苦忧伤吗？我们为未归正之人的光景感到忧伤吗？这些是察验内心的问题，需要我们严肃考虑。没有什么比对其他人的灵魂漠不关心、无动于衷，是更明确表明这样的人尚未归正。

最后，让我们绝不要忘记，和一千八百年前一样，不信和罪是让我们主现在大大忧伤的一个重要原因。让我们努力和祷告，不要因着我们自己任何行为给主加增忧伤。让基督担忧的罪，是许多人不经思想或反思就常犯的罪。为法利赛人的不信叹息的那一位，今天依然没有改变。我们怎能怀疑，当他看到现今一些人继续不信，他并不担忧？愿我们可以得救脱离这样的罪！

二 警告虚假的教训，门徒明白得迟钝

可8：14—21

14. 门徒忘了带饼，在船上除了一个饼，没有别的食物。
15. 耶稣嘱咐他们说："你们要谨慎，防备法利赛人的酵和希律的酵。"
16. 他们彼此议论说："这是因为我们没有饼吧！"
17. 耶稣看出来，就说："你们为什么因为没有饼就议论呢？你们还不省悟，还不明白吗？你们的心还是愚顽吗？
18. 你们有眼睛，看不见吗？有耳朵，听不见吗？也不记得吗？
19. 我擘开那五个饼分给五千人，你们收拾的零碎装满了多少篮子呢？"他们说："十二个。"
20. 又擘开那七个饼分给四千人，你们收拾的零碎，装满了多少筐子呢？"他们说："七个。"
21. 耶稣说："你们还是不明白吗？"

* * *

让我们留意我们的主在这段经文开始时对门徒发出的**严肃警告**。他说："你们要谨慎，防备法利赛人的酵和希律的酵。"

圣经并没有由我们自己揣测这警告的含义。《马太福音》对应的经文把这含义讲得很清楚。我们在那里看到，耶稣不是指"饼"

的酵，而是指"教训"的酵。法利赛人的自以为义和形式主义，希律宫中大臣的贪爱世俗和怀疑论，是我们主警告的对象。他要求门徒警惕防备这两样。

这样的警告有极深含义，基督的教会如果更经常记得这些警告就好了。从外而来的逼迫对教会的伤害，不及从里面兴起的虚假教义带来伤害的一半。营里内部的假先知和假师傅对基督教造成的伤害，远超罗马皇帝一切血腥逼迫带来的伤害。敌人刀剑对真理事业造成的伤害，远远比不上舌头和笔尖带来的伤害。

我们的主具体所指的教训，正是那些总是对基督教事业造成最大伤害的教训。一方面是形式主义，另一方面是怀疑论，已经成为认信基督的教会长期的病患。每一个时代都有众多基督徒受到这病感染。在每一个时代，人都需要守望，警惕防备。

我们主用来讲这虚假教训的说法特别有力和恰当。他把这称为"酵"。没有什么词是比这更恰当的了。它准确地描述了虚假教义微小的起头，接着不知不觉以微妙安静的方式充满一个人的信仰，最后用致命的能力改变这人基督教信仰的全部。实际上这就是虚假教训极大的危害之处。如果它是用本来面目来到我们面前，它造成的伤害就会微不足道。它成功极大的秘诀，在于它的狡猾和与真理相似。人曾说过，信仰中的每一种错谬，都是滥用的真理。

让我们常常"自己省察有信心没有"，警惕这"酵"。让我们不要再对小小的错误教义持玩忽态度，正如我们不应对小小不道德的事或小小的谎言轻慢对付一样。我们一旦把它接纳进入心里，就绝不可能知道它会带我们走上多远的偏路。离开纯正道理的起头，就像开闸放水，起初一滴，最后成为洪流。一点面酵能使全团都发起

第八章

来（加5：9）。

让我们留意，**当我们的主发出这一段中的警告时，门徒理解迟钝**。他们以为他讲的"酵"必然是饼的酵。他们根本没有意识到他是在讲教训。他们从他领受了严厉的责备："你们还不省悟，还不明白吗？你们的心还是愚顽吗？你们还是不明白吗？"归正、得到更新的信徒，仍会像门徒那样，依然在属灵的事上理解迟钝。他们的眼睛依然昏暗，他们的悟性在关于上帝国度的事情上迟钝。

牢记这里关于门徒的记载，有助于纠正我们对自己常有的过高评价。让我们保持谦卑。我们绝不可幻想自己一旦归正就凡事皆知。我们的知识，就像我们一切的美德，总是不完全，再也没有比我们一开始服侍基督的时候距离完全更加遥远的。我们心中的愚昧，要比我们能够晓得的多得多。"若有人以为自己知道什么，按他所当知道的，他仍是不知道。"（林前8：2）

最要紧的是，记住这里记载关于刚信主之人的事，对我们有很大帮助。我们绝不可用完全的标准来要求一个刚刚归正的人。我们绝不可因为他在一开始只看到一半的真理，犯下许多错误，就认定他没有蒙恩，没有得救，是一个虚假认信的人。他的内心可能在上帝眼中为正，然而就像门徒一样，对属灵事情的理解可能非常迟钝。我们必须忍耐待他，不把他抛在一边。我们必须给他时间，让他在恩典和知识上有长进，让他就像彼得和约翰一样，后来可以在智慧上成熟。我们在天上的主耶稣并不藐视他任何的百姓，想起这点就让人感恩。毫无疑问，他们学习缓慢，真是难以置信，当受责备，但他却从未失去对他们的忍耐。他继续教导他们："律上加律、例上加例。"让我们也同样行。让我们立定原则，就是绝不藐视年轻基督徒的软弱和迟钝。无论在哪里看到有真正蒙恩的一丝火花，不管多么暗淡，夹杂着软弱，都让我们乐于帮助，恩慈待人。让我们愿意别人如何待我们，我们就如何待其他人。

三 伯赛大的盲人得医治

可8：22—26

22. 他们来到伯赛大，有人带一个瞎子来，求耶稣摸他。
23. 耶稣拉着瞎子的手，领他到村外，就吐唾沫在他眼睛上，按手在他身上，问他说："你看见什么了？"
24. 他就抬头一看，说："我看见人了，他们好像树木，并且行走。"
25. 随后又按手在他眼睛上，他定睛一看，就复了原，样样都看得清楚了。
26. 耶稣打发他回家，说："连这村子你也不要进去。"

* * *

我们不知道我们的主耶稣基督，在行这段经文记载的神迹时为何使用这特别的方法。我们看到一个瞎眼的人得到神奇医治。我们知道，我们主口说一句话，或用手一摸，就足以成就医治。但我们看到耶稣拉着这瞎子的手，领他到村外，吐唾沫在他眼睛上，按手在他身上。那时，直到那时，他的视力才得到复原。对于所有这些举动的含义，我们眼前的这段经文完全没有解释。

但在读这一类经文时，记住**我们的主并不受限于使用任何一种手段**，这对我们就足够了。促成人灵魂归正的，可以有各种各样的作为，但使人归正的，是同一位圣灵。同样在医治人的身体方面，我们的主使用过多种方法，但成就医治的，仍是同样的上帝的大能。在上帝一切的作为当中，他是一位主权的上帝，他的事不对人解说。

这段经文有一件事要求我们特别留意，就是我们主对这瞎眼的人所行的医治，实际上是渐进做成的。他没有立刻救他脱离眼瞎，而是逐渐施行解救。他本可以一刻做成，但选择了一步一步地成就。一开始这瞎眼的人说，他只看到人"好像树木，并且行走"。之后他的视力得到完全复原，"样样都看得清楚了"。在这方面，这神迹是独一无二的。

我们无须怀疑，这渐进医治为的是要象征属灵的事。我们可以肯定，我们主在地上工作时的每一句话、每一个作为都有极深的含义。在这里——就像其他地方一样——我们必能找到有用的教训。

那么请让我们看到，这逐渐恢复视力的过程，**栩栩如生地描绘出圣灵在使人心归正过程中经常做工的方式**。在关乎我们灵魂的事情上，我们所有人都是天生瞎眼无知。归正是一种光照，一种从黑暗到光明，从瞎眼到看见上帝国度的改变。然而一开始就清楚看见的归正之人寥寥无几。对教义、实践和福音典章的本质和相互关系，他们看得并不清楚，理解得并不完全；他们就像我们眼前看到的这人，一开始看到人好像树木行走，感到眼花缭乱，不习惯他们已经被带入的这新世界。直到圣灵的工作变得更深入，他们的经历多少成熟起来，然后才清楚地看见一切事情，按照信仰每一部分的本位加以察看。这是成千上万上帝儿女的经历，他们开始的时候，看人好像树木行走，最后样样都看得清楚了。认真看待这个教训，保持谦卑，而且不依赖自己判断的人是有福的。

最后，在这瞎子逐渐得医治这一点上，我们看到一个惊人的画面——**描绘出相信基督的人，此刻的光景与他们在那将要临到之世界上的光景的强烈对比**。在目前的世代中，我们看到的有限，明白的有限，我们就像那些在夜里行路的人，并不明白身边发生的大部分事情的意义。从上帝对他儿女的护理中，从许多上帝的圣徒的行为举止中，我们看到许多事情，是我们不能明白的，也是不能改变的。简而言之，我们就像那人，看见人"好像树木，并且行走"。

但让我们朝前看，并且得到安慰。时候将到，我们必要样样事情都看得"清楚"。黑夜几乎已经过去，白昼将近。让我们甘心等候、警醒、守望、做工、祷告。当主的日子来到，我们属灵的视力将要达到完全，到那时就全看见，正如主看见我们一样；就全知道，如同主知道我们一样。

四 彼得崇高的认信，彼得对基督必然要死一无所知

可8：27—33

27. 耶稣和门徒出去，往凯撒利亚腓立比的村庄去。在路上问门徒说："人说我是谁？"
28. 他们说："有人说是施洗的约翰，有人说是以利亚，又有人说是先知里的一位。"
29. 又问他们说："你们说我是谁？"彼得回答说："你是基督。"
30. 耶稣就禁戒他们，不要告诉人。
31. 从此，他教训他们说："人子必须受许多的苦，被长老、祭司长和文士弃绝，并且被杀，过三天复活。"
32. 耶稣明明地说这话，彼得就拉着他劝他。

33. 耶稣转过来看着门徒，就责备彼得说："撒旦，退我后边去吧！因为你不体贴上帝的意思，只体贴人的意思。"

* * *

　　这里记载的情况非常重要，这件事发生在一次旅途上，出自"在路上"的一场对话。若我们在旅途中不把时间浪费在琐碎的事情上，而是尽可能爱惜光阴，思想严肃的问题，这旅程就是蒙福的。

　　让我们观察，在犹太人中盛行的**对基督不同的看法**。一些人说他是施洗约翰，一些人说他是以利亚，其他人说他是先知里的一位。简而言之，除了那正确的看法，每一种意见看起来都很流行。

　　我们今天在各方面都可以看到同样的事。实际上人就和一千八百年前一样，几乎不认识基督和他的福音。对于这问题，人们意见纷纭。许多人知道基督的名字，承认他是到世上来拯救罪人的那一位，他们也经常在那分别出来服侍基督的建筑物里敬拜。然而，极少有人完全意识到他就是上帝，唯一的中保，唯一的大祭司，生命和平安唯一的源头，他们自己的牧人和朋友。对基督含糊的看法仍然非常普遍，明明白白地经历基督的人仍然非常罕见。愿我们直到能这样论到基督说"良人属我，我也属他"（歌2：16）才得安息。这是拯救人的知识，这就是永生。

　　让我们留意**使徒彼得作见证的这美好认信**。他回答我们主的提问"你们说我是谁？"时说："你是基督。"

　　当我们恰当地思想这作答时的光景，就会看到这是一个崇高的回答。彼得如此作答的时候，耶稣处在贫穷的境况中，没有尊容、威严、财富或权力。彼得这样回答的时候，无论是在教会还是在国家做首领的犹太人，都拒绝接受耶稣是弥赛亚。然而就在这时，西门彼得说"你是基督"。他坚强的信心并没有因我们主贫困、卑微的光景而跌倒，他的信心并没有因文士和法利赛人的反对，因长官和祭司的藐视而动摇。这些事情没有一样能动摇西门彼得，他相信他跟从的那一位拿撒勒人耶稣是上帝应许的救主，是那位比摩西更大的真正的先知，是很久之前就预言的弥赛亚。他勇敢、毫不犹豫地宣告"你是基督"，以此作为他自己和为数不多几个同伴的认信。

我们可以从彼得在这里的举动学到极多对我们有益的事。虽然他有时犯错，并不稳固，他在我们眼前这段经文展现的信心却非常值得我们效法。像他这样勇敢地认信，是活泼信心最真实的证据。在每一个世代，人若要证明自己是基督的门徒，就要表明出这样的证据。我们也一定要像彼得那样承认基督。我们永不会发现我们的主和他的教训广受欢迎。即使站在我们这边的人寥寥无几，反对我们的人众多，我们也必须预备好要认他。让我们鼓起勇气，跟随彼得的脚踪行，就必得到彼得所得的赏赐。耶稣会记住那些在众人面前承认他的人，有一天要在聚集在一起的世人面前，承认他们是他的仆人。

让我们留意，**我们主清楚地宣告了他自己将要经历的死与复活**。我们读到："从此他教训他们说：'人子必须受许多的苦，被长老、祭司长和文士弃绝，并且被杀，过三天复活。'"

耶稣在这里宣告的事件，在门徒听来必然非常奇怪。他们得知他们所爱的主，在行了一切大能作为之后，很快就要被处死，这必然是令他们心情沉重的消息,是他们不能理解的。但这宣告的用词,其重要性几乎毫不亚于这件事本身——"他必须受许多的苦,必须被杀,必须复活。"

我们的主为什么说"必须"?他是说他不能逃过受苦,他必须被一种比他自己更强大的力量催迫而死吗?这是不可能的,这不可能是他的意思。他是指他必须死,给世人作出一个自我牺牲和舍己的伟大榜样。这一点,唯独这一点,让他必须死吗?再一次我们回答"这是不可能的"。在他必须受苦和被杀这字眼里有一种深刻得多的含义。他是指,为了赎人的罪,他的死和受苦就是必须的。他若不流血,罪就不得赦免了。他的身体不挂在十字架上献祭,上帝神圣的律法就不可能得到满足。他"必须"受苦,使犯罪的人得以与上帝和好;他"必须"死,因为他若不以死作挽回祭,罪人就绝不可能得生命;他"必须"受苦,因为没有他代替人受苦,我们的罪就绝不可能除去。一句话,他"必须"为我们的过犯得以交付,为我们得称为义而复活。

这是圣经的中心真理,让我们绝不把它遗忘。与此相比,所有其他真理的重要性都是第二位的。不管我们对信仰的真理有怎样的看法,让我们确保自己牢牢地把握基督之死所具有的赎罪功效。让这真理,就是我们主如此经常对他的门徒宣告,他的门徒如此勤奋向世人教导的这真理,成为我们基督教信仰的根基性真理。无论是生是死,是健康是疾病,都让我们学会把全人依靠在这大能的事实上——就是虽然我们犯了罪,基督却已经为罪人死了;虽然我们完全不配,基督却已经在十架上为我们受苦,因着这受苦,他为所有相信他的人买了天堂门票。

让我们从这段经文观察，**恩典和软弱的奇怪组合存在于一个真基督徒心里**。我们看到刚刚宣告如此崇高之认信的同一位彼得，因他的主讲到受苦和死，就自以为是地责备他。我们看到彼得给自己招来我们主在地上工作期间口中所出最严厉的责备："撒旦，退我后边去吧！因为你不体贴上帝的意思，只体贴人的意思。"

我们在此看到一个令我们降卑的证据，表明最好的圣徒只不过是一个可怜的和容易犯错的受造者而已。在此我们看到西门彼得的无知，他不明白我们主必须要死，甚至若是可以，他真的就会拦阻主上十字架牺牲。这里我们看到西门彼得的**自欺**，他以为他比主自己更知道对主来说什么是正确和恰当的，而且他确实在插手，向弥赛亚表明一个更好的方法。最后一点，西门彼得这样做是出于**最好的动机**！他的心意是好的，他的动机是纯正的，但热心和恳切并非犯错的借口，一个人用意可能是好的，却可能落入极大的错误当中。

让我们从这里记载的事实学习谦卑。让我们警惕，免得因自己灵命进步就自高自大，或者因其他人的表扬就飘飘然。让我们绝不要以为自己已经什么都知道，不大可能会犯错。我们看到，作出美好认信，与做"撒旦"拦阻基督只不过是一步之遥。让我们天天祷告："求主扶持我，保守我，教导我，不让我犯错。"

最后，让我们从这里记载的事实中学会对其他人有爱心。让我们不要因为我们的弟兄犯错，就匆忙把他们看作是没有蒙恩的人，从而抛弃他们。让我们记住，他可能像彼得一样，有一段时间走上偏路，他的心却可能像彼得一样，在上帝眼中看为正。我们倒是要记住保罗的忠告，并相应行事："弟兄们，若有人偶然被过犯所胜，

你们属灵的人就当用温柔的心把他挽回过来,又当自己小心,恐怕也被引诱。"(加6:1)

五 舍己的必要,灵魂的价值,以基督为耻的危险

可8:34—38

34. 于是,叫众人和门徒来,对他们说:"若有人要跟从我,就当舍己,背起他的十字架,来跟从我。
35. 因为凡要救自己生命(或作"灵魂",下同)的,必丧掉生命;凡为我和福音丧掉生命的,必救了生命。
36. 人就是赚得全世界,赔上自己的生命,有什么益处呢?
37. 人还能拿什么换生命呢?
38. 凡在这淫乱罪恶的世代,把我和我的道当作可耻的,人子在他父的荣耀里,同圣天使降临的时候,也要把那人当作可耻的。"

* * *

我们主耶稣基督在这段经文中说的话分外沉重。他说这番话,为要纠正门徒对他国度性质的错误观点,但这番话也包含对教会历世历代所有基督徒极重要的真理。整段经文应当成为个人经常默想的主题。

我们从这段经文中学到的第一点是,**如果我们要做基督的门徒,要得救,舍己就是绝对必要的。**我们的主怎么说?"若有人要跟从我,就当舍己,背起他的十字架,来跟从我。"

得救无疑全然本乎恩典。救恩是通过福音白白向罪人传的,无

需花钱,无需付代价。"你们得救是本乎恩,也因着信。这并不是出于自己,乃是上帝所赐的;也不是出于行为,免得有人自夸。"(弗2:8、9)但所有接受这极大救恩的人,必须通过背起十字架跟从基督来证明他们有实在的信心。他们绝不可认为,无须患难、受苦和经历地上的冲突就可进天堂。他们必须甘心背负起**教义**的十字架和**实践**的十字架——既持守被世人藐视的信仰,又活出一种被世人嘲笑,看为太严格和行义过分的生活。他们必须甘心把肉体钉在十字架上,治死身体的恶行,天天与魔鬼争战。为了基督和福音的缘故,如有必要就从这世界出来,失去他们的性命。这些都是难以明白的话,但无可回避。我们主的话清楚明白,无可置疑。如果我们不愿背十字架,就绝不可能头戴冠冕。

让我们绝不要因为惧怕十字架而被拦阻不来服侍基督。这十字架可能看似沉重,耶稣却要赐我们恩典背负。"我靠着那加给我力量的,凡事都能做。"(腓4:13)在我们之前已有成千上万的人背负这十字架,已经发现基督的轭是容易的,基督的担子是轻省的。地上美好的事物,没有一样是无需受苦就可得到的,我们不能期望不受苦就能进入上帝的国。让我们勇敢前行,不容困难拦阻我们。这路上的十字架不过是几年间的事,路尽头的荣耀却直到永远。

让我们常常自问,我们是否为我们的基督教信仰付出过任何代价?它是否带来任何牺牲?是否有从天而来真正的印记?我们是否背负任何十字架?如果没有,我们就大可以战兢惧怕。我们还有各样的功课需要学习,一个不付丝毫代价的信仰是分毫不值的信仰。这样的信仰在今生不会给我们带来任何好处,在来生也不会让我们得救。

我们从这段经文学到的另一点，就是**灵魂具有无法言说的价值**。我们的主怎么说？"人就是赚得全世界，赔上自己的生命，有什么益处呢？"这句话为要激发我们行动起来，并且舍己。每天早晨我们起床，每天晚上我们躺下的时候，这番话应当像号筒一样在我们耳边回响。愿这句话深深地刻在我们的记忆里，绝不被魔鬼和世界抹去！

我们每一个人都有那永远活着的灵，不管我们知道与否，我们的身体在坟墓中朽烂时，所有人都仍有某种依然活着的东西。我们都有灵魂，为这灵魂，我们都要向上帝交账。当我们想到，大多数人对这世界以外的任何事几乎毫不关注，这就甚是可怕，但情形确实如此。

每一个人都有可能丧掉他自己的灵魂，他不能拯救自己的灵魂，唯有基督能做到这一点。人可能会以许多不同方式丧掉自己的灵魂。他可能因为受罪，紧紧抓住世界不放，就杀死了这灵魂。他可能选择一种满布谎言的信仰，相信人为的迷信而毒害自己的灵魂。他可能因为忽略一切蒙恩之道，拒绝接纳福音进入自己心里而让灵魂饿死。带人走到无底坑中的道路众多。不管人选择哪一条道路，他，唯有他要为这件事负责。尽管人性是软弱、败坏、堕落、无能的，人却有一种极大的能力，可以摧毁、败坏、丧掉自己的灵魂。

一个人丧掉灵魂，全世界都不能给他带来补偿。这世界蕴含的全部宝藏，都不能补偿灵魂永远的沉沦。我们若真得着这些宝藏，它们也不能令我们满足，使我们快乐。我们充其量只能享受这几年之久，然后就必须永远撇在身后。在人能够做成的一切无意义和愚蠢的买卖当中，最糟糕的就是为了这现今世界的缘故，放弃他自己灵魂的得救。这是成千上万像以扫一样为了一碗红豆汤出卖长子名分的人，已经懊悔做的买卖。但不幸的是，许多人像以扫一样，后悔已经太迟。

让我们主说的这些话深藏在我们心里。人的言语不足以表达这些话的重要性。愿我们都在受到试探，以致觉得灵魂渺小、救恩微不足道，而世界看起来非常光明重要的时候，记住这番话。愿我们在受到逼迫，以致惧怕人，而且有点儿想要放弃基督的时候，记住这番话。在那时，让我们想起我们主所问的这重要问题，对我们自己重复这番话："人就是赚得全世界，赔上自己的生命，有什么益处呢？"

最后，我们从这段经文学到，**以基督为耻，这非常危险**。我们的主怎么说？"凡在这淫乱罪恶的世代，把我和我的道当作可耻的，人子在他父的荣耀里，同圣天使降临的时候，也要把那人当作可耻的。"

我们什么时候可以说一个人是以基督为耻？当我们感到羞耻，不愿让人看到我们相信和热爱基督的教训，渴望按照基督的命令生活，希望被算为是基督的百姓时，我们就是在这件罪上有分。基督的教训、律法和百姓过去从来就不受多数人欢迎，将来也绝不会。勇敢承认自己是爱这一切的人，肯定要给自己招来讥笑和逼迫。因着惧怕这种讥笑和逼迫而退后，不敢作出这承认的人，就是以基督为耻，要落在我们眼前这段话的宣判之下。

也许在我们主所说的话当中，很少有像这段话一样更定人的罪了。"惧怕人的",确实"陷入网罗"(箴29:25)。有成千上万的人,临危不惧,勇敢地面对狮子,或者涌上前堵住破口,然而可能却会因为被人认为自己"信得太迷"而感到羞耻,不敢承认他们宁愿讨基督喜悦也不讨人喜悦。嘲笑的力量大得惊人!人活着听命于这世界对自己的看法,这样的捆绑的力量,真是令人难以置信!

  让我们大家天天祷告,祈求上帝赐下信心和勇气,让我们在人面前承认基督。愿我们以罪、贪爱世界和不信大大为耻。我们绝不应当以为我们死在十字架上的那一位为耻。让我们不顾讥笑、嘲弄和严厉的责备话,勇敢宣告我们是服侍基督。让我们常常盼望他再来的那一日,记住他在这个地方说过的话。现在承认基督受人藐视,要比在审判的日子,基督在他父面前不认我们强千百倍。

第 九 章

一 基督改变形象

可9：1—13

1. 耶稣又对他们说："我实在告诉你们：站在这里的，有人在没尝死味以前，必要看见上帝的国大有能力临到。"
2. 过了六天，耶稣带着彼得、雅各、约翰暗暗地上了高山，就在他们面前变了形象（像）；
3. 衣服放光，极其洁白，地上漂布的，没有一个能漂得那样白。
4. 忽然，有以利亚同摩西向他们显现，并且和耶稣说话。
5. 彼得对耶稣说："拉比（就是"夫子"），我们在这里真好！可以搭三座棚：一座为你，一座为摩西，一座为以利亚。"
6. 彼得不知道说什么才好，因为他们甚是惧怕。
7. 有一朵云彩来遮盖他们，也有声音从云彩里出来说："这是我的爱子，你们要听他。"
8. 门徒忽然周围一看，不再见一人，只见耶稣同他们在那里。
9. 下山的时候，耶稣嘱咐他们说："人子还没有从死里复活，你们不要将所看见的告诉人。"
10. 门徒将这话存记在心，彼此议论"从死里复活"是什么意思。
11. 他们就问耶稣说："文士为什么说以利亚必须先来？"
12. 耶稣说："以利亚固然先来复兴万事。经上不是指着人子说：他要受许多的苦，被人轻慢呢？

13. 我告诉你们：以利亚已经来了，他们也任意待他，正如经上所指着他的话。"

* * *

我们绝不可忽略这部分经文与上一章结尾的联系。我们的主一直在讲将要临到他的死和受难，人若要做门徒就必须舍己，如果我们要救我们的性命，需要时就要愿意丧掉性命。但他一口气继续讲到他将来的国度和荣耀。他向那些听他说话的一些人作出应许，让他们得以一见那将来的荣耀，这样就把他"难明白的话"的棱角去掉。我们在这里记载的变像这一历史事件当中，看到这应许得到了应验。

这部分经文要求我们留意的第一件事，就是**它包含了基督再来时他和他的百姓要得荣耀的奇妙异象。**

毫无疑问这是登山变像的其中一个主要目的，这是为了教导门徒，虽然他们的主现在外表看来卑微贫穷，但有一日他要带着与上帝儿子身份相称的君王尊贵显现。这是为了让人知道，当他再来时，他的圣徒要像摩西和以利亚一样，与他一同显现。这是为了提醒门徒，虽然他们因为属于基督，现在遭人毒骂逼迫，但有一天他们要披戴尊荣，与他们主人的荣耀有分。①

---

① 对于我们主变像时所得的荣耀和圣徒在复活时必得荣耀之间的类似之处，杜·维理（Du Veil）引用的维克多·安提奥切努斯（Victor Antiochenus）的话讲得很好。他说："我们绝不可以为人肉身的形状在天国会有任何变化。因为正如基督的样子本身没有改变，只是变得发光（或得荣耀），同样那要与基督荣耀身体相似的义人，他们外在的形状不会有改变。他们的身体只会得到某种更高程度的灿烂和光辉。使徒保罗把这称为是一种改变（林前15：52），但福音书作者把这称为变了形象。"

我们有理由为这异象感谢上帝。我们经常受到试探，因着服侍基督带来的十字架和患难，就要放弃不再服侍。我们看到支持我们的人寥寥无几，反对我们的人多如牛毛。我们发现，因为相信爱慕福音，我们就染上恶名，遭人唾弃，人要说我们各样坏话。一年又一年，我们看到与我们一同服侍基督的人死去，我们觉得仿佛对他们的结局知之甚少，只知道他们去到一个未知的世界，而我们却被独自撇下。所有这些事情都是对我们肉体的试炼，难怪信徒的信心有时枯萎，他们寻找盼望时目光昏暗。

让我们来看登山变像的故事，这是针对这些怀疑的解决之道。这圣山的异象是上帝在恩典中的一个保证——保证有荣耀的事为其百姓存留。他们曾被钉十字架的救主，将要带着权能和极大的荣耀再来。他的圣徒都要与他一起来，而此时他们因上帝的保守而稳妥，直等到那有福的日子。我们可以耐心等候。"基督是我们的生命，他显现的时候，你们也要与他一同显现在荣耀里。"（西3∶4）

这部分经文要求我们留意的第二件事，就是**使徒彼得看到他的主改变形象时说话的强烈语气**。他说："夫子，我们在这里真好！"

毫无疑问，这句话当中有许多事情是不值得表彰的。它表明彼得对耶稣到这世上来的目的——就是受苦和死亡——无知。它表明彼得忘记了那些不与他在一起的弟兄，以及那如此需要他夫子同在的黑暗世界。最要紧的是，当时他提的建议——要为摩西、以利亚和基督"搭三座棚"——表明对他夫子的尊贵认识不足，暗示他并不晓得当中有一位要比摩西和以利亚更大。在所有这些方面，这位使徒的惊叹都不应得到表扬，反而应受责备。

但在指出这些之后，让我们不要不指出，这充满荣耀的异象给这位热心门徒带来何等的喜乐和幸福。[1]让我们从"在这里真好"这热切的呼声中看到，看见荣耀能给一个真信徒带来何等安慰！让我们向前看，努力想象当圣徒最终与再来的主耶稣相见，相见之后不再分开时，他们要经历的快乐。一段只是持续几分钟的异象，就足以温暖激发彼得的心。看到在荣耀中的两位圣徒，这令他如此振奋苏醒，以致他很欢喜并希望享受更多这样的看见。那么当我们看到我们主在末日与他所有圣徒显现时，我们会怎么说呢？当主让我们自己分享他的荣耀，加入那有福的人群，感受到主的喜乐必不再离开我们时，我们会怎么说呢？这些是无人能够回答的问题。那聚集的大日带来的福乐，是我们现在不能想象的。彼得稍微预先尝到的感受，那时我们要完全享有。当我们看见基督和他所有的圣徒，我们所有人必同心、异口同声地说："在这里真好！"

这部分经文要求我们注意的最后一件事，就是经文**对基督——上帝所应许的弥赛亚——的职分和尊贵所作的特别见证**。我们首先从摩西和以利亚的出现看到这见证，他们代表律法和先知。他们出

---

[1] 布伦提乌（Brentius）关于整个登山变像荣耀性质的论述，非常值得加以引用。就像这位了不起的解经家的大部分解释一样，此处的解释也言简意赅：
"地上的宗教大公会议，比不上这如此荣耀的出席。没有一场聚集比这更灿烂辉煌。在这里有父上帝、子上帝、圣灵上帝。在这里有摩西和以利亚，先知中为首的。在这里有彼得、雅各和约翰，使徒中为首的。"

现，为要见证耶稣是他们在古时候讲到的那一位，是他们写在圣经上说要来的那一位。他们在几分钟之后消失，把耶稣一人留下，仿佛为要表明，他们只不过是见证，我们的主已经来了，仆人就把首位交还他。第二，我们从天上来的神奇的声音——"这是我的爱子，你们要听他"——中听见这见证。父上帝在我们主受洗时发声，在他变像时再次说话。这两次都有同样庄严的宣告，"这是我的爱子"。在这最后一次还加上了至关重要的这句话，"你们要听他"。

这异象的整个过程，为的是要在这三位门徒脑海中留下持久印象。它用最令人震惊的方式教导他们，正如家主高过仆人，同样他们的主远超他们和众先知之上。他们必须在所有事情上相信他、跟从他、顺服他、信靠他、听他。

最后，这天上声音最后说的这句话，应当成为所有真基督徒常常记住的话。他们应当"**听基督**"。他是那位伟大的教师，人要有智慧，就必须向他学习；他是世界的光，不愿犯错的人必须来跟从他；他是教会的元首，人要做他奥秘身体活的肢体，就必须常常仰望他。与我们所有人休戚相关的重大问题，并不是人怎么说、牧师怎么说、教会怎么说、教会会议怎么说，而是基督怎么说。是他，让我们听他。让我们常在他里面。让我们依靠他。让我们仰望他。唯有他绝不会辜负我们，绝不会令我们失望，绝不会带我们走上歧路。那些从经历中明白这节经文含义的人是有福的："我的羊听我的声音，我也认识他们，他们也跟着我。我又赐给他们永生，他们永不灭亡，谁也不能从我手里把

第九章

他们夺去。"(约 10：27、28)①

二 被污鬼附身的孩子得医治

可 9：14—29

14. 耶稣到了门徒那里，看见有许多人围着他们，又有文士和他们辩论。
15. 众人一见耶稣，都甚希奇，就跑上去问他的安。
16. 耶稣问他们说："你们和他们辩论的是什么？"
17. 众人中间有一个人回答说："夫子，我带了我的儿子到你这里来，他被哑巴鬼附着。
18. 无论在哪里，鬼捉弄他，把他摔倒，

---

① 以利亚的来到是我们主和他的门徒在本段经文后半部分的谈话主题。这是一个深奥的题目。

    1. 按照一类解经家的解释，施洗约翰的工作，就是那将来的以利亚的工作。他们认为玛拉基的预言（玛 4：5、6），就是在耶和华大而可畏之日未到以前，先知以利亚必要奉差遣出去，这在施洗约翰身上完全得到应验，人不应当期望有另外一次以利亚的来到。这是在英国国内和海外，从宗教改革直到今天，绝大多数抗罗宗解经家持守的观点。

    2. 根据另一类解经家的看法，字义上的以利亚的到来是尚未发生的事。他们认为施洗约翰只是带有"以利亚的心志能力"（路 1：17）行在主的前面，而玛拉基的话尚待应验。这是几乎所有的教父，绝大多数罗马天主教解经家，以及在今天这时候，英格兰和欧洲大陆为数并不少的现代神学家持守的观点。

    伟大和博学的神学家意见如此分歧，如果必须表态，我就必须坦诚地说，我是明确倾向上述两种解释的第二种。我相信人可以期望，先知以利亚在基督再来之前要按字义显现。这问题难明，不能完全测透，但圣经上支持这种观点的论证，在我看来是无法辩驳的。任何其他的观点，看来都是破坏了《玛拉基书》4：5、6；《马太福音》17：11；《约翰福音》1：21 清楚的含义。看来没有理由说明为何不可以以利亚两次"来"，第一次是在施洗约翰传道的时候，带着"以利亚的心志能力"来；第二次"按字义和亲自"来，在世界结束的时候，就在耶和华大而可畏之日未到以前来到。

    毫无疑问，无论我们采纳哪一种观点，整个问题都充满了难解之处。我只能说，经过耐心和平静的考查之后，我在我倾向的解释中看到的难处，要比另外一种少得多。我与奥古斯丁、哲罗姆、克里索斯托、希拉里（Hilary）、詹森、布伦提乌、格拉斯维尔、奥尔福德（Alford）和施蒂尔持守同样的观点，认为《玛拉基书》4：5、6 尚未完全应验，先知以利亚仍有待再来。能够阅读希腊文著作的读者，在这问题上可以从克兰默（Cranmer）对《马可福音》的连续解释上找到有趣的注释。

他就口中流沫,咬牙切齿,身体枯干。我请过你的门徒把鬼赶出去,他们却是不能。"

19. 耶稣说:"嗳!不信的世代啊,我在你们这里要到几时呢?我忍耐你们要到几时呢?把他带到我这里来吧!"

20. 他们就带了他来。他一见耶稣,鬼便叫他重重地抽风,倒在地上,翻来覆去,口中流沫。

21. 耶稣问他父亲说:"他得这病有多少日子呢?"回答说:"从小的时候。

22. 鬼屡次把他扔在火里、水里,要灭他。你若能做什么,求你怜悯我们,帮助我们。"

23. 耶稣对他说:"你若能信,在信的人,凡事都能。"

24. 孩子的父亲立时喊着说(有古卷作"立时流泪地喊着说"):"我信!但我信不足,求主帮助!"

25. 耶稣看见众人都跑上来,就斥责那污鬼,说:"你这聋哑的鬼,我吩咐你从他里头出来,再不要进去!"

26. 那鬼喊叫,使孩子大大地抽了一阵风,就出来了。孩子好像死了一般,以致众人多半说:"他是死了。"

27. 但耶稣拉着他的手,扶他起来,他就站起来了。

28. 耶稣进了屋子,门徒就暗暗地问他说:"我们为什么不能赶出他去呢?"

29. 耶稣说:"非用祷告(有古卷在此有"禁食"二字),这一类的鬼总不能出来(或作"不能赶他出来")。"

* * *

  这部分经文和本章之前的经文对比十分强烈。我们离开变像山,却看到对魔鬼做工这令人难过的记载。我们从那荣耀的异象出来,看到的是一场与附在人身上的鬼的冲突。我们换了那与摩西和以利亚有福的同在,取而代之的是与那些令人厌恶的不信之文士的交往。我们离开对千禧年荣耀的预尝,以及父上帝见证子上帝庄严的声音,再次回到一个痛苦、软弱和悲惨的场面:一个孩子身体极其痛苦,一位父亲极其忧愁,以及一小群软弱的门徒被撒旦的权势约束，不能给受伤者带来解救。我们所有人必然都能感受到这对比十分强烈，然而这只不过是略略表明了耶稣自愿体会的那场景的改变——他在一开始时舍弃他的荣耀，来到这世界上。这也是对所有真基督徒生命栩栩如生的写照。对于他们来说，正如对他们的主来说一样，工作、冲突和面对软弱忧愁，这些总是常态。而另一方面，看到荣耀的异象，预先尝到天堂的滋味，如变像山一般的经历，这些总是例外。

从这部分经文我们要学习**基督的门徒是何等依靠他们主的同在和帮助**。

我们主从山上下来看到的这场景强烈显明这事实。和摩西从西奈山上下来一样，主发现他的小群落在混乱中。他看到他的九位门徒被一群充满恶意的文士纠缠，尝试医治一个被带到他们面前的被鬼附的人，却因无法医治感到困惑。不久之前已经行过许多神迹，"赶出许多的鬼"的同一批门徒，现在遇到一个对他们来说棘手的情形。这令他们降卑的经历，教导他们一个极大功课："离了我，你们就不能做什么。"（约 15：5）毫无疑问这是一个很有用的功课，主让他们失败，为的是叫他们灵里得益处。他们很有可能一生都会记住这经历。我们通过痛苦经历所学习的功课，会长存在我们记忆中；而那用耳朵听到的真理，却常常被忘记了。但我们可以肯定，当时这是一个让人痛苦的教训。我们不想知道离了基督我们就不能做什么。

我们无须看得太远，就能在历世历代基督百姓的历史中看到表明这真理的许多例子。在一些时候为福音事业行了大事的同一批人，在另外的时候全然失败，证明他们像水一般软弱不定。克兰麦和朱厄尔（Jewell）曾经一度离弃信仰，这些都是令人震惊的例子。最圣洁和最好的基督徒也没有任何可夸口的。他的力量不属于他自己，除了领受的，他一无所有。他只需要触动主的怒气，让主暂时离开他一会儿，就会很快发现他的力量没有了。就像参孙一样，他头发被剃掉后就和其他人一样软弱。

让我们从门徒的失败中学会谦卑的功课，让我们努力认识到，每天我们都需要基督的恩典与同在。有他同在，我们凡事都可以做；离了他，我们就不能做什么。有他同在，我们可以胜过最大的试探；离了他，最小的试探也能胜过我们。让我们每天早上呼求："不要把我们撇下凭己意而为；离了你我们不晓得一天会怎样；如果你不与我们一起上去，我们就不上去。"

第二，让我们从这段经文的学习中明白，**我们在一生中何等容易被撒旦伤害**。我们看到这可怕的描述，讲的是撒旦给这少年人带来的苦。我们得知他从很小就落在这反复出现的可怕患难之中。"从小的时候"，这情况就临到他。

这里有一个极重要的功课，是我们绝不可忽视的。我们必须在我们的孩子最小的时候，就努力向他们行善。如果撒旦在他们这么幼小时就伤害他们，我们就绝不可落后，而要勤奋把孩子带到上帝这里来。在一个孩子的生命中，他多早能成为可以在上帝面前负责的人，这是一个难回答的问题，也许比我们许多人以为的要早得多。无论如何，有一件事是非常清楚的：努力为孩子灵魂得救祷告，这绝不可能太早；与他们对话时把他们当作在道德上负责任的人，对他们讲上帝、基督、对错，这绝不会太早。我们可以相当肯定，魔鬼不会浪费时间而不去努力影响小孩子的思想；甚至在他们

"从小的时候",魔鬼就对他们下手。让我们努力与它抗争。如果小孩子的心可以被撒旦充满,他们也可以被上帝的灵充满。

第三,让我们从这些经文的学习中知道,**在同一个人心里,相信和不信可以何等的混杂在一起**。这孩子父亲的话大大地触动了我们,把这事实摆在我们面前。他大声呼喊说:"我信!但我信不足,求主帮助!"

我们在这句话中看到对许多真基督徒内心栩栩如生的描述。在相信的人当中,相信与怀疑,盼望与惧怕,并非肩并肩共存的人,确实是寥寥无几。上帝的儿女,只要还在肉身之内,就没有一件事情是完全的。他的知识、爱心和谦卑,多少都有缺陷,与败坏混杂在一起。他的其他美德如此,他的信心也如此。他相信,但他仍存留有不信。他信不足。

我们应当如何对待我们的信心?我们必须**使用**信心。我们可能软弱、颤抖、怀疑、软弱,但我们必须使用信心。我们绝不可等它变得伟大、完全、强壮时才使用,而应当像我们眼前看到的这人一样,让它发挥效用,盼望有一天这信心变得更强大。他说:"我信。"

我们应当如何对待我们的不信?我们必须**抵挡**这不信,借着祷告抵挡它。我们绝不可容这不信拦阻我们到基督这里来,我们必须把这不信带到基督那里去,正如我们把所有其他的罪和软弱带到他那里去一样,呼求他解救我们。我们必须像我们眼前看到的这人一样呼求:"我信不足,求主帮助。"

这些是在经历方面实实在在的事,对这些事情有一定认识的人有福了。世人对此毫无所知。相信和不信,怀疑和惧怕,对属血气的人来说都是愚拙。但是真正的基督徒须认真研究这些事并彻底弄清楚。认识到一个真相信的人既可以表现在他内在有平安，也可以表现在他里面有争战，这对我们能否得安慰来说至关重要。

最后让我们留意，**我们的主完全控制撒旦和他的全部手下**。对门徒来说太强大的那污鬼，立刻就被我们主赶出去。他带着大能的权柄说话，而撒旦不得不立刻听从："你这聋哑的鬼，我吩咐你从他里头出来，再不要进去！"

我们结束对这部分经文默想时可以得到安慰。那帮助我们的比所有反对我们的更大。撒旦大有能力、忙忙碌碌、积极并充满恶意，但通过耶稣到上帝这里来的人，耶稣都能拯救到底——救我们脱离魔鬼，也救他们脱离罪；救我们脱离魔鬼，也救他们脱离世界。让我们忍耐并保守自己的心。耶稣仍然活着，必不容撒旦把我们从他手里夺去；耶稣仍然活着，很快要再来，救我们完全脱离那恶者的火箭。那极大的锁链已经准备好了（启20：1），撒旦有一日必要被捆绑。赐平安的上帝快要将撒旦践踏在我们脚下（罗16：20）。①

---

① 现在解释15节经文中，"甚希奇"这说法，它相当值得关注。希腊文原文语气极其强烈，隐含着比"希奇"这翻译所向我们传递的情感更加深入。无疑地，仿佛某种可见荣耀的迹象，或者至少某种异乎寻常的威严，在我们主登山变像之后显现在了他的面容上。这让我们想起，摩西从山上下来之后脸面放光。

第九章

三 基督预言他要被钉十字架,强调谦卑

可9:30—37

30. 他们离开那地方,经过加利利。耶稣不愿意人知道。
31. 于是教训门徒,说:"人子将要被交在人手里,他们要杀害他,被杀以后,过三天他要复活。"
32. 门徒却不明白这话,又不敢问他。
33. 他们来到迦百农。耶稣在屋里问门徒说:"你们在路上议论的是什么?"
34. 门徒不作声,因为他们在路上彼此争论谁为大。
35. 耶稣坐下,叫十二个门徒来,说:"若有人愿意作首先的,他必做众人末后的,做众人的用人。"
36. 于是领过一个小孩子来,叫他站在门徒中间;又抱起他来,对他们说:
37. "凡为我名接待一个像这小孩子的,就是接待我;凡接待我的,不是接待我,乃是接待那差我来的。"

* * *

让我们在这些经文中留意,**我们主再次宣告将要临到他的死和复活**。耶稣"于是教训门徒,说:'人子将要被交在人手里,他们要杀害他,被杀以后,过三天他要复活。'"

这宣告一发出,门徒在理解属灵事情方面的迟钝又一次表露出来。在这消息中既有看似的恶事,也有美事;既有苦涩,也有甘甜;既有死亡,也有生命;既有十字架,也有复活。但对这糊涂的十二门徒来说,这全是黑暗。"门徒却不明白这话,又不敢问他。"他们的心思仍然充满了对他们主在地上做王的错误念头。他们以为他地上的国马上就要显现。当偏见和事先设定的意见让我们的眼睛变得黑暗时,我们的理解力就变得没有比此时更迟缓的了。

我们主在他发出的这新的宣告中，再次强烈表明他死亡和复活的极大重要性。他再次提醒我们他必须死，这并非无缘无故。他要我们知道，他的死是他到世上来的重大目的。他要提醒我们，通过这死，那极大的难题将要得到解决，就是上帝怎能既为义，又称罪人为义。他到地上来，不仅仅为是要教导、传道和行神迹。他来，是要用他自己的血和十字架上的受苦，为罪而满足律法的要求。让我们绝不忘记这一点。基督的道成肉身、榜样和话语都极其重要，但我们要留意他在地上工作的伟大目的，就是在加略山上死。

第二，让我们在这部分经文中留意，**使徒表现出来的野心和爱居首位的心**。"他们在路上彼此争论谁为大。"

这听起来多么奇怪！有谁会想到，几位渔夫和税吏会被充满妒忌的争竞以及想要居首位的愿望胜过？有谁会料到，这些为了基督的缘故已经放弃一切的穷人，竟然会受困于纷争的纠缠，为要得到各自认为自己配得的优先地位？然而情况确实如此。圣经记载这事实，为要我们学到教训。圣灵已经让它被记录下来，为的是基督的教会可以长久得帮助。让我们留意，免得它是白白记下。

不管我们是否认同，一个可怕的事实就是，骄傲是人性中一种最普遍的罪。我们生下来都是法利赛人，按本性都认为自己比实际强。按本性我们都以为自己配得比实际拥有更好的事。这是一件古老的罪，始于伊甸园中，那时亚当和夏娃以为他们还没有得到与自己功德配得的一切。这是一件隐蔽的罪，在许多人心中掌权做王，却不被人察觉，它甚至能披上谦卑的外衣。它是一件最毁坏人灵魂的罪。它拦阻人悔改，不让人到基督这里来，压制弟兄之爱，把属灵的心愿扼杀于萌芽之中。让我们警惕防备这罪，保持警醒。在所有的衣着当中，没有一件像真正的谦卑如此优雅，如此得体，如此罕见。

第三，让我们留意，**我们主在他使徒面前列出的真伟大的特别标准**。他对他们说："若有人愿意作首先的，他必做众人末后的，做众人的用人。"

这句话极富启发意义，向我们表明，世人的行为准则与基督的心意背道而驰。世人认为伟大就是掌权，但基督徒的伟大在于服侍；世人的雄心壮志就是接受尊荣和关注，但基督徒的心愿应当是施而非受，应当是服侍他人而非让自己受服侍。简而言之，那最把自己摆上服侍他同胞的人，在他的日子和世代对人有益的人，是在基督眼中最伟大的人。①

让我们努力实际应用这察验我们内心的行为准则，努力向我们的同胞行善，治死我们都如此容易犯下的那讨自己喜悦、放纵自己的罪。我们可以向我们的基督徒同胞做任何服侍吗？有任何善行是我们能为他行，帮助他们、促进他们幸福的吗？如果有，就让我们不加拖延地快快去行。在教会内部，如果对身为教会成员、信仰正统的空洞夸口更少一些，实际关注我们主在这一段中说的话更多一些，教会就有福了。愿意为了基督的缘故，做所有人当中最末后的、做所有人仆人的人，总是寥寥无几。然而就是这些人在行善，打破偏见，让不信的人信服基督教信仰是真理。也正是这些人在震

---

① 奥古斯丁在这一点上的论述值得我们阅读。他说："主教的职位，是做工的职称而非尊称；所以贪图虚名而非被上帝使用的人，可以知道他并非主教。"——《上帝之城》

撼世界。

最后让我们留意，**我们的主赐下何等鼓励，使我们向那些相信他名的最小、最卑微的人显出善行**。他用非常感人的方式教导了这功课。他把一个孩子抱在怀里，对门徒说："凡为我名接待一个像这小孩子的，就是接待我；凡接待我的，不是接待我，乃是接待那差我来的。"

这里立定的原则是对我们刚才所思想问题的延续。这原则对属血气的人来说是愚拙。除了冠冕、等级、财富和世界上的高位，属血气的人看不到其他通向伟大的道路。上帝的儿子宣告，这道路在于让我们自己委身于看顾他羊群中最软弱、最卑微的人。他用奇妙的话强调这宣告，但对于这句话，人经常读和听，却不加思索。他对我们说，为基督的名接待一个小孩子的，就是接待基督；接待基督，就是接待上帝。

这里有极大的鼓励，给所有委身于向被忽略之行善的人。这里有鼓励，给每一位努力工作的人——他们把被遗弃的人重新接纳回社会，让跌倒的人站起来，聚集无人看顾的贫困儿童，把品德最恶劣的人从罪中抢救出来，就像从火中抽出一根柴来，并且把游荡的人带回家。让所有这些人读到这句话时都大得安慰。他们的工作可能经常艰难且令人灰心，他们可能被人嘲笑、戏弄，被世人藐视。但让他们知道，上帝的儿子知道他们所做的一切，并且极其喜悦。不管世人如何想，这些人都是耶稣在最后那日乐意要尊荣的人。

第九章

四 基督命令人要有宽宏的精神，牺牲自我的必要，地狱的真实

可9：38—50

38. 对耶稣说："夫子，我们看见一个人奉你的名赶鬼，我们就禁止他，因为他不跟从我们。"
39. 耶稣说："不要禁止他，因为没有人奉我名行异能，反倒轻易毁谤我。
40. 不敌挡我们的，就是帮助我们的。
41. 凡因你们是属基督，给你们一杯水喝的，我实在告诉你们：他不能不得赏赐。"
42. "凡使这信我的一个小子跌倒的，倒不如把大磨石拴在这人的颈项上，扔在海里。
43. 倘若你一只手叫你跌倒，就把它砍下来。
44. 你缺了肢体进入永生，强如有两只手落到地狱，入那不灭的火里去。
45. 倘若你一只脚叫你跌倒，就把它砍下来。
46. 你瘸腿进入永生，强如有两只脚被丢在地狱里。
47. 倘若你一只眼叫你跌倒，就去掉它。你只有一只眼进入上帝的国，强如有两只眼被丢在地狱里。
48. 在那里，虫是不死的，火是不灭的。
49. 因为必用火当盐腌各人（有古卷在此有"凡祭物必用盐腌"）。
50. 盐本是好的，若失了味，可用什么叫它再咸呢？你们里头应当有盐，彼此和睦。"

* * *

我们从这段经文看到，**耶稣在信仰宽容这重大问题上的态度**。使徒约翰对耶稣说："夫子，我们看见一个人奉你的名赶鬼，我们就禁止他，因为他不跟从我们。"

毫无疑问，这人是在行一件善事。他和众使徒处在同一阵营争战，这也是毫无疑问的。但这并不能让约翰感到满足。也不是与众

使徒一起工作，也不是与他们同在一条战线上争战，所以约翰反对他。但是现在让我们听一听教会伟大的元首是如何决定的！耶稣说："没有人奉我名行异能，反倒轻易毁谤我。不敌挡我们的，就是帮助我们的。"

这确实是一条黄金法则，是人性极其需要却太过经常被遗忘的。基督教会里各分支的人都很容易认为，若不是通过他们自己的团体和宗派去做，人在这世界上就不能行出什么善来。他们思想如此狭隘，以致无法想象除了按照他们遵从的模式，人可以按任何其他模式做工。他们把他们自己特别的教会机制当成了偶像，看不到任何其他模式的好处。他们就像伊利达和米达在营里说预言时那些喊叫的人："请我主摩西禁止他们。"（民11：28）

教会历史上一些最黑暗的时期，可以归咎于这种不宽容的精神。基督徒一再逼迫基督徒，原因不过就是约翰在此讲的原因，他们实际上是对他们的弟兄宣告："你一定要跟从我们，否则就绝不要为基督做工。"

让我们警惕防备这种想法，它太过容易就在我们所有人心中浮现。让我们努力学习，认识到耶稣在这里表彰的那种慷慨宽容的精神，并且为着任何人、在任何地方做成的美好工作心存感恩。让我们警惕那最微小的倾向，仅仅因为人不选择采纳我们的计划，或在我们这一边工作，就拦阻压制他们。我们或许认为，与我们同做基督徒的人在一些方面犯错；我们或许设想，如果他们加入我们，所有人都用同样方式做工，就能为基督做成更多工作；我们或许察觉，因着信仰方面的纷争和分裂，就有许多恶事涌现。但如果魔鬼的作为被摧毁，人的灵魂得拯救，我们就应该为此大大欢喜。我们

第九章

的邻舍是在与撒旦争战吗？他真的是努力为基督做工吗？这是极其重要的问题。有其他人手做工，要比根本没有人做工强千倍。那对摩西的精神有所认识的人是有福的，摩西说："惟愿耶和华的百姓都受感说话，愿耶和华把他的灵降在他们身上。"还有保罗："基督究竟被传开了。为此，我就欢喜，并且还要欢喜。"（民11∶29；腓1∶18）[1]

我们在这部分经文看到另一件事，**对于在我们和我们灵魂得救之间起拦阻作用的事，我们都要放弃**。如果让人跌倒，人的"手""脚"都要砍下来，"眼"都要去掉。我们看为像眼睛、手、脚一样宝贵的事，如果伤害了我们的灵魂，就要抛弃撇下，就算这让我们付出何等痛苦的代价也要如此。

乍一看这原则严厉残酷，但爱我们的主颁布这条原则并非无缘无故。顺服这原则是绝对必须的，因为忽视它是通向地狱的确凿道路。我们身体的感官，是一些最可怕的试探临近我们的管道。我们身体的肢体可以快快成为行恶的器具，但行善却是迟缓。在正确引导下，眼睛手脚是好仆人，但我们需要每天为它们守望，免得它们引我们进入罪中。

让我们下决心，靠着上帝的恩典实际遵行我们主在此发出的这

---

[1] 昆斯内尔（Quesnel）对这一段经文的说明十分有趣，我们要是记得他是一位罗马天主教徒，他的观点就更有意思。他说："约翰这里的行为，是为基督的利益轻率热心的例子。至圣洁的人有时需要保守自己脱离暗藏着的竞争。我们会很容易就把我们自己的利益和上帝的利益混淆起来；我们的虚荣只是使用他荣耀的名作为幌子。传道人有时以为他唯一的心愿，就是让人跟从基督，持守基督的话语；但在他自己里面，他希望他们要跟从他，他很高兴发现他们紧随自己。"

"基督容忍许多事情，就是没有得到他差派就去做的事情。这在他教会里时有发生，但他奇妙地使这些事促进他国度的建立。不管他们有怎样的理由担心某人不能坚忍行善，只要他们还是显得在任何方面被上帝使用，我们就必须容许他们继续努力。上帝亲自许可这样的人，因为是他在他们里面行善。"

庄严命令。让我们把这看作是一位充满智慧医生的忠告，一位温柔父亲的劝告，一位忠心朋友的警告。不管人会如何嘲笑我们的严格和精准，让我们养成习惯，"把肉体连肉体的邪情私欲同钉在十字架上"。让我们宁愿舍弃任何享受，也不愿招来犯罪而得罪神的危险。让我们跟随约伯的脚踪行，他说："我与眼睛立约。"（伯31：1）让我们记住保罗说的："我是攻克己身，叫身服我，恐怕我传福音给别人，自己反被弃绝了。"（林前9：27）

最后我们在这部分经文看到，**将来的刑罚真实、可怕并且直到永远**。我们的主三次讲到"地狱"，三次提到"虫是不死的"，三次说"火是不灭的"。

这些表述很可怕。它们呼吁我们反思，而不是解释。所有认信的基督徒都应当深思、考虑和记住这话。我们可能把它们看作是比喻或象征，但这无妨。如果真是如此，至少有一件事非常清楚，就是虫和火是真实事情的象征，存在着一个真实的地狱，而这地狱是存到永远的。

不对人讲地狱这个问题，这绝非怜悯。它虽可怕，极其沉重，我们却应当对所有人强调，这是基督教信仰中的一个重大真理。爱我们的救主经常讲到地狱。使徒约翰在《启示录》中常常描写地狱。在这些日子，上帝的仆人绝不可耻于承认并相信地狱存在。若不是基督对所有相信他的人有无限怜悯，我们就大可以推脱不讲这可怕话题。若不是基督的宝血能洗净一切罪，我们就大可以对将来的愤怒保持沉默。但基督对所有呼求他名的人心存怜悯，有一活泉为所有的罪打开，那么就让我们勇敢、毫不犹豫地认定，存在着一个地狱，并且恳求人在事情变得太晚之前逃离这地狱。"我们既知道主是可畏的",虫子和火是可畏的,就让我们"劝人"(林后5∶11)。对基督的事不可能讲得太多,但对地狱的事讲得太少,这却是完全有可能的。

我们在结束对这部分经文默想之前,让我们主结尾的话在我们耳边回响:"你们里头应当有盐,彼此和睦。"让我们确保我们心中有圣灵使人以至得救的恩典,使我们里面的全人分别为圣、得洁净、蒙保守、脱离败坏。让我们为着赐与我们的恩典天天警惕守望,祷告祈求我们蒙保守并脱离漫不经心和其他罪,免得我们被过犯所胜,给我们自己良心带来忧伤,叫我们宣讲的信息失信于人。最要紧的是,让我们彼此和睦相处,不好大喜功,不追求居首位,而是以谦卑为衣,爱所有真诚爱基督的人。这些看似简单,但守着这些便有大赏。①

---

① 我们现在解释的这部分经文倒数最后一句,似乎让所有解经家迷惑不已。我指的是这句话:"必用火当盐腌各人(凡祭物必用盐腌)。"这句话真正的意思,以及它与上下文之间的联系,看来是尚未解决的难题。无论如何,到目前为止,人提出的许多解释当中,没有一样是完全令人满意的。我们必须承认,这是圣经中一处尚待解开的疑团。

  1. 一些人认为,我们的主只是在讲恶人和他们将来受刑罚,他的意思是:"每一个失丧的灵魂,都必要用地狱的火当盐腌,就像在摩西律法之下,每一样祭物都必用盐腌一样。"这是惠特比持守的观点。

  2. 一些人认为,我们的主只是在讲义人,以及他们今生受火一般的试炼。通过这些试炼,他们得洁净、蒙保守、脱离败坏。他的意思是:"每一个真正做我们门徒的人,都要好像用盐腌一样,要经过火的试炼,就像每一样祭物都必用盐腌一样。"在那些认为我们的主只是在讲义人的人当中,一些人认为这"火"指的不是患难,一些人认为这是指圣灵的工作。卡特赖特(Cartwright)持最后一种意见,朱尼厄斯(Junius)持守的是前一种看法。

  3. 一些人认为,在这节经文第一分句中,我们的主是在讲他教会所有的成员,既有好的,也有坏的。他的意思就和保罗讲的意思一样,保罗说:"这火要试验各人的工程怎样。"(林前3∶13)他们认为第二分句描写的是恩典在真信徒心中保守的果效。按照这种观点,这节经文的意思应当是:"每一个人最终都要被最后那日的火当盐腌,经受试验、试炼。每一个把自己当作活祭向上帝献上的人,都要被恩典当盐腌,最终蒙保守脱离死亡和败坏。"

第 十 章

一 解释对婚姻的正确观点

可10:1—12

1. 耶稣从那里起身,来到犹太的境界并约旦河外。众人又聚集到他那里,他又照常教训他们。
2. 有法利赛人来问他说:"人休妻可以不可以?"意思要试探他。
3. 耶稣回答说:"摩西吩咐你们的是什么?"
4. 他们说:"摩西许人写了休书便可以休妻。"
5. 耶稣说:"摩西因为你们的心硬,所以写这条例给你们。
6. 但从起初创造的时候,上帝造人是造男造女。

---

4. 一些人认为,在这节经文第一分句,我们主是在讲恶人,在第二分句中他是在讲义人。按这种观点,这句话的意思就是:"每一恶人都要用盐腌,永远受刑罚。向上帝献上的每一个活祭,或义人,都要被恩典当盐腌,蒙保守脱离死亡的权柄,永远得救。"这是哈蒙德(Hammond)和曼顿(Manton)的观点。

我不提自己的意见,不评论上述任何一种观点。针对以上每种观点提出的反对意见,可能既不为少也不为小。这些反对意见是否具有压倒性的说服力——这是有学问的神学家的意见分歧之处。可能在主显现那日之前,人都绝不能达成结论。我自己坚信,我们必须等候更多光照,把眼前这节经文看作是神"深奥的事"。

7. 因此，人要离开父母，与妻子连合，二人成为一体。
8. 既然如此，夫妻不再是两个人，乃是一体的了。
9. 所以，上帝配合的，人不可分开。"
10. 到了屋里，门徒就问他这事。
11. 耶稣对他们说："凡休妻另娶的，就是犯奸淫，辜负他的妻子；
12. 妻子若离弃丈夫另嫁，也是犯奸淫了。"

* * *

这段经文的开篇让我们看到，**作为一位教师，我们主耶稣基督有坚持不懈的精神**。我们得知："耶稣从那里起身，来到犹太的境界并约旦河外。众人又聚集到他那里，他又照常教训他们。"

我们的主无论去到哪里，总以父的事为念，讲道、教训、努力向人行善。他不放弃任何机会，在他地上工作的整个历史中，我们从未看到他有一天是空闲的。对于他，我们可以真的说，他"在各水边撒种"，"早晨要撒他的种，晚上也不要歇他的手。"（赛32：20；传11：6）

然而我们的主知道万人的心，他完全知道，他的许多听众内心刚硬而且不信，他知道在他说话的时候，他大部分的话语都落在地里，不被人看重聆听。就拯救人的灵魂而言，他大部分的努力工作都是徒然的。他知道这一切，然而他继续努力做工。

让我们从这事实中看到一个对所有努力向他人行善之人实际的榜样，不管他担任什么职分。让每一位牧师、每一位宣教士记住这一点；让每一位校长和每一位主日学老师记住这一点；让每一位在教区做探访工作的和每一位做工的平信徒记住这一点；让每一位带领家庭祷告的一家之主、每一位负责养育儿女的人记住这一点。让这些人都牢记基督的榜样，下定决心要同样行。我们绝不可因着看不到果效就放弃教导，绝不可因看不到劳苦的功效就松懈努力。我们应当稳定继续做工，把这重大原则摆在眼前——就是本分是属于我们的，结果是属于上帝的。既要有收割和收禾捆的人，也要有耕地和撒种的人。诚实的主人按照工人努力的工作，而不是按照田地生长出的作物赏赐他们，我们天上的主在最后那日，要同样对待他所有的仆人。他知道成功并不掌管在他们手中，他知道他们不能改变人心，他要按照他们的努力，而不是他们努力的结果赏赐他们。他是对"又良善又忠心的仆人"，而不是"又良善又成功的仆人"说，"进来享受你主人的快乐"（太 25：21）①。

这段经文的大部分内容要向我们表明**婚姻的珍贵和重要**。清楚的是，我们主在地上时，犹太人对婚姻的主流态度极其松懈，所定标准极低。他们并不承认婚姻是把人连结在一起的纽带，他们允许为着轻微琐碎的理由而离婚，这种做法很常见。②这样做的自然结

---

① 主教拉蒂默在这点上的一些评论，非常值得我们一读。这些评论出现在他所论及的婚筵礼服比喻的多篇讲道中的一篇。他说："那没有穿婚筵礼服的人受到责备，因为他承认一件事，实际上行的是另一回事；为什么王没有责怪传道人？他们没有错，他们尽了他们的本分；他们没有领受更多的命令，他们的任务只是呼叫人来赴婚筵。这人应当为自己预备礼服。所以王不是在责备传道人：'为什么这人会在这里？为什么容许他进来？'因为他们的使命，不过就是呼召他来。许多人伤心难过，因为他们的讲道几乎不结什么果子。当他们被人问道：'上帝已经赐你如此大恩赐，你为什么不讲道？'他们会说，'我想讲道，但我看到结的果子如此之少，人的生命改变如此之少，这让我灰心。'这是一个没有道理的回答，一个非常没有道理的回答。你为着上帝没有命令你负责的事苦恼，却没有做上帝命令你去做的事。"——《拉蒂默文集》，卷一，第 286 页。
② 犹太人因着荒唐琐碎的理由离婚，到了一个地步，要不是我们有拉比们在这问题上写的书为证，就几乎令人难以置信。对此问题的全面阐述，可以参见莱特富特援引希伯来作品和塔木德对《马太福音》5：31 的注释。他引用的一段话足以让读者对犹太人离婚风俗有所认识："希列派的人说，如果妻子为丈夫做的饭太咸，煮得不好，或者烤过火候，就可以把她休掉。"

果就是，对于丈夫对妻子的本分和妻子对丈夫的本分，人就几乎毫无所知。我们的主为了纠正这般光景，就设立了一种崇高和圣洁的标准。他指出，上帝在创造之初所设立的婚姻，是一男和一女的连合。他引用并且赞同用以描述亚当和夏娃婚姻的那庄严话语，并认为它具有永恒的意义："人要离开父母，与妻子连合，二人成为一体。"他还给这句话加上一句严肃的评论："所以上帝配合的，人不可分开。"最后，他在回答门徒询问时宣告，除非是因着不忠，否则离婚和之后的再婚，就是违背了第七条诫命。[①]

我们主在此所宣告的这整个问题很重要，其重要性再怎么强调都不为过。我们应当非常感恩，在这问题上我们看到圣经对他的心意作了如此清楚和完全的解释。婚姻关系是各国社会体系的根源。公众道德以及构成国家的每个家庭的幸福都与婚姻律法休戚相关。各国历史都以最惊人的方式证实了我们主在这段经文中所作判决的智慧。一个清楚且确凿的事实就是，一夫多妻制以及允许轻易地离婚，会直接导致更多淫乱的出现。一句话，一个国家的婚姻法越接近基督的律法，该国的道德水准总能证明为更高。

所有已婚或准备结婚的人，都应深思我们主耶稣基督在这一

[①] 我知道我在本段结尾处表明的意见，与一些有学问的神学家意见相反。我只能说，我是在安静查考对应的《马太福音》19：9，以及我们主在《马太福音》5：32所说的话之后慎重得出这结论的。我坚信，基督禁止的再婚，是为了琐碎无聊理由离婚之后的再婚，他的话语并不适用在因着不忠离婚之后再婚的情形。为着琐碎理由离婚后再婚，很清楚是犯了奸淫。原因很简单：这离婚从来就不应发生，离婚的一方在上帝眼中仍是一个结婚的人。因不忠离婚后再婚，按照同样的推理，并不是犯奸淫。对婚姻不忠，这就完全解除了婚姻的联系，把丈夫和妻子再一次放在没有结婚的人，或一位鳏夫或寡妇的地位上。

段经文中的教导。在所有人际关系当中，没有一种关系像夫妻关系那样，配得人们用如此敬畏的心思考，如此谨慎处理。如果人带着慎重、接受意见和敬畏上帝的心进入这种关系，它就能给人带来地上最大的幸福。如果人不听忠告、轻慢随便且不假思索地进入这种关系，就没有任何关系像它一样会带来如此大的不幸。如果人在"主里"结婚，这就是最能给人灵魂带来益处的人生举动。如果幻想、情欲或仅仅是属世的动机是带来这种连合的唯一原因，那么也没有哪一种关系像婚姻一样，能给灵魂带来如此大的伤害。所罗门是最有智慧的人。"以色列王所罗门不是在这样的事上犯罪吗？在多国中并没有一王像他，且蒙他上帝所爱，上帝立他作以色列全国的王。然而连他也被外邦女子引诱犯罪。"（尼13：26）

不幸的是，现今的状况使得非常有必要向人强调这些真理。一个可悲的事实就是，人生中没有哪些步骤是像结婚一样，人们在经历的时候是如此轻浮、凭自己意思并将上帝抛之脑后。想邀请基督参加他们婚礼的年轻夫妇寥寥无几！可悲的事实就是，不幸的婚姻是这世上多多存在愁苦忧伤的一个重大原因。人发现他们已经犯下一个错误，可惜已经太晚，结果他们终身的年日落在苦毒当中。在婚姻问题上遵循这三条原则的人是有福的：第一就是在祷告求上帝认可和祝福之后，只与在主里的人结婚；第二，就是不要对配偶有过高期望，记住婚姻毕竟是两个罪人，而不是两位天使的连合；第三条原则就是，首先要为着彼此的成圣而努力。结婚的人越圣洁，他们就越幸福。"基督爱教会，为教会舍己。要用水借着道把教会

洗净，成为圣洁。"（弗5：25、26）①

二 小孩子被带到基督这里来，为婴孩洗礼作的辩护

可10：13—16

13. 有人带着小孩子来见耶稣，要耶稣摸他们，门徒便责备那些人。
14. 耶稣看见就恼怒，对门徒说："让小孩子到我这里来，不要禁止他们，因为在上帝国的，正是这样的人。
15. 我实在告诉你们：凡要承受上帝国

---

① 这段经文有一个说法，我们要特别留意。法利赛人对我们的主说："摩西许人写了休书便可以休妻。"我们主的回答非常特别。他说："摩西因为你们的心硬，所以写这条例给你们。"然后他继续表明，这对离婚的许可，证明了他们的祖先已经堕落而远离婚姻的原初标准。所以上帝把他们当作落在软弱和有病灵魂光景之中的人加以看待，因为他说："但从起初创造的时候，上帝造人是造男造女。"

这句话大大地光照了摩西律法中有关民事的一些部分。它让我们看到，这民事律法的一些要求，为的是特别切合以色列人一开始离开埃及时内心的光景。上帝并没有打算把它所有细微具体之处都作为对人有永远约束力的法典。它为的是在人能够承受的时候，带领人去寻找某样更美、更高的事。拥有这律法，毫无疑问是一项极大特权。这是犹太人能正当夸口的其中一样事情。然后他们夸口的时候，也必须记住他们的律法包含一些让他们降卑的原因。许可按轻慢理由离婚这件事本身，就是一个常见的见证，见证百姓心里刚硬残酷。上帝认为容许这样的离婚，要比这民充满凶杀、奸淫、残忍和离弃更好。简而言之，我们主用犹太人夸口的这律法本身向他们指出，这律法包含着许可的诫命，实际上写下来是为要让他们感到羞愧。

这句话光照了上帝的百姓在这充满罪恶世界上的位置，让我们看到，上帝在教会和国家当中容许有一些事情，这并非因为它们是最好，而是因为它们最切合有这种事情的教会或国家。期望任何政府或教会完美，这是一种妄想。如果政府有基本的公义，在教会里有真理，我们就大可以满足了。上帝容忍以色列治理中的许多事，一直等到它复兴的日子。我们也可以容忍许多事。把我们一辈子的时间用在追寻一种对民事政府或教会想象出来的完美光景，不过是浪费时间。如果上帝"因为他们的心硬"，乐意许可在以色列当中发生一些事，我们也大可以忍耐教会和国家中的一些事，那是我们不很喜欢的一些事。在这世界每一种地位上，都有一种邪恶的平衡，到处都有不完全的地方。完全的光景仍是将来才会临到的事情。

的，若不像小孩子，断不能进去。"

16. 于是抱着小孩子，给他们按手，为他们祝福。

* * *

这四节经文呈现在我们面前的这场景极其有趣，我们看到有人带着小孩子来见基督，"要耶稣摸他们"。门徒责备那些把孩子带来的人，我们得知当耶稣看到这情形，他"就恼怒"，用非常特别的语气责备门徒。最后我们得知，他"抱着小孩子，给他们按手，为他们祝福"。

让我们从这段经文中学习**基督的教会应当何等关注小孩子的灵魂**。教会伟大的元首找时间特别关注小孩子，虽然他在地上的时间宝贵，到处都有成年男女因着没有知识而正在灭亡，他却并不认为小小的男孩女孩无关紧要。他宽宏的内心甚至有为他们保留的地方，他用他外在的姿势和行动宣告，他喜悦小孩子。尤其重要的是他留下对他们说的话，记载在圣经上，是他的教会绝不应当忘记的："在上帝国的，正是这样的人。"

我们绝不可认为，把小孩子的灵魂单独撇下，他们依然安全。他们一生的品格在极大程度上取决于他们人生前七年的所见所闻。他们绝不会因为太年幼，而不沾染罪恶，也不会因为太年幼，而不能领受信仰方面的教育。他们用自己小孩子的方式，思想上帝的事情，思想他们的灵魂，还有那将来的世界，而这比大多数人能察觉到的要早得多、深入得多。他们能比许多人以为的更快地感觉到周围一些事情的是非并作出回应。他们人人都有一颗良心。虽然他们的人性堕落败坏，上帝却充满怜悯，没有不在他们心里给自己留下见证。他们每一个人都有一个永远要在天堂或地狱里活着的灵魂。我们应努力把他们带到基督这里来，这绝不可能会开始得太早。

基督教会的每一分支都应认真思想这些事实。在每一处基督徒的聚会，人不可推卸的本分，就是为在灵里教养这聚会中的孩童做好预备。每一个家庭里的男孩女孩，在一开始能够学习的时候，就应当接受教育——应当在他们一开始能行为得体的时候，就马上被带到集体敬拜当中。此时我们就应当充满感情地关注这些小孩子，把他们看作是将来的会众，而我们死的时候，他们要取代我们的位置。我们可以充满信心地盼望基督要祝福所有向小孩子行善的努力。若有教会以为"小孩子终究是小孩子"，认为向他们行善毫无意义，并以此为由而疏忽教会更年轻的成员，以此为自己的懒惰找借口，那这样的教会不能被看作是处在一种健康光景。这样的教会清楚表明，它并不是以基督的心为心。有些教会除了成年人以外，不包括任何其他人，会友的孩子们在家里闲着，或者在大街上、田地里撒野——这是一种极其可悲和令人不满的场景。这样一家教会的成员，可以自夸他们人数众多，教导的信息纯正。他们可能满足于大声断言，他们不能改变孩子的内心，上帝如果看为合适，终有一日要使他们归正。但他们仍不知道，基督看他们是忽略了一种严肃的本分。不千方百计把孩童带到基督这里来的基督徒是在犯一件大罪。

让我们从这段经文学到另一件事，**这些经文鼓励把孩童带来，给他们施洗**。当然我们不可假装认为，我们面前这些经文有任何提到洗礼的地方，甚至有间接提及。我们要说的是，我们主在这段经文中的说法和姿势，是一种强有力的间接论证，支持婴孩洗礼。基于这原因，这段经文在英国国教洗礼仪式上占有重要的地位。

婴孩洗礼这问题无疑是一个微妙和难解的问题。圣洁和多多祷告祈求上帝的人，不能在这问题上取得一致意见。虽然他们读同一本圣经，承认接受同一位圣灵带领，在这一件圣礼上却得出不同结论。绝大多数基督徒认定婴孩洗礼符合圣经，是正确的；抗罗宗教会内的一小部分——他们当中有许多卓越的圣徒——认为婴孩洗礼不符合圣经，是错误的。这种分歧是一种令人难过的证据，表明即使在上帝的圣徒当中，仍然存在着盲目和软弱之处。

但这种分歧绝不可让英国国教的成员退缩，不去持守在这问题上的定见。英国国教在它的信纲当中已清楚宣告："给小孩施洗与基督设立洗礼之意极其相合，必须保存在教会中。"对此意见，我们无须惧怕坚守。

各方都承认，婴孩有可能是选民，蒙上帝拣选以致得救，可以在基督的血里得洗净，从圣灵重生，蒙恩典，得称义、成圣和上天堂。若情况如此，这就很难明白为何他们不能领受洗礼这外在的标记。

人当进一步承认，因着婴孩父母相信基督教信仰的缘故，他们是基督有形教会的成员。对于保罗说的这番话，"但如今他们是圣洁的了"（林前7：14），我们还能作别的解释吗？若情况如此，那么我们就很难明白，为什么婴孩不能像犹太人的婴孩领受割礼这外在标记一样，领受被接纳进入教会的外在标记。

那种认为洗礼只应向年纪足够大，能够悔改相信的人实行的反对意见，看起来并不具有说服力。我们在新约圣经中看到，吕底亚和司提反"一家"受洗,腓立比的禁卒和"属乎他的人"受洗。很难假设在这三种情形当中,每个家庭中都没有任何孩童(徒16:15、33;林前1:16)。

那种认为我们主耶稣基督自己从未直接命令给婴孩施洗的看法,并不是分量极重的反对意见。他来到其中的犹太人教会,总是习惯通过割礼这记号接纳孩童进入教会。耶稣对施洗年龄沉默不言这事实本身,就大大证明他不打算对此作任何改变。①

我们可以安全地在此把这话题点到即止。很少有像洗礼这样的争议,已经给教会带来如此多的伤害,带来如此少属灵的结果。没有一个问题像它一样,人已经说了、写了大量内容,却没有产生确信。经验表明,没有一个问题像它一样,表明基督徒最好还是不干

---

① 在考虑支持婴孩洗礼的论证时,有两个事实应当正确地加以留意。它们是圣经之外的事实,因此我已经刻意在这一段的释经默想中加以省略。但它们是有分量的事实,可以帮助一些人得出结论。

  1. 一个事实就是历史的见证。在初期教会当中,婴孩洗礼几乎是普遍施行的做法。这种证据可以在沃尔(Wall)的《婴孩洗礼史》一书中找到。如果正如一些人所说的那样,婴孩洗礼是如此与基督的心意全然对立,那么初期教会对这问题竟然会如此无知,这至少是一件古怪的事情。

  2. 另外一个事实就是,犹太教会中给归信犹太教之人的婴孩洗礼这有名的做法。这一证据可以在莱福特所援引的希伯来作品和塔木德对《马太福音》3:6作的注释中找到。比如他说:"重洗派的人反对说,'圣经没有命令给婴孩施洗,所以不可给他们施洗。'对他们我要回答说:'没有禁止给婴孩施洗,所以他们应当受洗。'理由很清楚,外邦人归信犹太教时,给婴孩洗礼如此经常发生的事,已在犹太人教会广为人知,那么当洗礼变成一种福音性的圣礼时,圣经就无须用任何命令加以强调。因为基督把洗礼接到他自己的手中,既然接过来,就用作福音用途。我们只需补充,他可以把这加以促进,达成一种更有价值的目的和更广的用处。整个犹太民族都很清楚地知道,小孩子应当受洗,所以无须对一种常常使用、盛行的做法再颁布一条命令。"

  "另一方面,如果我们的救主不愿给婴孩和小孩子施洗,那就需要有一条清楚和公开的禁令,禁止婴孩和小孩子受洗。因为在从前的历世历代,小孩子应当受洗,这至为普遍。如果基督想要废弃这风俗,他就会公开加以禁止。所以他的沉默以及圣经的沉默,证实了要让婴孩洗礼一直延续到世世代代。——《莱特富特文集》,卷十一,第59页。"

涉对方，同意彼此可以有意见分歧。

我们所有人应当关注的洗礼，其实并不是水的洗礼，而是圣灵的洗。成千上万的人在洗礼的水中受洗，却从未被圣灵更新。我们已经重生了吗？我们已经领受了圣灵吗？已经在耶稣基督里成为新造的人吗？如果还没有，那么我们何时、何地、以何种方式曾经受洗，这问题就无关要紧，我们就是仍在自己的罪中。人没有新生就不能得救。在我们还不知道，还没有感受到自己已经出死入生，确实是从上帝而生，就绝不安息。

三 那位富有的年轻人，基督对罪人的爱，有钱的危险

可10：17—27

17. 耶稣出来行路的时候，有一个人跑来，跪在他面前，问他说："良善的夫子，我当做什么事，才可以承受永生？"
18. 耶稣对他说："你为什么称我是良善的？除了上帝一位之外，再没有良善的。
19. 诫命你是晓得的：不可杀人，不可奸淫，不可偷盗，不可作假见证，不可亏负人，当孝敬父母。"
20. 他对耶稣说："夫子，这一切我从小都遵守了。"
21. 耶稣看着他，就爱他，对他说："你还缺少一件，去变卖你所有的分给穷人，就必有财宝在天上，你还要来跟从我。"
22. 他听见这话，脸上就变了色，忧忧愁愁地走了，因为他的产业很多。
23. 耶稣周围一看，对门徒说："有钱财的人进上帝的国是何等的（地）难哪！"
24. 门徒希奇他的话。耶稣又对他们说："小子，倚靠钱财的人进上帝的国是何等的（地）难哪！
25. 骆驼穿过针的眼，比财主进上帝的国

还容易呢。"

26. 门徒就分外希奇,对他说:"这样,谁能得救呢?"

27. 耶稣看着他们,说:"在人是不能,在上帝却不然,因为上帝凡事都能。"

* * *

我们在这里所看到的这故事,在新约圣经里记载了不下三次。马太、马可和路加都受同一位圣灵默示,把它记录下来供我们学习。毫无疑问,对同一个简单事实重复三次,当中必有一种智慧的目的。这是为了向我们表明,这部分经文所包含的教训,值得基督的教会特别留意。

让我们从这一部分经文中学到一件事,**就是人对自己无知**。

我们得知有一个人"跑来"找我们的主,"跪在他面前问"这严肃的问题:"我当做什么事,才可以承受永生?"一眼看上去,这人的情形有很多大有前途的方面。他对属灵的事表现出一种迫切之情,而他身边的大部分人却是漫不经心、无动于衷。他向我们主跪下,显出一种尊重他的性情,而文士和法利赛人却是藐视他。然而与此同时,这人却对他自己的内心极其无知,他听到我们主复述这些关乎我们对邻舍当尽本分的诫命,马上就宣告说:"这一切我从小都遵守了。"道德律那察验人心的性质以及在我们思想言行中的应用,这些都是这人完全不熟悉的事情。

不幸的是,这里表现出来的灵里瞎眼的状况太普遍不过了。今天成千上万认信的基督徒,对于他们自己的罪性、他们在上帝眼中的罪责一无所知。他们自我恭维,说自己从来没有做过任何非常邪恶的事,"他们从未杀人、偷窃、犯奸淫、或作假见证;肯定的是,他们不会落在进不了天堂的极大危险当中。"他们忘记了那与他们有关系的上帝圣洁的神性。他们忘记了他们何等经常在发脾气时、在想象时，甚至在他们外在举动正确时违反了他的律法。他们从未认真学习过像《马太福音》5章这样的经文，或者即使看过，心里也是盖了一层厚厚的幔子，没有应用在自己的身上。结果就是他们缠裹在自义当中，就像老底嘉教会一样，他们"已经发了财，一样都不缺"（启3：17）。他们活着的时候自满，死的时候也是自满。

让我们警惕这种心态。只要我们认为自己可以遵守上帝的律法，基督就与我们毫无益处。让我们祈求上帝使我们认识自我，让我们恳求圣灵使我们知罪，让我们看到自己内心，向我们显明上帝的圣洁，因此就让我们看到我们需要基督。已经从经历方面认识到保罗这番话含义的人是有福的："我以前没有律法，是活着的；但是诫命来到，罪又活了，我就死了。"（罗7：9）对律法无知和对福音无知，通常是走在一起的。那眼睛真正张开，看到诫命属灵本质的人，找不到基督就绝不会安息。

让我们从这部分经文中学到另外一件事，就是**基督对罪人的爱**。

马可叙述这故事时的说法表现出一个事实，他说："耶稣看着他，就爱他。"这爱毫无疑问是一种怜悯同情的爱。我们的主同情地看着在他面前表现出来的这情形，在这情形当中，恳切与无知奇怪地掺杂在一起。他怜悯地看着这人因堕落带来的一切软弱而苦苦挣扎，良心不得平安，感受到需要解救。他的悟性陷入黑暗，他眼瞎而看不到属灵信仰的首要原则。正如我们忧伤地看着一堆华美的废墟，看着没有了屋顶且破落不堪、不适合居住的房屋，却从残垣断壁看出诸多起初设计和建造时技巧的印记；同样我们可以认为，耶稣是带着温柔体恤的心，关注、察看这人的灵魂。

我们绝不可忘记，耶稣对不义之人的灵魂有着慈爱和怜悯。毫无争议的是，他对那些听他声音并跟从他的人，感受到一种不同的爱。他们是属他的羊，由父赐给他，他为他们特别关注守望。他们是他的新妇，在永约里与他联合，是他自己的一部分，在他看来宝贵。但耶稣的心宽广，即使对那些跟从罪和世界的人，他也有丰富的同情、怜悯和温柔的关爱。曾经为不信的耶路撒冷哭泣的那一位并没有改变。他依然愿意把那些无知、自以为义、不信和不悔改的人收聚在他怀中，只要他们愿意（太23：37）。我们可以大胆地对罪魁说，基督爱他。救恩是为最坏的人预备好的，只要他们愿意到基督这里来。如果人沉沦，这并不是因为耶稣不爱他们，不愿拯救他们。他自己严肃的话解释了这奥秘："世人不爱光，倒爱黑暗。""你们不肯到我这里来得生命。"（约3：19，5：40）

最后，让我们学习这部分经文，知道**贪爱钱财极其危险**。这里为要我们留意，就两次重复这教训。一次是从这里记载的这人的举止中表现出来。他虽然宣称渴慕永生，却爱他的钱财胜过爱他的灵魂，他"忧忧愁愁地走了"。另一次可以从我们主对他门徒说的严肃话语中看出来："倚靠钱财的人进上帝的国，是何等的难哪！骆驼穿过针的眼，比财主进上帝的国还容易呢。"唯有到了末日的时候，才能完全证明这番话是何等的正确。

让我们警惕贪财，这既是给有钱人也是给穷人布下的网罗。败坏人灵魂的，并不是拥有金钱，而是信靠金钱。让我们祷告祈求，在我们所得的事上知足。最大的智慧，就是认同保罗所说的："我

无论在什么景况都可以知足,这是我已经学会了。"(腓4:11)

四 鼓励为基督的缘故舍弃一切,基督预知自己要受难

可10:28—34

28. 彼得就对他说:"看哪,我们已经撇下所有的跟从你了。"
29. 耶稣说:"我实在告诉你们:人为我和福音撇下房屋,或是弟兄、姐妹、父母、儿女、田地,
30. 没有不在今世得百倍的;就是房屋、弟兄、姐妹、母亲、儿女、田地,并且要受逼迫,在来世必得永生。
31. 然而,有许多在前的,将要在后;在后的,将要在前。"
32. 他们行路上耶路撒冷去。耶稣在前头走,门徒就稀奇,跟从的人也害怕。耶稣又叫过十二个门徒来,把自己将要遭遇的事告诉他们说:
33. "看哪,我们上耶路撒冷去,人子将要被交给祭司长和文士,他们要定他死罪,交给外邦人。
34. 他们要戏弄他,吐唾沫在他脸上,鞭打他,杀害他。过了三天,他要复活。"

* * *

这部分经文要求我们关注的第一件事,就是**它所包含的荣耀应许**。主耶稣对使徒说:"我实在告诉你们,人为我和福音撇下房屋,或是弟兄、姐妹、父母、儿女、田地,没有不在今世得百倍的,就是房屋、弟兄、姐妹、母亲、儿女、田地,并且要受逼迫,在来世必得永生。"

在上帝的话语中,很少有比这更广阔的应许。肯定的是,新约圣经里没有一个应许像它那样对今生有如此大的鼓励。让每一个在

服侍基督时惧怕灰心的人看这应许,让所有为基督的缘故忍受艰难困苦的人认真学习这应许,从中畅饮,得到安慰。

对于所有为福音缘故作出牺牲的人,耶稣应许他们"今世得百倍"。他们不仅在那将来的世界里必得到赦免和荣耀,就连在这地上的时候,就必得到盼望、喜乐和安慰,这些足以补偿他们的一切损失。他们必要在圣徒相通中找到新朋友、新家人、新同伴。这些人比他们归正之前的亲朋好友更有爱心、更信实并且更宝贵。他们被接纳进入上帝的家中,这要丰丰富富补偿他们从这世上被排斥遭受的损失。对许多人来说,这可能听起来令人震惊,难以置信,但成千上万的人已经通过经历发现这是真实的。

对于所有为福音缘故作出牺牲的人,耶稣应许他们"在来世必得永生"。他们一旦拆毁了地上的帐棚,就必要进入一种荣耀的生命。在那复活的早晨,必要领受如此的尊贵和喜乐,这是过于人能认识的。他们在不多年间遭遇的至轻苦楚,必要以永远的赏赐作为结局。他们在肉身之内的争战和忧愁,必要换为完全的安息,得胜者的冠冕。他们必要住在那不再有死、罪、魔鬼、忧虑、哭泣和分离的世界上,因为以前的事都过去了。上帝已经这样说了,必要如此成就。

面对这些充满荣耀的应许,哪些圣徒胆敢说,基督没有给他鼓励来服侍他?那些在基督徒人生赛跑中手开始下垂,腿开始发酸的男男女女在哪里?让这些人都深思这段经文,得到新的鼓励。时间短暂,结局确定。一宿虽然有哭泣,早晨便必欢呼。让我们耐心地等候主。

这部分经文要求我们留意的第二件事,就是**它所包含的严肃警**

告。主耶稣看到他使徒当中那隐秘的自欺,给他们说了一句合宜的话,制止他们自高的想法。"有许多在前的,将要在后;在后的,将要在前。"

这句话应用在十二使徒身上是何等的真切!在这群听到我们主说话的人当中,有一个曾经看来很有可能要成为十二人中之一位在前的,他看起来比其他人更谨慎、更可靠。他负责掌管钱袋,管理当中的金钱。然而那人跌倒,落得蒙羞的结局。他的名字就是加略人犹大。

还有一位后来要比十二使徒中的任何一位为基督做更多的工作,在当日他并没有身处听到我们主说话的人群当中。在我们主说话的时候,他是一位年轻的法利赛人,在迦玛列门下受教,为律法是最大发热心的。然而这年轻人到了最后归信了基督,并不在那些最大的使徒以下,比众使徒格外劳苦,他名叫扫罗。我们主说的这句话是完全有道理的:"有许多在前的,将要在后;在后的,将要在前。"

当我们把这番话应用到基督教会的历史时,它是何等的真切!有一段时间,小亚细亚、希腊和北非充满了认信的基督徒,而英格兰和美国还是异教之地。一千六百年已经带来极大的改变。非洲和亚洲的教会已经完全落入衰败,英格兰和美国的教会正努力把福音传遍全世界。我们主说的这句话是完全有道理的:"有许多在前的,将要在后;在后的,将要在前。"

当相信的人回顾自己的人生,想起他们从自己归正时候开始的所见所闻,这番话对他们就显得何等的真切!有多少人是与他们同时开始服侍基督,看来有一段时间跑得好,但他们现在在哪里?世

第十章

界已经抓住了一个人，虚假的教义已经迷惑了另一人，在婚姻方面犯的错误已经败坏了第三个人。想不起许多类似例子的信徒确实寥寥无几。极少人未曾通过忧伤的经历发现，"有许多在前的，将要在后；在后的，将要在前。"

当看到像这样的经文时，让我们祷告求谦卑。开始得好，这并不够。我们必须坚忍，继续行善。我们绝不可满足于开出一些宗教信念、喜乐、忧伤、盼望、敬畏的美丽花朵，还必须结出悔改、相信、圣洁这些固定习惯的美好果子。人若能计算代价，并且下定决心，一旦开始行在窄路当中，就靠着上帝的恩典绝不回头，那他就有福了。

这部分经文要求我们关注的最后一件事，就是**我们主清楚地预知他自己要受苦和受死**。他刻意平静地告诉门徒，他将要在耶路撒冷受难。他一点接着一点，把即将伴随他死要发生的大事描述出来。毫无保留，没有一点是他扣着不说的。

让我们认真地留意这一点。在我们主受死这件事上，没有一点是他不情愿的和未曾预见到的。这是他自己自由、坚定和刻意选择的结果。从一开始在地上做工的时候，他就看到前面的十字架，并且继续向前，甘愿受苦。他知道为了使上帝与人和好，他就必须以死付出代价。他已经立约，承担用自己血的代价作出这偿还。当所定的时候来到，他就像一位忠心代罪的人，信守自己的话，为我们的罪死在加略山上。

让我们永远感谢上帝，因为福音在我们面前呈现出如此一位救主：他如此信守这圣约的条件；如此甘愿受苦；如此甘愿代替我们成为罪且受了咒诅。让我们不要怀疑，已经成就受苦承诺的那一位，也要成就拯救所有到他这里来者的承诺。让我们不仅仅欢喜接受他做我们的救赎主和中保，还要欢欢喜喜地献上自己，献上我们一切所有来服侍他。肯定的是，如果耶稣欢欢喜喜地为我们死，那么他要求基督徒为他而活就是一件小事。

五 西庇太的儿子的无知，基督以身作则，强调降卑与献上自己

可10：35—45

35. 西庇太的儿子雅各、约翰进前来，对耶稣说："夫子，我们无论求你什么，愿你给我们做。"
36. 耶稣说："要我给你们做什么？"
37. 他们说："赐我们在你的荣耀里，一个坐在你右边，一个坐在你左边。"
38. 耶稣说："你们不知道所求的是什么。我所喝的杯你们能喝吗？我所受的洗你们能受吗？"
39. 他们说："我们能。"耶稣说："我所喝的杯，你们也要喝；我所受的洗，你们也要受。
40. 只是坐在我的左右，不是我可以赐的，乃是为谁预备的，就赐给谁。"
41. 那十个门徒听见，就恼怒雅各、约翰。
42. 耶稣叫他们来，对他们说："你们知道，外邦人有尊为君王的，治理他们，有大臣操权管束他们。
43. 只是在你们中间，不是这样。你们中间，谁愿为大，就必做你们的用人；
44. 在你们中间，谁愿为首，就必做众人的仆人。
45. 因为人子来，并不是要受人的服侍，乃是要服侍人，并且要舍命，做多人的赎价。"

* * *

让我们从这部分经文留意到**我们主门徒的无知**。我们发现雅各

和约翰在求荣耀国度的首位。我们看到他们充满信心地宣告，他们有能力喝他们主的杯，受他们主的洗。虽然他们受到我们主一切清清楚楚的警告，却顽固紧紧抓住那信念，以为基督地上的国马上就要显现。虽然他们服侍基督时有许多缺点，却对他们有能力忍受任何可能临到他们身上的事毫不怀疑。尽管他们有一切的信心、美德和对耶稣的爱，却不认识自己的内心，也不明白摆在他们面前那条道路的性质。他们仍在幻想那现世的冠冕，地上的赏赐，仍不知道自己是怎样一种人。

很少有真正的基督徒在一开始服侍基督时，不与雅各和约翰一样。我们都很容易期望从我们的信仰得到许多现在的享受，超过福音保证我们能期望的。我们很容易忘记十字架和苦难，只想到冠冕。我们对自己坚强和忍受的能力估计过高，误判了我们自己抵挡试探和试炼的能力。这一切的结果就是，我们经常在许多失望和跌倒之后，通过痛苦经历，付出高昂代价才学习到智慧。

让我们眼前看到的这情况教导我们，冷静而准确地判断我们自己的信仰是何等的重要。我们像雅各和约翰一样渴慕最好的恩赐，把我们所有的愿望告诉基督，这是好的；像他们一样，我们相信耶稣是万王之王，有一日要在地上做王，这是对的。但让我们不要像他们，忘记了每一个基督徒都应当背负十字架，"我们进入上帝的国，必须经历许多艰难"（徒14：22）。让我们不要像他们一样，对我们自己的力量过度自信，急忙宣告我们能做基督要求我们做的每一件事。简而言之，当我们开始奔跑天路时，让我们警惕一种夸口的精神。如果我们记住这一点，这就可能救我们脱离许多令我们降卑的跌倒。

第二，让我们留意，**我们主何等地称赞卑微和委身服侍他人的行为**。看来因着雅各和约翰向他们主发出恳求，那十个人对他们就大大不悦。他们想到有任何人会在他们自己之上，野心和对居首位的爱慕就再次被激发起来。我们的主看到他们的感受，就像一位智慧的医生，马上供应一种解药。他告诉他们，他们对伟大的理解建立在一种错误的基础之上。他再次强调重复在前一章立下的教训，"在你们中间，谁愿为首，就必做众人的仆人"。他以身作则，以此作为压倒性的论证支持这一切——"因为人子来，并不是要受人的服侍，乃是要服侍人。"①

让我们所有渴慕讨基督喜悦的人，警醒祷告提防自负。这是一种深深扎根在我们心里的感受，成千上万的人已经从这世界出来，背起十字架，宣告弃绝他们自己的义，相信基督，但是当一位弟兄比他们自己得到更大尊荣时，就感到生气懊恼。事情不应当是这样的。我们应当经常思想保罗的话："凡事不可结党，不可贪图虚浮的荣耀，只要存心谦卑，各人看别人比自己强。"（腓 2：3）当其他人得高升时，虽然自己被忽视，被搁置在一旁，却能真诚高兴欢

---

① 昆斯内尔对这段经文的评论值得一读。他说："神职人员的野心，是教会当中一大丑闻，常常是引发争竞、敌意、纷争、分裂和战争的原因；使徒恼怒的这一切，使我们看到一个不完全的影子和例证。如果在谦卑和爱心的学校受训成长的众使徒，也免不了这种恶事，那么完全沉浸在血肉当中，除了自己的私欲就不为其他感动、除了自己的愿望就不受律法指引的人，野心会在他们身上产生何等的果效呢？"

"人是何等奇怪忘记了自己。侍奉只是为天上缘故设立，他们却与地上位尊之人，为着高贵豪华争竞。要同样支持属灵牧师和现实君王这双重身份，把谦卑与宏伟、温柔与统治、牧养工作与世俗事务纠缠在一起——这是极其困难的。"

"教会中最伟大的监督，就是在谦卑、爱心及不断看顾羊群方面，与基督的榜样最相符的人。这样的人看自己是上帝儿女的仆人。"

第十章

喜的人是有福的!

最要紧的,是让所有渴望按基督脚踪行的人努力对他人有所帮助。让他们把自己献上,在他们所处的日子和世代行善。人若有心愿,这世界就总有广阔的工场供他们行善。让他们绝不要忘记,真正的伟大,并不在于做一位将帅、政治家、艺术家,而在于把我们自己献上,把我们的身体灵魂献上,专注于做让我们同胞变得更圣洁、更有福的这配得称颂的工作。那些使用圣经的方法激发自己起来,为了舒缓身边所有人的忧愁,加增他们的喜乐——在一国之内做像霍华德、威伯福斯、马廷和耶德逊那样的人,他们在上帝眼中是真正为大。这些人虽然活着的时候受人嘲笑、讥讽、挖苦,常受逼迫,但对他们的记念是在天上,他们的名字写在天上,对他们的表彰存到永远。只要我们还有时间为基督的缘故向众人行善,做众人的仆人,就让我们记住这些事。让我们努力,在离开这世界时,把这世界变得比我们生在当中时更好、更圣洁、更蒙福。以此穷尽一生,就是活出与基督一样的生命,要得到上帝给这种人生的奖赏。

最后,让我们在这部分经文中留意,**我们的主讲述他自己死的时候所用的语言**。他说:"人子来……要舍命,做多人的赎价。"

这是所有真基督徒应当珍藏在心里的一句话。这是无可辩驳证明基督的死具有赎罪特征的一节经文。他的死不像殉道士或其他圣人的死那样普通;他的死,是一位大有能力的代表在众人面前向一位圣洁上帝偿还罪人所欠罪债的死。这是一位上帝的中保要提供的赎价,为要使因罪被捆绑的罪人获得自由。他亲身在木头上担当了我们的罪,耶和华把我们众人的罪孽都归在他身上。他死是为我们死;他受苦是代替我们受苦;他被挂在十字架上是做我们的代替;他流血,是为我们灵魂付出赎价。

让所有信靠基督的人,想到他们是在一个确凿稳固的根基上建造,就得安慰。确实我们是罪人,但基督已经背负了我们的罪;确实我们是可怜无助欠债的人,但基督已经偿还了我们的债;确实我们配得永远关在地狱的监牢里,但感谢上帝,基督已经为我们付出完全的赎价。牢门大开,囚犯可以出去得自由。愿我们所有人都通过内心感受的经历认识这特权,在上帝儿女那有福的自由中行事为人。①

---

① 在现在解释的这段经文中,我们主使用"洗礼"这个词值得我们特别注意。他对两位已经受过水洗的门徒说:"我所受的洗,你们能受吗?"这说法很特别,也清楚地证明,在新约圣经中"洗礼"这词并不总是意味着圣礼性质的点水或洒水。它证明,存在着一种受洗,在某种意义上根本并不涉及用到任何外在的礼仪。

我们在解释使徒书信中涉及"洗礼"和"受洗"的经文时应当记住这一点。例如在这样的经文中,"洗礼拯救你们"(彼前3:21),或"你们受洗归入基督的,都是披戴基督了"(加3:27),很清楚它们所包含的意思,不仅仅是任何外在的礼仪。在这两处经文中,毫无疑问说的是水的洗礼,但同样清楚的是,它意味着比任何由人施行的圣礼更深的意义。在两处经文中,洗礼都是伴随着真信心,从心里接受基督,就如那位腓立比禁卒所受的洗。引用这样的经文来支持那通常称之为"具重生功效之婴孩洗礼"(baptismal regeneration of infants)的观点,就是强行曲解其正确的含义。比如在彼得书信的经文中,结论看来就是无可置疑地把洗礼具有重生功效这观点排除在外。彼得强调地警告我们,不要以为他用"洗礼"这个词表达的意思,仅仅是用水洗,或在身体方面领受圣礼。

翻译新约圣经的人,在把圣经翻译成各国方言时坚持使用本于希腊文的"施洗"、"洗礼"这词,这是一种明智之举。没有其他词能带出这两个希腊文单词传递的全部意义。所有其他说法,不是削弱了受上帝默示作者的意思,就是向读者的思想传递一种错误观念。只举一个例子,还有什么能把我们眼前所看这节经文按如下翻译,而使它变得更单薄和更令人不满的呢?"我所受的洒水或点水,你们能受吗?"在这一点上,英国和海外圣经公会坚定的立场,应当让所有抗罗宗教会心存感谢。他们坚持在他们所有版本的圣经中使用本于希腊文的"施洗"、"洗礼"这些词,就是作了有智慧的决定。

第十章

六 盲人巴底买得医治

可10：46—52

46. 到了耶利哥，耶稣同门徒并许多人出耶利哥的时候，有一个讨饭的瞎子，是底买的儿子巴底买，坐在路旁。
47. 他听见是拿撒勒的耶稣，就喊着说："大卫的子孙耶稣啊，可怜我吧！"
48. 有许多人责备他，不许他作声。他却越发大声喊着说："大卫的子孙哪，可怜我吧！"
49. 耶稣就站住，说："叫过他来。"他们就叫那瞎子，对他说："放心，起来，他叫你啦！"
50. 瞎子就丢下衣服，跳起来，走到耶稣那里。
51. 耶稣说："要我为你做什么？"瞎子说："拉波尼（就是"夫子"），我要能看见。"
52. 耶稣说："你去吧！你的信救了你了。"瞎子立刻看见了，就在路上跟随耶稣。

* * *

我们在这段经文中看到我们主所行的一件神迹。让我们在读这叙述的时候，看到属灵之事生动的象征。我们并不是在研究，像凯撒大帝或亚历山大的丰功伟绩那样的一段历史，与我们个人没有什么关系的历史。我们眼前看到的画面，应当引发每一个基督徒内心深深的关注。

首先，我们在此看到**一个信心刚强的榜样**。我们得知耶稣出耶利哥城的时候，一个叫巴底买的瞎子"坐在路旁。他听见是拿撒勒的耶稣，就喊着说：'大卫的子孙耶稣啊，可怜我吧！'"

巴底买在身体上瞎眼，但他的心眼却没有瞎。他心智的眼睛大开，看到亚拿和该亚法还有众多饱学的文士和法利赛人压根就看不到的事。他看到我们的主，被众人戏称为拿撒勒人耶稣的那一位，那位在偏僻的加利利村庄生活了三十年的耶稣。这一位耶稣正是大卫的子孙，先知很久以前就已经预言要来的弥赛亚。我们主所行的大能神迹，他一件也未见过，他没有机会看到死人因一句话就复活，长大麻风的人因被耶稣摸一下就得痊愈。所有这些特权，都已经被他的瞎眼完全剥夺。但他听过人所传的我们主的大能作为，而且听到就信了。他仅仅听说就满足了，知道被人传讲行了如此奇妙之事的那一位，必然就是上帝应许的救主，必然就能医治他。所以当我们的主靠近时，他大声地喊着说："大卫的子孙耶稣啊，可怜我吧！"

让我们努力祷告，祈求我们可以有同样宝贵的信心。像巴底买一样，上帝并没有让我们用肉眼看见耶稣，但我们听到福音传讲他有大能、有恩典和愿意施行拯救。我们有他亲口所说，为鼓励我们记载在圣经上的极大应许。让我们明确地相信这些应许，把自己的灵魂毫不犹豫地交在基督手中。让我们不要惧怕，把我们一切信心都建立在他自己的恩言上，相信他承担要为罪人做的必要成就。一切使人得救的信心的起头，岂不就是人放胆相信基督吗？得救信心主导的生命一旦开始，岂不就是继续依靠那位看不见的救主的话语吗？一位基督徒所走的第一步，岂不就是像巴底买一样呼求"耶稣啊，可怜我吧"？一位基督徒每天所行的道路，岂不就是继续保持这同样信心的精神吗？"我们虽然没有见过他，却是爱他。如今虽不得看见，却因信他就有说不出来、满有荣光的大喜乐。"（彼前1：8）

第十章

第二，我们在这部分经文中看到**面对困难坚忍的榜样**。我们得知巴底买开始呼求"耶稣啊，可怜我吧"，他身边的人并没有给他任何鼓励，相反，"有许多人责备他，不许他作声"。但他不容自己被人拦阻。如果其他人不晓得瞎眼的苦，他却是知道的。如果其他人认为，为了得解救花如此大力气不值得，他无论如何却比他们知道得更多。他并不在乎那些感受不到他痛苦的旁观者的责备，他不顾这切切恳求可能招来的讥笑。"他却越发大声喊着说"。他如此大声喊叫，以至于最后随心所愿，得以看见。

让所有希望得救的人，都好好留意巴底买的这作为，努力跟随他的脚踪行。我们寻求灵魂得医治的时候，必须像他一样，毫不在乎其他人对我们怎么想、怎么说。从来不会没有人对我们说，这"太早"或"太迟"，我们走得"太快"或"太远"，我们不需要如此恒切地祷告，如此多多地读圣经，或者对得救如此地渴望。我们绝不可听从这种人说的话。我们必须像巴底买那样越发大声喊着说："耶稣啊，可怜我吧！"

人在寻求基督时为何如此三心二意？为什么他们如此快地就受到威慑、被压制、灰心，不能靠近上帝？答案很简单，他们没有充分感受到自己的罪，没有完全确信自己内心的灾病，以及他们自己灵魂的疾病。一旦让一个人按照真相看到自己的罪责，他就绝不会止息，直到他已经在基督里找到赦罪和平安。那些和巴底买一样，真正知道自己可悲光景的人，就是那些像巴底买一样坚持不懈，最终要得医治的人。

最后，我们从这段经文看到**一个榜样，表明对基督的感恩应当对我们的灵魂产生约束**。巴底买并没有一重见光明就立刻回家。他并不愿意离开使他得以领受如此大恩惠的那一位。他马上就把医治赋予他的新能力，完全用在成全这医治的那位大卫子孙的身上。他的经历以这触动人的话作为结束，他"就在路上跟随耶稣"。

让我们从这简单的一句话里看到一个活生生的象征，表明基督的恩典对每一个尝到这恩典滋味的人应当带来的影响。这恩典应当使他成为一个在今生跟从耶稣，被他的大能吸引走在圣洁路上的人。他白白地得到赦免，就当白白地把自己献上，心甘情愿地服侍基督。他被基督的血这如此高昂代价买赎，就当把自己真心彻底地献给救赎了他的那一位。真正感受到的恩典，要使一个人每天都感受到这一点："为了报答主一切的恩惠，我当把什么献给主？"恩典就是这样在使徒保罗身上动工——他说："基督的爱激励我们。"（林后5：14）恩典也要在今天所有真基督徒身上如此动工。那夸口说自己在基督里有分，以至于得救，却不在生命中跟从基督的人，是一个可怜自欺的人，是正在败坏自己的灵魂。"凡被上帝的灵引导的"，也只有这样的人，"都是上帝的儿子"（罗8：14）。

我们的眼睛是否已经被上帝的灵打开？我们是否已经受教，按照真正的光景来看待罪、基督、圣洁和天堂？我们能否说，有一件事我知道，从前我是眼瞎的，如今能看见了？如果是，我们就必通过我们的经历，认识我们一直在看的这些事。如果不是，我们就仍走在那通向灭亡的大路上，还没有学会任何功课。

第 十 一 章

一 基督在众人面前进入耶路撒冷,自甘贫穷

可11:1—11

1. 耶稣和门徒将近耶路撒冷,到了伯法其和伯大尼,在橄榄山那里,耶稣就打发两个门徒,
2. 对他们说:"你们往对面村子里去,一进去的时候,必看见一匹驴驹拴在那里,是从来没有人骑过的,可以解开牵来。
3. 若有人对你们说:'为什么做这事?'你们就说:'主要用它。'那人必立时让你们牵来。"
4. 他们去了,便看见一匹驴驹拴在门外街道上,就把它解开。
5. 在那里站着的人,有几个说:"你们解驴驹做什么?"
6. 门徒照着耶稣所说的回答,那些人就任凭他们牵去了。
7. 他们把驴驹牵到耶稣那里,把自己的衣服搭在上面,耶稣就骑上。
8. 有许多人把衣服铺在路上,也有人把田间的树枝砍下来,铺在路上。
9. 前行后随的人都喊着说:"和散那(原有求救的意思,在此乃是称颂的话)!奉主名来的是应当称颂的!
10. 那将要来的我祖大卫之国是应当称颂的!高高在上,和散那!"
11. 耶稣进了耶路撒冷,入了圣殿,周围看了各样物件。天色已晚,就和十二个门徒出城,往伯大尼去了。

这段经文描写的事件，是我们主在地上工作期间一个特别的例外。通常来说，我们看到耶稣退下，脱离众人的注目，常常在加利利偏僻的地方度过时光。他在旷野中停留，这并不罕见，而且就这样应验了那预言："他不争竞，不喧嚷，街上也没有人听见他的声音。"在这里，只有在这里，我们的主似乎放弃了独处的习惯，主动选择让众人关注他自己。他刻意率领门徒在众人面前进入耶路撒冷。他自愿骑着驴进入圣城，被极多高声呼喊和散那的众人环绕，就像大卫王凯旋回到王宫一样（撒下19：40）。并且这一切是发生在众多犹太人从各地来，聚集到耶路撒冷守逾越节的时候。我们大可以相信，圣城充满了我们主来到的消息。很有可能在那一天晚上，耶路撒冷城里没有一家人不知道那位从拿撒勒来的先知已经进城，人人都在讨论此事。

　　我们来看我们主历史的这部分时，总要记住这些事。新约圣经四次讲述他进入耶路撒冷，这并非无缘无故。很明显，耶稣地上生活的这场景，是基督徒当特别关注察看的。让我们带着这种精神学习，看看我们可以从这里得到什么实际教训，造就我们自己的灵魂。

　　让我们首先观察，**我们的主何等刻意让他一生中这最后的作为显在众人面前**。他来耶路撒冷为的是要死，他渴望全耶路撒冷都知道此事。他讲论圣灵深奥的事，经常只对他的使徒说。他讲述他的比喻，通常只对众多贫穷无知的加利利人讲。他行神迹，通常是在迦百农，或者是在西布伦和拿弗他利地行。但是他要死的时候来到，他就在众人面前进入耶路撒冷。他吸引长官、祭司、长老、文士、希腊人和罗马人来关注他自己。他知道这世上从来没有发生过的最奇妙的事,马上就要发生。从亘古就是上帝儿子的这一位,即将要代替有罪的人受苦,为罪献上那伟大的祭物,这位伟大的逾越节羔羊将要被杀,为世人的罪献上那伟大的赎罪祭。他因此命定把他的死特别彰显在众人面前。他以如此方式反胜过一切事,让全耶路撒冷所有人的眼睛注视在他身上。他死的时候是在许多见证人面前死。

让我们在此看到关于基督之死另一个无法言说的重要证据。让我们把他的恩言珍藏起来,让我们努力跟随他圣洁生活的脚踪行,让我们看重他的代求,让我们渴望他再来。但是让我们绝不忘记,对耶稣基督一切认识当中最重要的事实,就是他在十字架上的死。我们一切的盼望源于这死,没有这死,我们脚下就没有任何稳固的根基。愿我们活着的时候,每年越来越看重这死;在我们对基督的一切思念中,让我们最为之欢喜不过的就是他为我们死这伟大的事实!

第二,让我们在这段经文中留意,**我们主在地上时主动甘受贫穷**。在这特别时刻,他是怎样进入耶路撒冷?他是否像这世上的君王,乘着一辆王的战车,由骏马、士兵、身边随从簇拥进城?我们看到的绝非如此。我们看到的是,他为了进城借了一匹驴驹,因为没有鞍,就坐在门徒铺的衣服上。这完全符合他侍奉的一切模式,他从未拥有这世界上任何财富,他渡过加利利海时,是乘着一艘借回来的小船。当他乘着坐骑进入圣城,他是骑着一匹借回来的驴驹。当他下葬时,他是葬在借来的坟墓里。

我们从这简单的事实看到一个实例，表明软弱①和能力、富足和贫穷、神性和人性奇妙的联合。我们在配得称颂的主的经历当中，可以如此频繁回顾到这样的联合。凡认真阅读四福音书的人，有谁会看不到，能用几块饼给几千人吃饱的那一位，他自己有时还要挨饿；能医治病人和软弱之人的那一位，他自己有时疲倦；能用一句话就把鬼赶出去的那一位，他自己曾受试探；能让人从死里复活的那一位，他自己要服在死亡之下？

我们在眼前这段经文中看到这同样的事。我们看到，我们的主大有能力，征服大群人的意志，让他们迎接他得胜进入耶路撒冷。我们看到我们主贫穷，他借来一匹驴驹，在得胜进城时骑着。这一切实在奇妙，但也是合乎情理。我们绝不可忘记我们主身上有神性和人性的联合。如果我们只看到他出于上帝的作为，可能就会忘记了他是一个人；我们如果只看到他有受穷和软弱的时候，可能就会忘记他是上帝。但是上帝要我们看到，在耶稣里上帝的力量和人的软弱联合于一身。我们不能解释这奥秘，但我们可以想到这点就得安慰："这是我们的救主，这是我们的基督，他能同情，因他是人；但他也有大能施行拯救，因他是上帝。"

---

① 我是经过深思熟虑后才在这段中使用"软弱"一词。对此有圣经经文支持，"他因软弱被钉在十字架上"（林后13：4）。虽然如此，我却希望人能清楚地明白，我是彻底否认基督人性有任何道德方面软弱的观点。我所指的唯一软弱，是一种无罪的软弱，是与血肉身体不可分地联系在一起的，堕落之前的亚当也不免这种软弱。我相信我们的主至为完全地取了所有这样的软弱。

我们的主骑着一匹驴而不是一匹马，这是否谦卑的标志，对此人们意见纷纭。一些人专注这事实，就是在东方国家中，驴是一种甚至连君王也会乘骑的动物，他们指向《士师记》5：10，"骑白驴的……你们都当传扬。"其他人认为我们主选择一匹驴，这是刻意象征他卑微的人性，格哈德（Gerhard）在他的圣经注释中指出德尔图良说过一句话，就是外邦人讥笑基督徒为"驴党"，因为他们相信那位乘着一匹驴的基督，甚至毁谤他们敬拜驴的头！

最后，让我们来看这简单的事实，就是我们的主骑在一匹借来的驴驹上。这是另一个证据，证明**贫穷本身并不是罪**。导致我们身边贫穷如此泛滥的一样原因，毫无疑问和罪有关。酗酒、奢华、挥霍，不诚实、懒惰，这一切在世上生出如此多贫穷，在上帝眼中都是错的。但生来是一个穷人，没有从父母继承任何产业，为了吃饱要亲手做工，没有自己的土地，这一切根本不是罪。诚实的穷人，在上帝眼中正如最富有的君王一样充满尊荣。主耶稣基督自己贫穷，金银他都没有，常常没有枕头的地方。虽然他本来富足，却为我们成了贫穷。像他一样落在这光景中，这本身不可能是错。让我们在上帝已经呼召我们进入的那生命光景中尽本分，如果他认为，让我们继续贫穷是恰当的，就让我们不要以贫穷为耻。罪人的救主既看顾别人，也关心我们。罪人的救主知道什么是贫穷的滋味。

二　基督的人性，无花果树受咒诅，洁净圣殿

可11：12—21

12. 第二天，他们从伯大尼出来，耶稣饿了。
13. 远远地看见一棵无花果树，树上有叶子，就往那里去，或者在树上可以找着什么。到了树下，竟找不着什么，不过有叶子，因为不是收无花果的时候。
14. 耶稣就对树说："从今以后，永没有人吃你的果子。"他的门徒也听见了。
15. 他们来到耶路撒冷。耶稣进入圣殿，赶出殿里做买卖的人，推倒兑换银钱之人的桌子和卖鸽子之人的凳子，
16. 也不许人拿着器具从殿里经过。
17. 便教训他们说："经上不是记着说'我的殿必称为万国祷告的殿'吗？你们倒使它成为贼窝了。"
18. 祭司长和文士听见这话，就想法子要

除灭耶稣,却又怕他,因为众人都希奇他的教训。

19. 每天晚上,耶稣出城去。
20. 早晨,他们从那里经过,看见无花果树连根都枯干了。
21. 彼得想起耶稣的话来,就对他说:"拉比,请看!你所咒诅的无花果树已经枯干了。"

* * *

我们在这段经文开始的地方看到**诸多证据的其中一个,证明我们的主耶稣基督是真正的人**。我们看到他"饿了",他有人性和身体的构成,在凡事上与我们自己一样,只是他没有犯罪。他会哭泣、欢喜并经受痛苦;他会疲倦,需要休息;他会口渴,需要喝水;他会饿,需要食物。

像这样的说法,应当教导我们认识基督的屈尊俯就。当我们思想这些时,它们显得何等奇妙!是永恒上帝的那一位,造世界和其中万有的那一位,地上的出产、海里的鱼、空中的飞鸟、田野的走兽都出于他手的那一位,他,就是他,为了拯救罪人来到世上时甘愿忍受饥饿。这是一个极大的奥秘。像这样的慈爱,是过于人所能知道的。难怪保罗说基督有"测不透的丰富"(弗3:8)。

像这样的说法应当教导我们,基督有能力与在地上相信他的人感同身受。他凭着经历知道他们的忧愁。他能被他们软弱的感受触动。他曾经历有一个身体的滋味,知道身体每天的需要。他曾经让自己经受人的身体所要承受的剧烈痛苦。他曾经尝过痛苦、软弱、疲倦、饥渴的滋味。我们在祷告中把这些事情对他诉说时,他知道我们的意思,对于我们的患难并不感到陌生。肯定的是,这样的救主和朋友，正是可怜、痛苦、叹息的人所需要的！

第二，我们从这部分经文看到，**在信仰方面不结果子与形式主义的危害极大**。这是我们的主通过一个引人关注的典型行动，教导我们的一个功课。我们得知他来到一棵无花果树前，寻找果子，"找不着什么"，就对这棵无花果树发出庄严的审判："从今以后，永没有人吃你的果子。"我们得知第二天这棵无花果树"连根都枯干了"。我们不能丝毫怀疑这整个事件象征着属灵之事。这是用行动发出的比喻，正如我们主用话语说的任何比喻一样充满深意。①

---

① 有两个难点与这枯干无花果树的故事有关。一些人对此非常关注，所以值得我们留意。

1．一些人认为这故事难解，就是我们的主竟然会对一棵无花果树发出任何咒诅。他们说，看来这是无谓地摧毁无辜、没有过犯的受造物，没有遵循《申命记》20：19的精神。

这些反对的人似乎忘记了，无花果树干枯，这不像穆罕默德和其他假先知谎称所行的神迹那样，仅仅是一种空洞的能力彰显。这是一件大有能力、充满预表意义的作为，教导人极深的属灵功课。这些功课如此重要，以至于完全有理由要通过摧毁一样由神创造、没有理智的生物来加以传递。记住这一点，我们就不再有理由提出反对，就如我们没有理由反对人在摩西律法之下每天献上一头羔羊那样。那献祭每天夺去一个无辜、没有过犯的受造物的生命。但是天天在人眼前呈现的为罪献上一样祭物的重大目的，使得取去羔羊生命这做法变得很有道理。同样，我们可以为我们主夺去这棵树生命的做法做辩护。

2.对一些人来说这是一个难题，因为马可福音的叙述包含有这句话："因为不是收无花果的时候。"他们想要知道，收无花果的时候还没有到，我们的主为什么要到那棵树跟前找果子？

对此难题的回答有许多，当中最简单的看来就是如下："作为普遍原则，收无花果的时候还没有到，但我们的主看见一棵长满叶子的无花果树，和其他无花果树不同；他有权认为可以在上面找到一些无花果，所以来到它面前。"这种观点的可取之处可不算小，因为它举了一个准确的实例，表明我们主在地上时犹太教会的光景。收无花果的时候还没有到，就是说地上的万民全部仍在黑暗中，不结果子荣耀上帝。但是在万民当中，有一民族长满叶子，那就是犹太人的教会，满得光照、知识、特权和伟大的认信。我们的主看到这棵树长满叶子，来到它这里找果子，就是他到犹太人这里来，有理由期望他们按照他们外在的认信结果子。但是当我们的主来到这棵长满叶子的犹太人无花果树跟前，他发现这树完全没有果子、没有信心、不信。结局就是他对它发出判决，把它交给罗马人摧毁，把犹太人分散全地。

但这棵枯干的无花果树要对哪些人说话？这是一篇有三重应用的讲道，应当大声对所有认信基督徒的良心说话。这棵无花果树虽然萎缩枯干，但仍然说话。它发出声音，是对**犹太教会**（Jewish Church）说的。就在无花果树枯干这件事发生的时候，这教会形式主义的信仰长满叶子，但在圣灵一切果子方面却不结果，落在可怕的危险当中。犹太人的教会当时要是有眼能看到它的危险就好了！这棵无花果树还发出声音，是对历世历代，这世上每一处**基督有形教会**的所有分支说话。当中包含一个警告，警告空洞认信基督教信仰，却没有伴随纯正教义和圣洁生活的分支。对于这一点，这些分支要是曾记在心上就好了。但最要紧的，这棵枯干的无花果树发出声音，是对所有**属肉体、假冒伪善、虚情假意的基督徒**说的。对于所有满足于徒有其名地活着而实际上已死亡的人来说，要是他们能以这部分经文为镜而看到自己的面目就好了。

让我们确保每一个人都学到这棵无花果树要传递的功课。让我们总要记住，洗礼、教会成员身份、领受主餐、勤奋参与基督教信仰生活的外在形式，这些并不足以拯救我们的灵魂。这些是叶子，不过是叶子，我们若不结果子，就要加重我们的定罪。它们就像亚当夏娃用来编织衣服的无花果树叶，并不能在察看万有的上帝眼中掩盖我们赤裸的灵魂，不能让我们在最后那日有勇气站立在他面前。不！我们必须结出果子，否则就要永远沉沦了。我们心中必须结果子，我们的生活必须结果子，向神悔改的果子，相信我们主耶稣基督，行事为人有真圣洁的果子。没有这样的果子，认信基督教信仰只会使我们在地狱中陷得更深。

最后我们从这部分经文学到，**我们应当何等敬畏地使用那些分**

别为圣供集体敬拜的地方。我们的主耶稣基督进入圣殿,用他的作为,以震撼的方式教导我们这真理。我们得知,他"赶出殿里做买卖的人,推倒兑换银钱之人的桌子和卖鸽子之人的凳子"。我们得知他是根据圣经采取这行动,他说:"经上不是记着说'我的殿必称为万国祷告的殿'吗?你们倒使它成为贼窝了。"

我们无须怀疑,我们主这次采取的行动极富深意。这一整件事和咒诅那棵无花果树一样,非常明显具有预表意义。我们虽这么说,却绝不可不让自己看到这段经文表面上一个简单和明显的教训。这教训就是,使用分别为圣供集体敬拜上帝的建筑物时,随便和不虔敬的态度行为就是罪。我们主洁净的圣殿,与其说是献祭的殿,倒不如说是"祷告的殿"。他的行动清楚地表明,人对每一处祷告的殿应当怀有怎样的感情。一个基督徒敬拜的地方,无疑不像犹太人的帐幕或圣殿那样神圣。它的陈设没有预表的含义,不是按照从神而来的模式建造,为的是反映出天上事情的样式。但我们不能因此得出结论,因为情况如此,基督徒敬拜的地方,就可以像一处私人住宅、商店或客店一样,不带着敬畏使用。人肯定要对基督和他百姓经常聚集和献上集体祷告的地方心怀一种恰当的敬畏——人若把这种敬畏说成是迷信,与教皇专制混为一谈,就是愚昧和不智。人对传讲基督和人的灵魂得重生的一切地方,肯定应当怀有一种庄严神圣的感觉。这种感受并不取决于人任何为这地方举行奉献礼的做法。对于这种感觉,人不应抑制,而应加以鼓励。无论如何,主耶稣在这部分经文中的心意看来非常清楚。他关注人在敬拜地方的表现,在他眼中,一切不敬或亵渎都是犯罪。

我们无论何时去到上帝殿中,都让我们记住这些经文,谨记我们是带着严肃态度去的，不要献愚昧人的祭。让我们想起我们是在哪里，我们正在做什么，我们要办什么样的事，我们是在谁面前。让我们警惕，不要把一种仅仅是形式上的敬拜献给上帝，与此同时我们内心却充满世界的事。让我们把我们生意和金钱的事留在家，不把它们与我们一同带到教会。让我们警惕，不要容我们的心在聚会当中思考任何买卖的活动。主依然活着，那一位把做买卖的从圣殿里赶出去的主依然活着，他看到这样的举动会极其不悦。

三 信心的重要，饶恕精神的必要性

可11：22—26

22. 耶稣回答说："你们当信服上帝。
23. 我实在告诉你们：无论何人对这座山说：'你挪开此地，投在海里！'他若心里不疑惑，只信他所说的必成，就必给他成了。
24. 所以我告诉你们：凡你们祷告祈求的，无论是什么，只要信是得着的，就必得着。
25. 你们站着祷告的时候，若想起有人得罪你们，就当饶恕他，好叫你们在天上的父，也饶恕你们的过犯。
26. 你们若不饶恕人，你们在天上的父，也不饶恕你们的过犯（有古卷无此节）。"

* * *

让我们从我们主耶稣基督这番话认识到，**信心极其重要**。

我们的主首先通过一句格言式的说法教导这功课。信心能使人完成工作，克服困难，虽然困难重大且看似难以完成，就像把山

"挪开此地，投在海里"。①然后主用一种普遍的劝勉，让我们祷告时发挥信心，以此进一步向我们强调这教训。"凡你们祷告祈求的，无论是什么，只要信是得着的，就必得着。"当然我们必须用合理的限制来领受这应许。这应许假定一个相信的人祈求的不是犯罪的事，而是符合上帝的旨意。当他求这些事的时候，他能充满信心地相信他的祷告要蒙应允。使用圣徒雅各的话说："只要凭着信心求，一点不疑惑。"（雅1∶6）

这里举荐的信心，必须与对称义来说至关重要的信心区别开来。原则上所有真信心无疑都是同一样信心，信心总是信靠或相信。但是就信心的对象和作为而言却有不同方面，这对我们理解这问题会有帮助。使人称义的信心，是人内心的作为，借此人抓住基督，与上帝相和。它特别的对象就是耶稣在十字架上为罪献上的赎罪祭。我们现在看到这段经文讲的信心，是一种更具普遍意义的美德，是使人称义之信心的果子和同伴，但我们仍不能把这两样混淆。这是一种普遍的信心，相信上帝的大能、智慧和对相信他的人的善意。此等信心特别的对象是上帝在基督里的应许、话语和品格。

---

① 很清楚的是，我们必须按比喻的意思来理解像这"移山"的应许。看来这是一种谚语，保罗也是把它当作谚语使用（林后13∶11）。而且我们解释这应许时，必须加上慎重和合理的限制。我们无权期望不管我们头脑里想到什么，为此向上帝求，不祈求的是他的荣耀、我们的成圣，或者都不是，而上帝都会立刻为我们成就。我们没有得到保证，可以自以为是地认定，在每一样困苦患难中，只要我们一把这作为祷告的题目，上帝就要马上行一件神迹，救我们脱离忧虑。我们祷告的事，必须与我们自己所蒙的呼召，以及上帝通过护理把我们置于其中的位置特别相关。作为以色列十二支派首领的摩西，在迦密山上的以利亚，在腓立比监狱中的保罗，可以有信心期望上帝应允祷告，行神迹干预，而这种应允方式，是我们今天的个人不可期望得着的。最要紧的是，我们绝不可命令上帝按我们要求的时间和方式为我们"移山"。

相信上帝有能力并且愿意帮助每一个相信基督的人，相信上帝已经讲过的每一句话都是真理——这是我们信仰生活成功和兴旺的极大秘诀。实际上这正是使人得救的基督教信仰的根基。"到上帝面前来的人必须信有上帝，且信他赏赐那寻求他的人"。要认识信心在上帝眼中完全的价值，我们就应当经常学习《希伯来书》11章。

我们是否渴慕在恩典中，在对我们主耶稣基督的知识上有长进？我们是否希望在我们的信仰上有进步，成为刚强的基督徒，不只是在属灵的事上做婴孩？那么让我们天天祷告求上帝赐更多信心，用最忌邪的警醒守望我们的信心。这是我们信仰的房角石，在这方面一个缺陷或弱点，就要影响我们里面的人全部的光景。我们的信心程度如何，相应地，我们的平安、盼望、喜乐、服侍基督的决心、认信的勇敢、工作时的力量、经受试炼时的忍耐、遭遇患难时的交托、祷告时感受安慰的程度就如何。一切，这一切都取决于我们信心的大小。那些知道如何把自己全部重担不断交托在一位立约之上帝身上，行事为人凭信心、不凭眼见的人是有福的。"信靠的人必不着急"（赛28：16）。

让我们从这部分经文学到另一件事，就是**饶恕他人的精神绝对必不可少**。基督在此用一种令人震惊的方式教导我们这个功课。我们主刚刚说过信心重要，这和饶恕伤害这题目并无直接联系，但联系的环节就是祷告。基督在一开始告诉我们，信心对于我们祷告成功来说至关重要，然后加上这句，不是发自一颗饶恕之心的祷告，不能蒙上帝垂听。"你们站着祷告的时候，若想起有人得罪你们，就当饶恕他，好叫你们在天上的父，也饶恕你们的过犯。"

我们都能明白，我们祷告的价值大大取决于我们献上祷告时的心态。但我们对眼前所看到这要点的关注，远不及应当的程度。我们的祷告不仅必须热切、火热、真诚、奉基督的名，除此以外还必须包含更多成分，就是必须发自饶恕人的内心。我们不愿向我们的弟兄施怜悯，就没有权利求怜悯；我们对同胞怀有恶意，就不能真正感受到我们求上帝赦免之罪的罪性；我们希望上帝做我们天上的父，就必须对我们地上的邻舍有一颗弟兄般的心。如果我们不能承受和忍耐，就绝不可自我恭维，以为我们得着了上帝儿子的心。

这是一个查验人心的话题。在基督徒当中，恶意、苦毒和结党纷争的精神大得可怕，难怪如此多的祷告，看来是被上帝扔在一边，不蒙垂听。这话题应当深受各种基督徒的重视。并不是所有人来到上帝面前时都有同样的知识和语言的恩赐，但所有人都能赦免他们的同胞。这题目是我们的主耶稣基督费煞苦心，要给我们思想留下深刻的印象。他已在主祷文的祷告模本中赋予它一个显赫地位。我们从小就熟悉这句话："免我们的债，如同我们免了人的债。"许多人要是思想这句话的含义就好了！

让我们结束对这段经文默想之前严肃自省。我们知道什么是饶恕的心吗？我们能饶恕这罪恶世界不时给我们带来的伤害吗？我们能越过人对我们的得罪，赦免他们的过犯吗？如果不能，我们的基督教信仰在哪里？如果不能，我们灵魂并不兴盛，这又有什么好奇怪的呢？让我们下决心在这问题上改变我们的道路。让我们靠着上帝的恩典，下定决心饶恕人，正如我们盼望得到上帝饶恕一样。这是我们能以基督耶稣的心为心的最佳捷径，这是最适合亚当可怜的有罪子孙的品格。上帝对罪白白的赦免，是我们在这世上能得到的最大特权。上帝白白的赦免,是我们在将来世界得永生的唯一保证。那么就让我们在这地上仅有的年间做一个饶恕人的人吧。①

四 祭司长和文士灵里瞎眼,
　心怀偏见不信的人思想不诚实

可11：27—33

27. 他们又来到耶路撒冷。耶稣在殿里行走的时候,祭司长和文士并长老进前来,
28. 问他说:"你仗着什么权柄做这些事?给你这权柄的是谁呢?"
29. 耶稣对他们说:"我要问你们一句话,你们回答我,我就告诉你们,我仗着什么权柄做这些事。
30. 约翰的洗礼是从天上来的,是从人间来的呢?你们可以回答我。"
31. 他们彼此商议说:"我们若说'从天上来',他必说:'这样,你们为什么不信他呢?'
32. 若说'从人间来',却又怕百姓,因为众人真以约翰为先知。"
33. 于是回答耶稣说:"我们不知道。"耶稣说:"我也不告诉你们,我仗着什么权柄做这些事。"

---

① 我们不可忽视这一段中"你们站着祷告的时候"这句话。这是圣经采用的一种修辞方法。这应当教导所有的基督徒,在关于信仰外在之事方面,特别是关于信徒祷告应当采用的精确方式、手势、姿势方面,不要像对待教条一般立定细致的守则。如果一个人完全确信,他站着而不是跪着,能与上帝有更密切相交,更自由和不受干扰地倾心吐意,我就不敢对他说他是错的。这里向我们强调的重点,就是用心祷告绝不可少。沃尔特·雷利爵士(Sir Walter Raleigh)临终时在断头台上对处决他的刽子手说的话,是用完美的实例说明了对这问题正确的观点:"朋友,如果一个人的心在上帝眼中看为正,他的头颅落在何处,就并不要紧。"

让我们在这段经文中看到，**教会领袖的心可能是多么黑暗，其灵眼可能是多么盲目**。我们看到"祭司长和文士并长老"到我们的主耶稣这里来，对他做工的方式提出刁难反对。

我们知道这些人是犹太教会认可的教师和官长，犹太人把他们看作是信仰知识的源头。他们大部分人被按立担任职务，可以按照从亚伦开始的血统，追溯他们服侍的班次。然而我们发现正是这些人，在本应教导其他人的时候，却对真理充满偏见，做弥赛亚的死敌！①

圣经记载这些事，为的是让基督徒看到，他们必须警惕，不要太过依靠接受按立的人。他们绝不可过高看待牧师，把他们看作是教皇，或把他们看成是无谬的人。不管是主教制、长老制或独立教会，都没有一个机制可以让人无误。主教、神甫、执事，充其量只不过是血肉之体，就像犹太人的大祭司和长老一样，在教义和实践方面会犯错。他们的作为和教导，必须总要接受上帝话语的试验。只有他们跟从圣经，人才可跟从他们，并且绝不可超过跟从圣经的程度。灵魂的大祭司和监督只有一位，他不会犯错，那一位就是主耶稣基督。唯独在他里面没有软弱、没有失败，没有软弱的影儿。让我们学会更全然依靠他，让我们"不要称呼地上的人为父"（太

---

① 以下摘自杰拉尔德圣经注释中的话值得一读：

"教会不可对那些轮流继位的教师百依百顺，因为他们经常犯错，偏离真理的道路。在这样的情形里，教会绝不可跟从他们的错误，而应接受上帝话语表明的真理。这样的情形比如亚伦铸金牛犊，祭司乌利亚在亚哈斯王的时候建造新的祭坛，在耶利米的时候巴示户珥和其他的祭司——这些人都为至严重地犯了错。就在这段经文中，坐在摩西位上的祭司拒绝了弥赛亚，攻击他的权柄。但如果在旧约圣经中，按照上帝设立的祭司制度继承亚伦的人可能会犯错，确实也时不时犯错，罗马的教皇们就更可能犯错。他们不能根据上帝的话语证明，教皇的职位是由基督在新约圣经中设立的。"

23：9）。我们这样做就必不羞愧。

第二，让我们观察，**忌妒和不信如何让人诋毁那些为上帝做工之人的使命**。这些祭司长和长老不能否认我们主怜悯人的神迹是真实的，他们不能说他的教导违背圣经，或他的生活充满罪恶。那么他们怎么办？他们就攻击他要博得人的关注，并要求他表明权柄何来——"你仗着什么权柄做这些事？给你这权柄的是谁呢？"①

毫无疑问，无论如何，作为一种普遍原则，所有承担教导他人任务的人，都要按规矩受指派来担任这工作。保罗自己宣告，我们主在担任祭司职分方面就是这样——"这尊荣，没有人自取，惟要蒙上帝所召，像亚伦一样。"（来5：4）即使到了现在，在献祭的祭司这职分不复存在的今天，英国国教第二十三条信纲的话仍然充满智慧且符合圣经："人未先合法地被选召和派遣，而擅自在会中讲道或施行圣礼，乃是不合法的。"但是，维持一种在神圣事情上服侍的外在呼召的合法性是一回事，断言这是一件必须的事，而且没有它，上帝的工作就不能成就，这又完全是另一回事。这就是犹太人在我们主地上工作期间明显犯错的一点，而且许多人仍不幸地

---

① 布伦提乌对祭司长和法利赛人不讲理这件事的评论甚是明智，他们不愿保护圣殿免遭做买卖之人的蚕食，也不容许其他人为他们这样做。他们不愿行使上帝赋予他们手中合法的权柄，也不容许我们主为他们行使这权柄。他让我们看到，他们的举动与希腊和罗马教会的举动相似，也与一个自己不纠正儿女、也不喜欢任何人为他纠正的愚昧家主相似。他最后说道："让我们学习，人人都当尽自己本分，否则就是把自己的位置拱手让与他人。让我们不要像牛槽里的狗，自己不吃草，也不容许牛来吃草。"基督教会的历史有太多牛槽里的狗！牧师和教师如此经常可耻地忽略他们会众的灵魂，却挑任何尝试行善之人的错，高傲地要求对方表明权柄！

那位罗马天主教作者昆斯内尔对这问题的反思很了不起："这些发现自己被真理征服的人，通常努力要拒绝权柄。那些以为自己可以为所欲为的人，动辄要求其他人讲明他们行动的理由。"

在这一点上追随他们的错误,直到今天。

让我们警惕这种狭隘的精神,在这世界末后的日子尤其要警惕。毫无疑问,我们绝不可低估在教会中的次序安排和纪律惩戒。这就好像在一支军队里一样具有极大价值。但我们绝不可认为,上帝非要使用受按立的人不可。我们绝不可忘记,人可能有圣灵内在的呼召,却没有任何从人而来外在的呼召。正如人可能有从人而来的外在呼召,却没有任何圣灵内在的呼召。最重要的第一个问题就是:"这人是帮助基督,还是反对他?他教导什么?他如何生活?他在行善吗?"如果这样的问题可以得到令人满意的回答,就让我们感谢上帝,心满意足。我们必须记住,一位医生如果不能治病,虽然他有极高的学位和证书,也是无用;一位士兵如果不愿在打仗的日子面对敌人,无论他装束如何齐整,训练如何有素,也是无用。最好的医生是能治病的人,最好的战士是能战斗的人。

最后让我们观察,**对真理心怀偏见,这会让不信的人变得何等的心不诚实和躲闪回避**。祭司长和长老不敢回答我们主关于约翰洗礼的问题。因为他们怕百姓,就不敢说这是"从人间来的"。他们不敢承认这是"从天上来的",因为他们知道我们的主会说:"这样,你们为什么不信他呢?他是清楚给我作见证的。"那么他们做了什么?他们说了一个直接的谎言。他们说:"我们不知道。"

一个可悲的事实就是,像这样的不诚实,在未归正的人当中远非罕见。成千上万的人用不诚实的回答,逃避诉诸他们良心的问题。当他们被迫要反省内心,就会说出一些他们知道是不正确的话。他们爱世界和他们自己的道路,就像我们主的仇敌一样,下定决心不放弃这些,但也和他们一样,以说出真相为耻。所以他们使用虚假借口，回应要他们悔改和做决定的劝告。一个人假装说他"不能明白"福音的教义，另一个人信誓旦旦地说，他确实"尝试"要服侍上帝，但没有进展。第三个人宣告说，他有服侍基督的各样心愿，但"没有时间"。这一切常常不过就是可悲的回避。通则就是，这些就像祭司长的回答"我们不知道"一样毫无价值。

  一个清楚的事实就是，我们应当非常谨慎，不要轻信还没有归正之人说的不服侍基督的理由。我们相当肯定，当他说"我不能"的时候，他内心真正的意思是"我不愿意"。在信仰的事情上有诚实的心，这是一种极大的祝福。一旦人愿意按照他所得到的光照而生活，按照他所知道的行事，很快他就要认识基督的教训，从这世界分别出来（约7：17）。成千上万的人沉沦，原因很简单，就是他们不诚实对待自己内心。他们谎称有难处，把这些当作他们不服侍基督的理由，而实际上他们"不爱光，倒爱黑暗"，没有要改变的诚实愿望（约3：19）。

第十一章

第 十 二 章

一 邪恶园户的比喻

可12：1—12

1. 耶稣就用比喻对他们说："有人栽了一个葡萄园，周围圈上篱笆，挖了一个压酒池，盖了一座楼，租给园户，就往外国去了。
2. 到了时候，打发一个仆人到园户那里，要从园户收葡萄园的果子。
3. 园户拿住他，打了他，叫他空手回去。
4. 再打发一个仆人到他们那里。他们打伤他的头，并且凌辱他。
5. 又打发一个仆人去，他们就杀了他。后又打发好些仆人去，有被他们打的，有被他们杀的。
6. 园主还有一位，是他的爱子，末后又打发他去，意思说：'他们必尊敬我的儿子。'
7. 不料，那些园户彼此说：'这是承受产业的，来吧！我们杀他，产业就归我们了。'
8. 于是拿住他，杀了他，把他丢在园外。
9. 这样，葡萄园的主人要怎么办呢？他要来除灭那些园户，将葡萄园转给别人。
10. 经上写着说：'匠人所弃的石头，已做了房角的头块石头。
11. 这是主所做的，在我们眼中看为希奇。'这经你们没有念过吗？"
12. 他们看出这比喻是指着他们说的，就想要捉拿他，只是惧怕百姓，于是离开他走了。

* * *

我们面前这部分经文包含着一个关于历史的比喻。从以色列人出埃及，一直到耶路撒冷被毁这一阶段的犹太民族历史，在此像一面镜子呈现在我们面前。主耶稣使用葡萄园和园户的比喻，讲了上帝在一千五百年间对待他百姓的故事。让我们专注学习，把这应用在我们自己身上。

首先让我们观察，**上帝对犹太教会和犹太民族特别的慈爱**。他赋予他们特权，待他们如同人待一片他分别出来、围上篱笆、修造成"一个葡萄园"的土地。他向他们颁布良善的律法和典章，把他们栽种在一片好土上，又在他们面前赶出七国。他弃绝更强大的民，却向他们显出眷顾。他并不理会埃及、亚述、希腊、罗马，而是向在巴勒斯坦居住的这区区几百万人厚厚浇灌下怜悯。耶和华的葡萄园是以色列家，天底下没有一家像亚伯拉罕家一样，领受如此多优越和显著的特权。

我们这些生活在大不列颠的人，能说我们没有从上帝领受特别的怜悯吗？我们不能这样说。我们为什么不像中国一样，是一个异教国家？我们为什么不像印度一样，是一个拜偶像之地？我们把这一切归因于上帝特别倾注的眷顾。在地上万民当中，英格兰成为现在的样子，不是因我们自己的良善和价值，而是出于上帝白白的恩典。让我们为着我们领受的恩惠感恩，认识这一切都出自上帝之手。让我们不要有高言大志，而要谦卑，免得我们惹动上帝的怒气，把我们所得的怜悯挪开。如果以色列过去享有特别的民族特权,英格兰今天也是如此。让英国人好好注意这一点,免得发生在以色列身上的事,也会发生在他们身上。

第二,让我们观察**上帝的忍耐,上帝对犹太民族的忍耐**。记载在旧约圣经当中犹太民族的整部历史,岂不就是他们反复惹动上帝怒气和上帝反复赦免他们的长篇历史?一次又一次我们看到上帝派遣先知到他们那里去,传递警告,但这一切全是枉然。一位接一位仆人来到以色列的葡萄园中,要收果子。一位接一位仆人被犹太人的园户打发,"空手回去"。这民族没有结出果子荣耀上帝。"他们却嘻笑上帝的使者,藐视他的言语,讥诮他的先知"(代下36:16)。几百年过去,"以致耶和华的愤(忿)怒向他的百姓发作,无法可救"。从来没有一群人像以色列那样,上帝对他们如此忍耐。

我们这些居住在大不列颠的人,岂不也应当感谢上帝的忍耐吗?毫无疑问我们有极大理由说,我们的主充满忍耐,他没有按我们的罪过待我们,也没有照我们的罪孽报应我们。我们经常惹动他的愤怒,使得他把我们的灯台挪开,待我们就如他过去对待推罗、巴比伦和罗马一样。但他的忍耐和慈爱依然长存。让我们小心,不要自以为是,不要过分认定他会继续善待我们。让我们从他的怜悯中听到他要我们结出果子的大声呼吁。让我们努力,在那唯一能使邦国高举的公义中多而又多(箴14:34)。让这国中每一个家庭都感受到它对上帝的责任,然后整个民族就要向他发出赞美。

第三,让我们观察,**犹太民族历史上表现出来的人性的刚硬和邪恶**。

很难想象有什么比以色列对待上帝使者的方式,更突出地证明了这事实。我们主在这个比喻中概述了以色列的这段历史。一位接一位先知奉差遣去到他们那里，却是枉然。上帝在他们当中行了一件又一件神迹，却没有任何持久的果效。上帝的儿子自己，上帝的爱子，最终下来到他们那里去，人却不相信他。上帝亲自在肉身中显现，住在他们当中。他们却"拿住他，杀了他"。

没有哪一个事实，是比人心"邪恶到极处"这一点更少被人认识并相信。让我们面前这比喻总是成为这事实中一个长久见证。让我们从中看到，男男女女虽有信仰特权，虽有预言和神迹，虽有上帝儿子亲自的同在，却能做出什么事来。"原来体贴肉体的，就是与上帝为仇。"（罗8：7）人类只有一次曾经在地上面对面见过上帝，就是在耶稣成为人并住在地上的时候。他们看到他圣洁、与人无伤、不受玷污、周游行善，然而他们却不愿接受他，却要悖逆他并最终杀了他。让我们从思想里打消那种念头，就是认为在我们心中有任何内在的良善或天生的正直。让我们除掉那种通常的观念，就是看到和知道何为善就足以让人成为基督徒。在犹太民族历史上人已经做了极大试验。我们也可能像以色列人一样，在我们中间有神迹、先知和基督亲自在肉身中同在，然而就像以色列一样，有这一切却是枉然。除了上帝的灵，没有什么能改变人心。我们"必须重生"（约3：7）。

最后让我们观察，**人的良心可能被刺透，却继续不思悔改**。我们的主对犹太人讲出这严肃历史比喻时，这些犹太人清楚地看到这是对他们自己说的。他们认识到他们和他们的祖先就是上帝把这葡萄园租给的园户，他们本应向上帝交出果子。他们感受到他们和他们的祖先就是邪恶的工人，拒绝把葡萄园园主当得的分给他，反而"凌辱"他的仆人，"有被他们打的，有被他们杀的"。最要紧的是，

第十二章

他们感受到他们自己正在计划行出这邪恶的最后高潮之作——就是这比喻所描写的。他们打算要杀害这位爱子,"把他丢在园外"。对于这一切,他们都一清二楚。"他们看出这比喻是指着他们说的",然而他们却不愿悔改。虽然被他们自己的良心定为有罪,他们却在罪中变得刚硬。

让我们从这可怕的事实学到,单单有知识和确信,这并不能拯救任何人的灵魂。我们很有可能知道自己错了,不能加以否认,却顽固紧紧抓住我们的罪不放,在地狱里可悲地沉沦。我们都需要的那一件事,就是改变人心和意志。让我们为此恳切祈求,除非得到这一点,就绝不止息。没有这一点,我们必永远不能成为真正的基督徒,安抵天堂;没有这一点,我们可能像犹太人一样,心里知道我们错了,却又像犹太人一样,坚持走我们自己的路,死在我们的罪中。

二 纳税,凯撒与上帝各自对人的要求

可12:13—17

13. 后来,他们打发几个法利赛人和几个希律党的人到耶稣那里,要就着他的话陷害他。
14. 他们来了,就对他说:"夫子,我们知道你是诚实的,什么人你都不徇情面,因为你不看人的外貌,乃是诚诚实实传上帝的道。纳税给凯撒可以不可以?
15. 我们该纳不该纳?"耶稣知道他们的假意,就对他们说:"你们为什么试探我?拿一个银钱来给我看!"
16. 他们就拿了来。耶稣说:"这像和这号是谁的?"他们说:"是凯撒的。"
17. 耶稣说:"凯撒的物当归给凯撒,上帝的物当归给上帝。"他们就很希奇他。

＊　＊　＊

让我们从这一段开始的地方观察到，**不同信仰观念的人，可以如何团结起来反对基督**。我们看到"法利赛人和希律党人"一起"到耶稣那里，要就着他的话陷害他"，要用一个难题使他措手不及。法利赛人是迷信的形式主义者，除了信仰外在的礼仪就什么也不在乎。希律党人是属这世界的人，藐视一切信仰，更在乎的是如何讨人喜悦，而不是讨上帝喜悦。然而有一位大能的教师在他们当中出现，攻击他们都有辖制他们的邪情私欲，而且他既不放过形式主义者，也不放过爱世界的人。此时，我们就看见他们形成同盟，团结起来努力要堵住耶稣的口。

从世界开始，情况就一直如此，我们可以看到同样的事在今天继续发生，爱世界的人和形式主义者彼此之间没有真正的同情，他们并不喜欢彼此的原则，而且藐视彼此的道路。但有一件事，是他们两者都更不喜欢的，那就是耶稣基督纯全的福音。因此，每当有机会反对福音，我们必然总会看见爱世界的人和形式主义者联合起来一同行事。我们绝不可预料要从他们那里得到怜悯，他们不会显出任何怜悯。我们绝不可认定他们会分裂，他们总会联合起来组成联盟，敌挡基督。

让我们从这段经文观察到另一件事，就是**人向我们主提出的问题极端狡猾**。他的敌人问他："纳税给凯撒可以不可以？我们该纳不该纳？"这问题一眼看起来，要回答就几乎不可能不招来危险。如果我们的主回答"可以"，法利赛人就会在祭司面前控告他，说

第十二章

他把犹太民族看作是落在罗马辖制之下。如果我们的主回答"不可以",希律党人就会在彼拉多面前控告他,说他是一个煽动背叛罗马统治的人。这陷阱确实是精心策划好的。肯定的是,我们可以在当中看到一只比人更强大的狡猾之手,那古蛇魔鬼就在当中。

我们要记住,所有那些曾经让基督徒迷惑不解的问题,没有一个比法利赛人和希律党人在这里提出的这一类问题更巧妙和让人疑惑。①什么是当归给凯撒的,什么是当归给上帝的,教会的权利止于何处,国家的权利始于哪里,什么是合法的民事权利,什么是合法的信仰权利。所有这一切都是难解的结,极深的难题。基督徒经常发现,要解开这结是难的,要解决这难题几乎是不可能的。让我们祷告祈求上帝救我们脱离这一切。当魔鬼成功地把教会带进与民事当局展开法律诉讼与碰撞的光景,基督的事业就没有像这样如此遭受损失的。在这样的碰撞中,宝贵的时间浪费了,精力用在错误地方,牧师被吸引离开他们本应做的工作,会众的灵魂受苦。一家教会的胜利,经常证明只不过是在程度上比失败好一点。"主啊,在我们这时候赐下平安",这是一个含义广泛的祷告,一个应当经常由基督徒嘴里发出的祷告。

最后,让我们观察**我们主在回答敌人时表现出来的奇妙智慧**。

他们奉承他的话并不能骗过他,他"知道他们的假意"。他那双察看一切的眼睛觉察到,在他面前这些人就"好像银渣包的瓦器"(箴 26∶23)。他并不像他许多的百姓一样,会被奉承的言语

---

① "没有什么比牧师纠缠于民事权利纷争或在君王和臣民之间立定地界,更能让牧师陷于网罗之中。这事本身是需要人去做的,但是让牧师去做却根本不合适。"——马太·亨利

和委婉的言辞骗过。

他用仇敌的做法回答他们狡猾的问题。他对他们说："拿一个银钱来给我看！"这是他们自己习惯使用的普通银钱。他问他们，印在这银钱上的"这像和这号是谁的"，他们不得不回答"是凯撒的"。他们自己也在使用罗马政府发行流通的罗马钱币。凭着他们自己承认的，他们在某方面落在罗马权柄之下，否则这罗马的钱币就不会在他们当中流通。立刻我们的主就用这句让人难以忘怀的话堵住了他们的口："凯撒的物当归给凯撒，上帝的物当归给上帝。"他命令他们，在现世的事情上向罗马政府纳税，因为他们使用罗马的金钱，这就让他们有如此行的义务。然而他命令他们在属灵的事上顺服上帝，不要以为对地上君王和天上的君王当尽的本分不能彼此协调。简而言之，他命令骄傲的法利赛人不要拒绝把凯撒的物归给凯撒，命令属世的希律党人不要拒绝把上帝的物归给上帝。

让我们从这了不起的决定当中学到这重大原则，就是真正的基督教信仰从来不是为要禁止一个人顺服民事当局。相反，一个人的基督教信仰应当使他成为一个安静、忠心和信实的臣民。他应当看这些权柄是"上帝所命的"，而且只要有法可依，就顺服他们的统治，尽管他可能并不完全认同。如果这地上的法律和上帝的律法冲突，毫无疑问他当走的路是清楚的，他必须顺从上帝而不是顺从人。他就应当像那三个少年人一样，虽然服侍一位异教的君王，却绝不可向一位偶像下拜。他就应当像但以理一样，虽然顺服一个暴政的政府，却绝不可为了讨统治当局喜悦而

第十二章

停止祷告。①

让我们常常祷告，求上帝更多赐下那在我们配得称颂的主身上如此丰富的智慧的灵。因着对民事政府和上帝之间关系的病态和扭曲的观点，已经有许多恶事从基督的教会里兴起。因为对民事政府和上帝要求人顺服的相对关系没有正确判断，已经造成许多破口和分裂。若能记住我们主在这段经文中的决定，正确理解，并在自己所处的时代实际应用，这人就有福了。

三 撒都该人，复活的教义

可12：18—27

18. 撒都该人常说没有复活的事。他们来问耶稣说：

19. "夫子，摩西为我们写着说：'人若死了，撒下妻子，没有孩子，他兄弟当娶他的妻，为哥哥生子立后。'

20. 有弟兄七人，第一个娶了妻，死了，没有留下孩子。

21. 第二个娶了她，也死了，没有留下孩子。第三个也是这样。

22. 那七个人都没有留下孩子，末了，那妇人也死了。

23. 当复活的时候，她是哪一个的妻子呢？因为他们七个人都娶过她。"

24. 耶稣说："你们所以错了，岂不是因为不明白圣经，不晓得上帝的大能吗？

---

① 西贝柳斯（Sibelius）引用奥古斯丁诗篇注释的一段话值得一读，它用例子说明了我们眼前这个话题。"尤利安是一位不相信上帝的皇帝，一个背道者、恶人、拜偶像的人。然而基督徒在这不信上帝的皇帝手下当兵服役。就基督的事业而言，他们除那在天上的元帅以外，不承认任何元帅。皇帝要他们拜偶像，向偶像烧香的时候，他们选择在他面前尊荣上帝。但是当他说'拔剑准备开战，进军攻打那国'，他们就遵从他的命令。他们在他们永远的主和他们现世的主之间做一个分别，为着他们永远的主的缘故，顺服他们现世的主。"

25. 人从死里复活，也不娶也不嫁，乃像天上的使者一样。
26. 论到死人复活，你们没有念过摩西的书荆棘篇上所载的吗？上帝对摩西说：'我是亚伯拉罕的上帝，以撒的上帝，雅各的上帝。'
27. 上帝不是死人的上帝；乃是活人的上帝。你们是大错了。"

* * *

这段经文叙述了我们主耶稣基督和撒都该人之间的一场对话。我们知道这些人的信仰比不信好不了多少。他们说"没有复活的事"。和法利赛人一样，他们也想用难题纠缠我们的主，令他迷惑不解。基督的教会绝不可期望要比它的主过得更好。一方面是形式主义，另外一方面是不信，这是我们必须常预备好要迎接向我们发动进攻的仇敌。

我们从这段经文看到，**在不信者的论证中，可以发现何等多不公正的地方。**

撒都该人提出的这问题，使这一点暴露无遗。他们向耶稣讲述了这样一个妇人，她连续与七个兄弟结婚，因前六个兄弟按年龄顺序相继去世，而且她没有儿女。他们问，"当复活的时候"，她是这七个人当中"哪一个的妻子"？我们大可以推测，这里所举的例子是一个假设，而非实例。单从表面看，这就是极不可能的事。在现实当中这例子不可能发生，但这对撒都该人来说都算不得什么。他们关注的一切，就是提出一个难题，指望借此堵住我们主的口。对于复活的教义，他们并没有勇气加以直面否认。他们选择作为他们论证立场的，就是这教义可能带来的后果。如果我们不幸在任何时候要与不信的人论证，记住这当中三件事就好了。

第十二章

一件事就是，要记住不信的人总是尝试用信仰的难题和抽象的事物攻击我们，特别是那些与将来世界有关的问题。我们必须尽可能避免这种论证模式。这就好像离开空旷的战场，在丛林里争战。我们必须尽力把讨论转向基督教信仰重大清楚的事实和证据。

另一件事，就是让我们记住，我们必须警惕防备论证中不公平、不诚实的地方。这样说似乎苛刻，没有爱心，但经验证明这是必须的。成千上万自称是不信的人在晚年的时候承认，他们从未研究过他们宣称否认不信的圣经，虽然他们饱读许多不信之人和怀疑论者的著作，却从未冷静审视过基督教信仰的根基。

最要紧的就是让我们记住，每一个不信的人都有一个良心。我们总是可以带着信心诉诸这一点。反对声最响和最藐视信仰的人，常常在他们还高谈阔论的时候，就意识到他们是错的。他们冷嘲热讽的论证本身，经常最终证明并没有被推翻。

第二，我们从这段经文学到，**何等多信仰方面的错误可以追溯回到对圣经的无知**。我们的主回答撒都该人的第一句话清楚地宣告了这一点，他说："你们所以错了，岂不是因为不明白圣经吗？"

在教会历史上几乎每一个世代发生的事，都可以证明这里立下的原则是真实的。在约西亚时候的改革，是与发现律法书密切联系在一起的。在我们主的时候，犹太人的虚假教训是忽视圣经的结果。基督教界黑暗的时代是人被禁止读圣经的时代。抗罗宗宗教改革主要是由翻译和传播圣经实现的。在这个时候最兴旺的教会，是尊荣圣经的教会。道德水平最高的国家，是其公民最明白圣经的国家。在我们这国家，真信仰最多的教区是最多人研读圣经的教区。最敬虔的家庭是读圣经的家庭，最圣洁的男男女女，是读圣经的人。这些是不容否认的简单事实。

让这些事情深深地扎根在我们心里,在我们生活中结出果子。让我们不要对圣经无知,免得落入一些致命错误当中。反倒让我们勤奋读圣经,以它作为我们信仰和实践的准则,让我们努力向全世界传播圣经。人对这本书知道得越多,这世界就要变得更好。最后但绝非最不重要的,就是让我们教导我们的孩子重视圣经。我们能留给他们的最好产业,就是对圣经的认识。

最后我们从这段经文学到,**复活之后的光景和我们现在生活的光景多么不同**。我们的主告诉我们:"人从死里复活,也不娶也不嫁,乃像天上的使者一样。"

人要是对与来生教义相关的许多难题视而不见,这就是愚昧。难题必然是有的,超越坟墓的那世界是肉眼看不到的世界,因此不为我们所知。彼岸生命的状况,对我们来说必然是隐藏的。如果圣经要讲更多关于那世界的事,我们很有可能不能明白。让我们知道圣徒的身体必然复活,虽然得荣耀,却与在地上的身体相似,这就够了。这相似要叫那些曾经认识他们的人再次认出他们。然而,虽然复活的圣徒带着真实的身体复活,他们却将会完全摆脱今生的软弱和疾病。在基督徒将来的生命当中,必然没有任何好像伊斯兰教讲的那种粗俗和放纵肉体的乐园。饥渴不再有了,人不再需要食物;疲劳倦乏不再有了,人不再需要睡眠;死亡不再有了,不再需要有人出生取代那些被接走的人。男男女女享受与上帝和他的基督完全的同在,再也无须为互相帮助而需要的婚姻的连合。他们将"像天上的使者一样"——能够毫无困倦地服侍上帝并专心地侍奉他;完全行出他的旨意且不断地看见他的荣面;披戴一个荣耀的身体。

对真正的基督徒来说,这一切当中都有安慰。他在现在的身体中,常常因着天天感受到软弱和不完全而"叹息劳苦"(林后5∶4)。现在他因着今生许多忧虑而受试炼,忧虑要吃什么,喝什么,穿什么,如何管理他的事务,在哪里居住,选择哪种朋友。在将来的世界上,这一切都要改变,没有任何缺乏,他的幸福得以完全。

只有一件事,我们必须小心记在心上。让我们确保复活是"复活得生",而不是"复活定罪"(约5∶29)。对于相信主耶稣的人来说,复活将是最大的祝福;而对于属世界、不相信上帝、亵渎的人而言,复活意味着悲惨和咒诅。让我们绝不止息,直到我们与基督合一并且基督在我们里面为止。然后我们就可以带着喜乐盼望那将要临到的生命。①

---

① 我们主用来堵住撒都该人的口并证明复活是圣经教义的这节经文,已经让许多读圣经的人感到惊奇。一些人感到奇怪,我们的主竟然会选择这节经文,他本可以列举其他更清楚得多的经文。一些人不能看到这节经文有任何威力和说服力可以证明身体复活。

与其他经文相比,这节经文是否特别合适作证据,我们的判断可能会非常糟糕。我们也大可以认为,圣经里一些经文完全的含义,是我们匆忙、肤浅地读经时还没有领会的。无论如何,很清楚的就是,对于听到我们主这样说话的一个犹太人而言,这论证极其有力,无法辩驳。这里引用的经文,以及《约翰福音》10∶34那节著名的经文,有力地向我们表明,犹太人读圣经的深度,在现代我们的许多人是根本无法看到的。这是一个我们仍需多多学习的地方。

至于这节经文,"我是亚伯拉罕的上帝……"是证明身体复活的有力证据,皮尔逊主教(Bishop Pearson)的一段话值得一读。他说我们主引用的这节经文,"论证的威力让众人震惊,撒都该人闭口无言。因为按上帝之名,人认识到他是一位伟大的恩主,一位应许的上帝,做'他们的上帝',就是祝福他们,赏赐他们。对他们而言,做'他的仆人'、'他的百姓',就是相信他,顺服他。因为亚伯拉罕、以撒和雅各还没有领受到他们期望的应许,所以在他们死后,上帝仍愿意被称作是'他们的神'。因此上帝就承认,他仍有一种祝福,一种赏赐为他们存留。这必然的结论就是,他要使他们复活,得外一种生命,在那生命中他们可以领受这应许。所以我们救主的这论证,与犹太人从摩西五经另一处(出6∶3、4)引用的论证是一样的:'我从前向亚伯拉罕、以撒、雅各显现为全能的上帝,至于我名耶和华,他们未曾知道。我与他们坚定所立的约,要把他们寄居的迦南地赐给他们。'这经文没有说'要把子孙赐给他们',而是说'要把迦南地赐给他们',因为他们在这地生活的时候,并没有得着这地,他们必然要复活,让他们可以领受这应许。"

四　文士，最大的诫命

可12∶28—34

28. 有一个文士来，听见他们辩论，晓得耶稣回答得好，就问他说："诫命中哪是第一要紧的呢？"
29. 耶稣回答说："第一要紧的，就是说：'以色列啊，你要听，主我们上帝，是独一的主。
30. 你要尽心、尽性、尽意、尽力爱主你的上帝。'
31. 其次就是说：'要爱人如己。'再没有比这两条诫命更大的了。"
32. 那文士对耶稣说："夫子说，上帝是一位，实在不错。除了他以外，再没有别的上帝。
33. 并且尽心、尽智、尽力爱他，又爱人如己，就比一切燔祭和各样祭祀好得多。"
34. 耶稣见他回答得有智慧，就对他说："你离上帝的国不远了。"从此以后，没有人敢再问他什么。

* * *

　　这一段经文包含了我们主耶稣基督和"一个文士"之间的对话。我们看到一天三次，我们的主受难题试验。他已经堵住了法利赛人和撒都该人的口，此时人又要他在一个问题上作判断。对于这问题，犹太人意见纷纭："诫命中哪是第一呢？"人向我们主提出如此多难题，为此我们有理由感谢主。没有这些难题，他的三次回答所包含的奇妙智慧言语就很有可能不会说出口。在这里，就像在其他许多情形中一样，我们看到上帝如何能让坏事变成好事。他能让敌人最恶毒的攻击反过来效力，使他的教会得益处，反过来又给他自己带来赞美。他能让法利赛人、撒都该人和文士的敌意，成为对他百姓的教训。在这一章中，这三种提问的人都没有料到，他们狡猾的问题会给整个基督教界带来何等大的益处。"吃的从吃者出来。"（士14：14）

我们从这段经文中观察，**我们的主耶稣基督为人向上帝向人当尽的本分立下何等高的标准**。

这位文士提出的问题非常广泛——"诫命中哪是第一呢？"他得到的答案很有可能与他的期望很不一样。无论如何，如果他以为我们主要表扬他遵守一些外在形式或礼仪，他就错了。他听到这庄严的话："'你要尽心、尽性、尽意、尽力爱主你的上帝。'其次就是说：'要爱人如己。'"

我们主对我们当对上帝、对邻舍怀有**感情**的描写是何等的令人震惊！我们不仅仅要顺服上帝，或不伤害其他人。在两种情形里，我们的付出都要比这多得多。我们要付出爱——这最强烈和最全面的感情。像这样的原则包括万事，它让所有琐碎的细节变得无关紧要。哪里有爱，哪里就没有故意的亏欠。

我们主对我们应当爱上帝和爱人**标准**的描写同样何等的令人震惊！我们要用我们里面人全部的力量爱上帝，胜过爱我们自己。我们不可能爱他爱得过分。我们要爱人如己，在各方面希望人怎样待我们，我们就怎样待他。这种特别的奇妙智慧是显而易见的。我们可能会在爱别人这件事上轻易犯错——不是太过轻视，就是太过重视。所以我们需要这标准，就是爱他们如同爱我们自己，爱得不多也不少。但在爱上帝这方面，我们不可能因爱得过多而犯错。他配得我们能奉献给他的一切，所以我们要尽心爱他。

让我们把这两条伟大标准不断地放在心中，在我们的生命旅途中天天运用。让我们看到，它们概括了我们对上帝对人实际做法的一切追求目标。让我们靠着它们努力分辨那可能在是非问题上纠缠我们良心的难关。努力按照这些原则规范自己生活的人有福了。

对责任之标准的简短解释，应当教导我们：按本性我们是何等的需要主耶稣基督的赎罪和中保之工。哪里会有男男女女能诚实地说，他们已经完全爱上帝和完全爱人？按照像这样的定律接受考验的时候，这世上哪里有人必然能提出"无罪"抗辩？难怪圣经说："没有义人，连一个也没有。""凡有血气的，没有一个因行律法能在上帝面前称义。"（罗 3：10、20）只有对上帝律法的要求全然无知，才会使人低估福音的价值。对道德律看得最清楚的人，总是那些对基督赎罪宝血功效有最大感受的人。

让我们从这段经文中观察到另一件事，**一个人可能在信仰中非常进深，却还没有成为基督的真门徒。**

我们现在看的这段经文中的这位文士，显然拥有比他同辈更多的知识。他看到了许多文士和法利赛人根本看不到的事，他自己的话强有力地证明了这一点。"上帝是一位，实在不错。除了他以外，再没有别的上帝。并且尽心、尽智、尽力爱他，又爱人如己，就比一切燔祭和各样祭祀好得多。"这番话本身非常了不起，当我们想起说这话的人是谁，以及他在当中生活的那一代人的时候，这就更显得了不起，难怪我们接着看到我们的主说："你离上帝的国不远了。"

第十二章

但我们绝不可闭眼不看这事实,就是圣经从来没有告诉我们,这个人成了我们主的一位门徒。圣经在这一点上有令人难过的沉默。《马太福音》对应的经文,对此没有发出更多一点光照,新约圣经其他部分对他的事什么也没有讲。我们不由得总结出一个痛苦的结论,就像那位有钱的少年人一样,他不能立定心志,放弃一切跟从基督;或者就像圣经别的地方提到的那些官长一样,他是"爱人的荣耀过于爱上帝的荣耀"(约12:43)。简而言之,虽然他"离上帝的国不远了",却很有可能从未进入这国,而是死在外面。

不幸的是,和这位文士类似的情形远非罕见。有成千上万的人,在方方面面都像他,对于信仰的真谛看得很多,知道得很多,却至终都未决定相信。有很少的事情是像这样如此被人忽略的,就是人可能在信仰的成就方面达到极深的地步,却从未归正、从未得救。愿我们所有人都留意这人的情况,并引以为戒!

让我们小心,不要把我们得救的盼望建立在仅仅理智的认识上。我们这时代的人会有这样做的极大危险。教育让孩童知道许多信仰的事情,是他们的父母从前完全不认识的。但仅仅有教育,却绝不能造就一位上帝眼中的基督徒。我们必须不仅要用我们的头脑知道福音的主要教义,还要把这些教义领受进入我们心中,在我们生命当中接受它们的引导。让我们绝不安息,直到进入到神的国里面;直到我们真正悔改,真正相信,并且已经在基督耶稣里成为新造的人。让我们绝不满足于"离上帝的国不远了",否则我们必最终发现,我们是永远被关在这国之外。

五 诗篇中的基督，警告假冒为善，寡妇的小钱

可12：35—44

35. 耶稣在殿里教训人，就问他们说："文士怎么说基督是大卫的子孙呢？
36. 大卫被圣灵感动，说：'主对我主说，你坐在我的右边，等我使你仇敌作你的脚凳。'
37. 大卫既自己称他为主，他怎么又是大卫的子孙呢？"众人都喜欢听他。
38. 耶稣在教训之间，说："你们要防备文士，他们好穿长衣游行，喜爱人在街市上问他们的安；
39. 又喜爱会堂里的高位，筵席上的首座。
40. 他们侵吞寡妇的家产，假意作很长的祷告。这些人要受更重的刑罚。"
41. 耶稣对银库坐着，看众人怎样投钱入库。有好些财主往里投了若干的钱。
42. 有一个穷寡妇来，往里投了两个小钱，就是一个大钱。
43. 耶稣叫门徒来，说："我实在告诉你们：这穷寡妇投入库里的，比众人所投的更多。
44. 因为他们都是自己有余，拿出来投在里头；但这寡妇是自己不足，把她一切养生的都投上了。"

* * *

我们在本章前半部分看到，我们主的仇敌如何努力"要就着他的话陷害他"。我们已经看到，法利赛人、撒都该人和文士交替向他提出难题。对于这些问题，我们不难看到，它们很有可能会生出纷争，而不是造就人。我们面前这部分经文，是以一个性质非常不一样的问题作为开始的。我们的主亲自提出这问题，他问他的敌人关于基督和圣经含义的问题，这样的问题总是真正有益处的。如果神学讨论更少谈论琐碎的事，更多讨论重大问题，就是对得救来说

必不可少的问题，教会就有福了。

让我们从这部分经文首先看到，**旧约圣经有何等多地方讲到基督**。我们的主渴望要揭露犹太教师对弥赛亚实质的无知。他指出诗篇中一段经文，让人看到文士并没有正确理解这处经文。这样做的时候，他就让我们看到一个主题，大卫受圣灵默示论述的就是基督。

我们从我们主在另外一处亲口说的话得知，旧约圣经为基督"作见证"（约5：39）。旧约中的预表、比喻和预言是为教导人关于基督的事，直到他亲自在地上显现。我们读旧约圣经时总要记住这一点，读《诗篇》时尤其要这样。毫无疑问，基督出现在律法书和先知书的每一部分，但没有哪部分像《诗篇》一样，包含那么多有关基督的经文。《诗篇》是上帝默示话语中的重要部分。他第一次到世上来时的经历和受苦；他再来时的荣耀以及他最终的得胜——这些都是《诗篇》的主题。有句话说得好：我们读《诗篇》的时候，要像大卫一样多多地寻找基督在当中的踪迹。

让我们小心，不要低估或轻视旧约圣经。旧约圣经按照它的地位和分量而言，与新约圣经同样宝贵。在圣经的那部分，很有可能还有许多含义丰富的经文，是尚未被人完全探索的；当中有许多关于耶稣深奥的事，很多人就像走过隐藏的金矿，不知道脚下的宝藏。让我们敬畏整部圣经，因为圣经都是上帝所默示的，都是于人有益处的。圣经的一部分光照另外部分，没有哪一部分可以被人忽略，却不给我们灵魂带来损失和伤害的。藐视旧约圣经，常常已经证明是通向不信的第一步。

第二，让我们从这部分经文学到，**在基督眼中，假冒为善是何**

等可憎的罪。这是我们主警告文士时教导我们的教训。他揭露了他们一些臭名昭著的做法——他们炫耀的穿着方式；他们爱人的而不是上帝的尊荣和称赞；他们以关心寡妇为幌子而贪爱金钱；他们在众人面前祷告时拖得长长的，为让人以为他们全然敬虔。他以这严肃的宣告总结了这一部分："这些人要受更重的刑罚。"

在人能落入的一切罪中，没有一样看起来像虚假的认信和假冒为善那样罪大恶极。无论如何，没有哪些罪像它们那样，从我们主口中招致如此强烈的措辞，如此严厉的谴责。被公然的罪掳掠，服侍各样的情欲和作乐，这已经够糟糕；但假装有一种信仰，实际上却服侍世界，这就更糟。让我们警惕不要落入这可憎的罪。我们在信仰中无论做什么，都绝不要披上一层伪装。让我们做真实、诚实、彻底、真诚相信基督教信仰的人。我们不能欺骗一位察看万有的上帝。我们可能用一点点的花言巧语和认信，一些行话，一种假装的敬虔，就欺骗一个可怜短视的人，但上帝是不可轻慢的。他能分辨人心的思想和筹算，他察看万有的眼睛，穿透那掩盖不纯正内心的涂抹、粉饰和花俏。审判的日子很快就要临到地上，"不敬虔人的喜乐不过转眼之间"（伯20：5）。他的结局将是羞辱的，永远遭受藐视。

然而我们绝不可忘记一件与假冒为善这主题相关的事。让我们不要高兴过早，因为一些人对信仰作出虚假认信，而其他人在同样方面根本无须作出任何认信。这是一种常见的欺骗，是我们必须谨慎防备的。一些人认信他们其实并不相信、也没有体会到的，基督教信仰因而遭人藐视。但这并不意味着我们要走向另一个极端，因着胆怯和沉默而把我们的信仰挡在众人视线之外，因此也让基督教信仰受人藐视。让我们反而加倍小心，用我们的生命显明我们的教义，用我们表里如一的生活证明我们的真诚。让我们向世界表明，既有假币，也有真币；有形教会既有法利赛人和文士，也有那能见证出美好认信的基督徒。让我们谨慎谦卑，但也坚定明确地承认我们的主，并且向世人表明，虽然一些人可能假冒为善，但其他人却是诚实无伪的。

　　最后让我们从这些经文学到，**在奉献方面舍己的慷慨是何等讨基督喜悦**。我们的主表彰一位穷寡妇，用令人震惊的方式教导我们这功课。我们得知，他"看众人怎样投钱"，把自愿为服侍上帝做的奉献投入公开收集奉献的箱子或"库"里。最后他看到这位穷寡妇把她用来养生的一切都投进去了。然后我们听到他发出这严肃的话："这穷寡妇投入库里的，比众人所投的更多。"他不仅看奉献的数量，还看奉献者的能力；不仅看奉献的数量，还看奉献之人的动机和内心。

　　很少有像我们主在这里说的话如此被人忽略。成千上万的人记得他一切教义方面的讲论，却想方设法要忘记他在地上工作期间发生的这件小事。这一点的证据在于，基督的教会每年为在这世界上行善所做的吝啬稀少的奉献。这证据在于，所有宣教差会接受的奉献，与教会的财富相比少得可怜。这证据可以体现在每年一长串自以为满足，承诺奉献一丁点金钱的人的名单上。在这些人当中，许多人能轻易奉献成百上千英镑。在所有与上帝和信仰有关的事情上，认信基督徒的吝啬是今日最明显的罪之一，这罪发出的声音已经传至上帝耳中；这罪也是末世最不祥的兆头之一。为基督的事业奉献的人，只不过是有形教会的一小部分。在受洗的人当中，可能二十个人里也没有一个对"在上帝面前富足"（路12：21）有任何认识。绝大多数人把大量金钱用在自己身上，却连一丁点小钱都不愿意向基督奉献。

让我们为这种光景感到哀伤，向神祷告求改变。让我们祈求他开人的眼睛，唤醒人的内心，激发起一种慷慨的精神。最要紧的是，让我们每一个人尽自己本分，只要我们还有能力，就慷慨并乐意地对每一种基督教事业作出奉献。我们死以后就不能奉献了。让我们奉献，记住基督正看着我们，他仍然准确看着每一个奉献的人，完全知道人把多少留下。最要紧的是，让我们作为一位被钉十字架救主的门徒来奉献，他已经在十字架上为我们献出他自己，献出他的身体和灵魂。我们白白地得来，就让我们白白地奉献。①

---

① 根据阿里亚斯·孟他努（Arias Montanus）和布伦提乌的说法，"她一切养生的"这说法，很有可能是指"她全天的收入"，而不是她全部的财产。我认为这是很可能的。

与此相关，我们需要指出，再荒唐不过的就是正如一些人说的那样，他们是为一件事奉献"他们的一个小钱"，而实际上他们很有可能是奉献极少的数目，是不心疼的，与这位寡妇慷慨的程度丝毫不能相提并论。一个人把每天收入的一半奉献出去，才是奉献"他的小钱"，凡不及此的都不能如此说。

第 十 三 章

一 橄榄山预言的开始部分

可13：1—8

1. 耶稣从殿里出来的时候，有一个门徒对他说："夫子，请看，这是何等的石头，何等的殿宇！"
2. 耶稣对他说："你看见这大殿宇吗？将来在这里没有一块石头留在石头上，不被拆毁了。"
3. 耶稣在橄榄山上对圣殿而坐，彼得、雅各、约翰和安得烈暗暗地问他说：
4. "请告诉我们，什么时候有这些事呢？这一切事将成的时候，有什么预兆呢？"
5. 耶稣说："你们要谨慎，免得有人迷惑你们。
6. 将来有好些人冒我的名来，说：'我是基督'，并且要迷惑许多人。
7. 你们听见打仗和打仗的风声不要惊慌。这些事是必须有的，只是末期还没有到。
8. 民要攻打民，国要攻打国，多处必有地震、饥荒，这都是灾难（原文作"生产之难"）的起头。

* * *

我们现在开始看的这一章充满预言，部分已经应验，部分尚待成就。两件大事构成这预言的主题，一件就是耶路撒冷被毁，以及接踵而来的犹太民族被分散。另外一件就是我们的主耶稣基督要再来，结束我们现在生活在当中的光景。耶路撒冷被毁，在我们主被钉十字架四十年之后就发生了；基督再来是尚待发生的事件，我们可能还可以活着亲眼看到这事发生。①

每一位真基督徒都应当对像本章一样的经文深感兴趣。没有哪一段历史，应当像基督教会过去和将来的历史一样，如此吸引我们关注。在上帝眼中，世上帝国兴衰相对并不重要，巴比伦、希腊、罗马、法国、英格兰，在他眼中与基督奥秘的身体相比根本算不得什么。与福音的推进，那位和平之君最终得胜相比，浩瀚大军的前进和征服者的得胜只不过是琐事。愿我们在读预言性的经文时都记住这一点！"念这书上预言的都是有福的。"（启1：3）

我们眼前这部分经文要求我们关注的第一件事，就是**我们的主对耶路撒冷圣殿的预言**。

门徒带着犹太人与生俱来的骄傲，请他们的主关注圣殿宏伟的

---

① 我想重复我在评论马太记载我们主关于耶路撒冷被毁预言时说过的话，我想这是妥当的。我相信，在我们现在读的这预言当中，我们主所看到的，既有提多将军攻取这城时发生的围城和灾难，也有耶路撒冷第二次被围，以及伴随这围城的第二次灾难。人当预料到会有这样的第二次围城，对此，《撒迦利亚书》14章在我看来就是一个无可辩驳的证据。

我看不到有其他方法解释这预言中出现的"灾难"和"人子有大能力、大荣耀，驾云降临"之间的密切联系。把"人子降临"解释为罗马军队来惩罚犹太人，在我看来是完全轻看了圣经。

有人认为我们的主在预言耶路撒冷两次被围，将有两次极大灾难要特别落在犹太人身上，而且他亲自再来是紧接在第二次围城后发生。这一观点让这整个一章变得清楚易懂。

信主的人应当非常关注所有这些事件，像使徒那样信主的犹太人更是如此。在他们的时候，圣殿仍然坚立，犹太人的时代还没有被废去，耶路撒冷还没有被毁。

第十三章

建筑。他们说:"夫子,请看,这是何等的石头!何等的殿宇!"①他们从主得到的回答,与他们的期望大相径庭,这是一个令人伤心的回答。主深思熟虑如此作答,为要激发起他们里面的好奇心。他口中并没有说出羡慕的话,也没有表达对眼前这宏伟建筑设计或做工的称赞。他似乎看不到这有形建筑物的形式和美好,他关注的是这圣殿所属的这民的邪恶。他回答说:"你看见这大殿宇吗?将来在这里没有一块石头留在石头上,不被拆毁了。"

让我们从这句严肃的话学到,一家教会真正的荣耀并不在于它集体敬拜所用的建筑物,而在于它成员的信心和敬虔。我们主耶稣基督眼看包含有至圣所、金灯台、献燔祭的祭坛的这圣殿时,并不能找到令他欢喜的事。我们可以认为,哪怕在认信基督徒最辉煌的敬拜场所,若他的道和他的灵在当中得不到尊崇,这些就不能得他欢喜。

我们所有人要是记住这点就好了。我们按本性都倾向按外表判断事情,就像小孩子更看重花朵,不看重结穗的麦子。我们太容易认为,哪里有华美的教会建筑物,庄严的礼仪,有雕刻的石头和彩绘的玻璃,有精致的音乐和穿着华丽的牧师,那里就必然有真正的信仰。然而可能当中根本没有信仰,可能不过都是形式、表演、对感官的吸引;当中可能没有任何事情能满足人的良心,医治人的内心。人经过仔细查看可能发现,在那华美的建筑物内,人并没有传

---

① 我要在此指出,这里所讲的圣殿,肯定是指在耶路撒冷建造的第三座圣殿。第一座由所罗门所建,被尼布甲尼撒摧毁;第二座圣殿由以斯拉和尼希米所建;第三座,如果可以这样说的话,大概是在我们主耶稣基督出生时由希律王扩建,几乎是重建。用于建造圣殿的巨大石头,以及整座建筑整体的华美,不仅有约瑟夫的作品,还有异教徒作家的作品为证。

讲基督,并没有解释上帝的话语;牧师可能对福音完全一无所知,敬拜的人可能死在过犯罪恶当中。我们无须怀疑,上帝在像这样的建筑物中看不到有美丽之处;我们无须怀疑,与初期基督徒在当中敬拜的洞穴相比,万神殿在上帝眼中并无荣耀可言;今天人在当中传讲基督最卑微的房屋,在上帝眼中要比罗马的圣彼得大教堂更有荣耀。

但是让我们不要落入荒谬的极端,认为我们所分别为圣,并用以服侍上帝的建筑物一点都不重要。装饰教堂并不会使之变成天主教教堂。让敬拜的地方肮脏卑贱,破破烂烂,没有秩序,这并不是真正的信仰。"凡事都要规规矩矩地按着次序行。"(林前14:40)让我们把这作为我们信仰立定的原则,就是无论我们把教堂装饰得多么美好,都要把纯正的教义和圣洁的行为作为首要装饰,**没有**这两样,最高贵的教堂建筑都是彻底有缺陷的。如果上帝不在当中,建筑就没有荣耀;**有了**这两样,在当中传讲福音的最卑微的砖房农舍,也是可爱和美好的。因着基督亲自的同在和圣灵亲自的祝福,这地方被分别为圣。

这部分经文要求我们关注的第二件事,就是**我们的主在这一章开始讲这重要预言时采用的特别方式**。

我们得知他的四位门徒,无疑被他对圣殿发出警告的预言惊醒,到他这里来求进一步了解。他们说:"请告诉我们,什么时候有这些事呢?这一切事将成的时候,有什么预兆呢?"

我们主回答这些询问时,开门见山预言将要临到的虚假教训和即将发生的战争。他的门徒可能认为主会应许他们马上成功,在这世界上有现世的兴旺,但是主很快就打消了他们这个错误的念头。

第十三章

主不是命令他们期望真理速速得胜，而是告诉他们，要警惕错误兴起。"你们要谨慎，免得有人迷惑你们。将来有好些人冒我的名来，说：'我是基督。'"不是希望他们盼望太平盛世，而是告诉他们要为战争和患难做好预备。"你们听见打仗和打仗的风声，不要惊慌。[这些事]是必须有的，只是末期还没有到。民要攻打民，国要攻打国，多处必有地震、饥荒，这都是灾难的起头。"

我们主这预言讲论的一开始，有极富启发性的内容。看来这就是他的教会在他第一次和第二次临到之间，应当期望的关键基调。看来他是特别为要纠正错误的观点，不仅他的使徒，而且还是历世历代大部分认信基督徒的错误观点。看起来我们的主非常明白，人总是很容易接受"好时光马上就要来到"这种观念，仿佛他要给我们清楚的提示，在他再来之前，都不会有"好时光"。我们听到这样的消息可能会不高兴，但这是完全符合我们在先知耶利米的书中看到的内容："从古以来，在你我以前的先知，向多国和大邦说预言，论到争战、灾祸、瘟疫的事。先知预言的平安，到话语成就的时候，人便知道他真是耶和华所差来的。"（耶28：8、9）

让我们从我们主一开篇的预言学习到，我们的期望要合乎中道。没有什么像基督教会的许多成员沉迷的那一种过度的期望，已经给教会带来如此大的失望。让我们不要因为众人都有这样的观念就被冲昏了头脑，以为世界要在主耶稣再来之前变得越来越归正，全地都要充满对主的知识——情况不会是这样的。圣经中没有任何地方支持这样的期望。让我们不要再盼望有和平做王，让我们反倒是期望会有战争；让我们不再期望所有的人都要被现在上帝所使用的工具——就是学校、宣教、讲道或任何这类事情——而改变并成为圣洁。而是让我们留意敌基督自己会兴起。让我们明白，我们是生活在拣选的日子，而不是普世归正的日子。在和平之君显现之前，这地上不会存在普世的和平。撒旦不被捆绑，这世界就不会有普世的圣洁。我们持守这样的观点，可能会让我们付出极大的代价，但是在地上并没有一家教会或聚会，它们的光景没有证明"被召的人多，选上的人少"这观点是正确。这可能为我们招来许多人恶意的评论和论断，但事情的结局要证明谁对谁错。让我们耐心等候那结局，让我们努力、教导、工作、祷告。但是如果我们发现我们主所说的话完全正确，就让我们不要以为惊奇，"引到永生，那门是窄的，路是小的，找着的人也少"（太7：14）。

二 基督的百姓在他第一次和第二次来之间必须要预料到的事

可13：9—13

9. "但你们要谨慎，因为人要把你们交给公会，并且你们在会堂里要受鞭打，又为我的缘故站在诸侯与君王面前，对他们作见证。
10. 然而，福音必须先传给万民。
11. 人把你们拉去交官的时候，不要预先思虑说什么；到那时候，赐给你们什么话，你们就说什么，因为说话的不是你们，乃是圣灵。
12. 弟兄要把弟兄，父亲要把儿子，送到死地，儿女要起来与父母为敌，害死他们。
13. 并且你们要为我的名被众人恨恶，惟有忍耐到底的，必然得救。"

我们在看圣经关于基督教会的预言时，通常会发现审判和怜悯交织在一起。很少全是苦，没有任何甘甜；很少都是黑暗，没有任何亮光。主知道我们软弱，容易灰心，因此就像编织一件衣服上的经纬一样，刻意把安慰和警告，仁慈的话和严厉的话语交织在一起。我们可以在《启示录》整卷书中留意到这一点，我们可以在我们现在看的预言中，在我们刚才已经看过的几节经文中留意到这一点。

首先让我们观察，**我们主吩咐他的百姓，在他第一次和第二次来之间要预料到会有患难**。自从亚当堕落的那日子以来，患难毫无疑问是所有人的份，它伴随着荆棘和蒺藜来到。"人生在世必遇患难，如同火星飞腾。"（伯 5：7）但相信耶稣基督的人有特别的患难，我们主对这些患难发出了非常清楚的警告。

他们必须料到**从世界而来的**患难。他们不可求"诸侯与君王"帮助。他们要发现，他们的生活之道和教训，在位高权重之地不会给他们带来眷顾。相反他们将要常常被当作罪犯被囚、被殴打，并被带到审判台前，原因不为别的，正是因为他们坚持基督的福音。

他们必须料到**从他们自己家人来的**患难。"弟兄要把弟兄，父亲要把儿子，送到死地。"他们自己的血肉之亲，因恨恶他们的信仰，经常会忘记爱他们。他们会发现，有时体贴肉体之人对上帝的敌意，甚至比家庭和血亲的纽带力量更强。

我们若把这些事记在心上，为了做一个基督徒而"计算代价"，这就好了。如果我们的信仰带来一些苦事，我们绝不可以为奇怪。毫无疑问我们生活在平顺的年代，英国的基督徒生活在令人愉快的地方，如果我们服侍基督，并没有理由惧怕受死或被囚。虽然如此，如果我们是真正、彻底和坚定的基督徒，就必须立定心意，要忍受某种程度的患难。我们必须甘心忍受嘲笑、讥讽、挖苦、毁谤和小小的逼迫。我们甚至要忍耐从我们最亲近、最亲爱的家人而来的苛刻言语和仇恨。"那十字架讨厌的地方"并没有消失，"属血气的人不领会上帝灵的事"，"那按着血气生的"要逼迫"那按着灵生的"（林前2：14；加4：29）。最表里如一的生活，并不能拦阻这样的事发生。如果我们是归正的人，在发现自己因基督的缘故遭人仇恨时，我们就绝不可感到惊奇。

第二，让我们观察，**我们的主耶稣基督对他遭受逼迫的百姓发出何等大的鼓励**。他在他们面前摆出三种强有力的强心剂，让他们的心欢喜。

他告诉我们一件事，就是"福音必须先传给万民"。福音必须要传给万民，福音也必将传给万民。尽管人和鬼魔刁难，基督十字架的故事却要在世界每一个地方传讲，阴间的门必不能胜过它。虽然有逼迫、囚禁和杀害，忠于上帝的人却代代相传，永无中断，这些人要宣告靠恩典得救的好消息。相信他们所传信息的人可能寥寥无几，许多听众可能继续在罪中刚硬，但没有什么能拦阻福音的传讲。虽然那些传讲上帝的道的人会遭囚禁和杀害，上帝的道却必不被捆绑（提后2：9）。

我们主告诉我们另一件事，为福音缘故被放在特别试炼处境中的人，在他们需要的时候必要得到特别的帮助。圣灵要帮助他们辩护，他们必得口才和智慧，是敌人不能反驳抵挡的。彼得、约翰和保罗被带到犹太人和罗马的公会面前时，情形就是如此；所有真心相信的门徒也必是这样。胡斯、马丁·路德、拉蒂默、里德利

（Ridley）和巴克斯特的经历，大大证明了这应许是得到何等彻底应验。基督一直信守他的话语。

我们的主告诉我们另一件事，耐心坚忍必带来最终得救。"惟有忍耐到底的，必然得救"。忍受患难的人，没有一个不会得到他的赏赐，所有人最终必有丰富的收成。虽然他们流泪撒种，却必欢呼收割。他们这至暂至轻的苦楚，要为他们成就极重无比、永远的荣耀。

让我们从这些给所有真心做基督仆人之人的安慰应许中得着安慰。他们现在遭受逼迫、困苦、讥笑，最终却必要发现自己是站在得胜者一边的。他们有时受困扰、困惑不解、忍受试炼，却不会看到自己全然被弃绝；他们虽然跌倒，却不会沉沦。让他们忍耐保守他们的心。他们看到周围所发生一切事情的结局是确凿、不变和肯定的。这世界的国必要成为上帝的国和基督的国。当那些如此经常羞辱他们的人和不义之人蒙羞时，信徒要领受那不能衰残的荣耀冠冕。①

---

① 现在解释的这段经文中有一应许，经常被人大大曲解。我指的是这句话中隐含的应许："不要预先思虑说什么；到那时候，赐给你们什么话，你们就说什么。"

我指的曲解，就是有人认为这段经文给牧师保证，他们可以每个星期日站起来，不做预备就讲道。他们可以期望圣灵在他们没有默想、读经或下功夫预备主题就向会众讲道的时候，给他们特别帮助。

稍稍加以反思，就会让任何读圣经的人看到，对于我们眼前这段经文如此的应用，是彻底没有道理的。这段经文根本不是在谈论一位牧师固定在安息日的讲道，而只是应许圣灵在特别需要的时候给人特别的帮助。

如果教会比现在更加牢记这点就好了。目前我们担心的是，人们并非只是偶然使用这应许，为牧师懒散和自己并未消化的讲道作辩护。人们似乎忘记了，当他们登上讲台，就会发现没有付出代价的讲道将是一钱不值的；"愚拙的道理"和愚拙的讲道完全是两码事。

三 使用方法保障自己安全的合法性，选民的特权

可13：14—23

14. "你们看见那行毁坏可憎的，站在不当站的地方（读这经的人须要会意）。那时，在犹太的，应当逃到山上；
15. 在房上的，不要下来，也不要进去拿家里的东西；
16. 在田里的，也不要回去取衣裳。
17. 当那些日子，怀孕的和奶孩子的有祸了！
18. 你们应当祈求，叫这些事不在冬天临到。
19. 因为在那些日子必有灾难，自从上帝创造万物直到如今，并没有这样的灾难，后来也必没有。
20. 若不是主减少那日子，凡有血气的，总没有一个得救的，只是为主的选民，他将那日子减少了。
21. 那时若有人对你们说'看哪，基督在这里'，或说'基督在那里'，你们不要信。
22. 因为假基督、假先知将要起来，显神迹奇事，倘若能行，就把选民迷惑了。
23. 你们要谨慎。看哪，凡事我都预先告诉你们了。"

* * *

我们从这段经文得到教训，**使用方法保障我们自己个人安全，这是正当的做法**。我们的主耶稣基督讲到这问题时，所用的说法是清楚无误的——"在犹太的，应当逃到山上；在房上的，不要下来，也不要进去拿家里的东西；在田里的，也不要回去取衣裳。你们应当祈求，叫这些事不在冬天临到。"这里没有一句话让我们认为，在某些处境中逃跑脱离危险不合基督徒体统。至于我们眼前这段经文所预言的时间，人可能有很不一样的见解；但就采取措施避免危险这种做法的正当性而言，这段经文的教导是清楚的。

这教训有广泛的应用性，对人很有帮助。一个基督徒，不可因为自己是一个基督徒就忽略使用方法，在今生的事上不可忽略，正如在来生的事上也不可忽略一样。一位信徒，如果不使用上帝已经赋予其他人、也已经赋予他的方法和常识，就绝不可以为上帝要看顾他并供应他的需要。毫无疑问在他每次需要时，他都可以期望从他在天上的父得到特别帮助。但他必须要在勤奋使用正当方法的时候心怀这种期望。承认相信上帝，与此同时却闲懒地坐着一动不动，一事无成，这比狂热好不到哪里去，并且要让信仰受人藐视。

上帝的话语在这问题上提供了几个极富启发性的例子，我们要是留意就好了。雅各前去与他弟兄以扫会面时采取的举动，是一个令人惊奇的贴切例子。他首先作了一个至为感动的祷告，然后把一份精心安排的礼物送给他的弟兄（创32：9—13）。希西家在西拿基立来攻打耶路撒冷时的举动是另一个例子。他对百姓说："与我们同在的是耶和华我们的上帝，他必帮助我们，为我们争战。"但与此同时，他建造耶路撒冷的城墙，制造许多军器和盾牌（代下32：5）。保罗的举动又是另一个例子。我们经常看到他为了保全性命，从一个地方逃到另一个地方。我们有一次看到，他被人放在筐子里，从大马士革的城墙上缒下去。有一次我们听到他对那条亚历山大船上的士兵说："这些人若不等在船上，你们必不能得救。"（徒27：31）我们知道这位伟大使徒相信并倚靠神。我们知道他勇敢，倚靠他的主。然而我们看到，就连他也绝不藐视使用方法。让我们同样不要以使用方法为耻。

只有一件事，让我们记在心底，就是我们使用方法时，不要依赖方法。让我们看得比方法更远，超过方法看到上帝的祝福。像亚撒一样，不求耶和华，只求医生，这是一件大罪。努力使用各种方法，然后把整件事交在上帝手中，这是一个真信徒应当追求的目标。

这段经文教导我们另一件事，就是**上帝选民有极大的特权**。我们的主在这段经文中两次使用一个特别说法论及他们。他说到那大灾难时说："若不是主减少那日子，凡有血气的，总没有一个得救的；只是为主的选民，他将那日子减少了。"他再一次讲到假基督和假先知时说，他们要"显神迹奇事；倘若能行，就把选民迷惑了"。

我们从这里以及圣经其他经文可以清楚地看到，上帝在这世上有一群选民。按照我们教会第十七条信纲的说法，"预定得生是上帝的永恒目的"，选民是"按此目的他在创世以前用他隐秘和恒常的意志规定，要救那些由他在基督里从人类中所拣选出来的人，脱离咒诅刑罚，并借基督引导他们得永远的拯救，使他们归于自己，如同贵重的器皿"。属于他们，唯独属于他们的，是称义、成圣和最终得荣耀这极大的特权。他们，唯有他们，"到了定规的时候，必蒙圣灵感召"。他们，唯有他们，"顺服召命……他们被接纳做上帝的义子；他们得以有他独生子耶稣基督的形象（像）；他们敬虔地行善，最后靠上帝的慈悲，得享永福"。福音宝贵的应许是属于他们的。他们是新妇，羔羊的妻。他们是基督的身体，是上帝在这世上特别看顾的人。在上帝眼中，君王、王子、贵胄、富人，与他的选民相比都算不得什么。这些是圣经清清楚楚启示的。骄傲的人可能并不喜欢他们，但并不能反驳他们。

拣选这主题毫无疑问是深奥的。无可置疑的是，它已经如此经常可悲地遭人曲解和滥用。但人对真理的滥用，绝不可拦阻我们使用真理。若正确加以运用，并用恰当的警告像围栏一样把它圈起来，那么拣选就是"满有甜蜜、美妙和不可言喻的安慰"的教义。在我们结束对这主题的思考前，让我们来看看这些警告是什么。

一样警告就是，我们绝不可忘记，上帝的拣选并不摧毁人的责任，以及人要为自己灵魂负责这事实。讲到拣选的这同一本圣经，总是把人看作是有自由行动力的人，呼吁他们来悔改、相信、寻求、祷告、劳力、工作。第十七条信纲至为有智慧地讲道，我们"都当遵奉圣经所指示的神旨而行"。

另外一样警告，让我们绝不可忘记我们要做的大事，就是悔改和相信福音。除非我们能显出悔改和相信的明显证据，否则就无权从上帝的拣选得到任何安慰。上帝清楚地命令我们要悔改相信，我们不可站住不动，用我们是选民抑或不是这焦虑的猜测自寻烦恼（徒17：30；约一3：23）。让我们不再行恶，让我们学习行善，让我们脱离罪，让我们紧紧抓住基督，让我们用祷告亲近上帝。我们这样做，就必能知道、感受到我们是否为上帝的选民。用一位古代神学家的话说，我们必须从悔改相信的文法学校开始，然后才能上拣选的大学。是保罗对帖撒罗尼迦人信心、盼望和爱心的记念，让他说出这番话："我知道你们是蒙拣选的。"（帖前1：4）①

---

① 这段经文中"那行毁坏可憎的"这说法的意思，总是让解经家们困惑不解。最常见的观点，无疑就是它象征着罗马军队，执行上帝对犹太民族的审判。

人可以提出质疑，这种解释是否完全对应了预言。我虽然有很多不明白的地方，却放胆提出我的看法，就是一种更完全、按字义的应验仍待发生。圣徒保罗对帖撒罗尼迦人所说的那句很特别的话，在我看来几乎不可能已经有了一种完全的应验："他……甚至坐在上帝的殿里，自称是上帝。"我承认在我看来，绝非不可能的就是，一个有位格的敌基督，尚待在耶路撒冷显明出来，证明这句话最终的应验。我希望在这问题上不固执己见，只是提出我的看法，认为这是很有可能的事。

四 对基督再来的描述，留心时代迹象的重要

可13：24—31

24. "在那些日子，那灾难以后，日头要变黑了，月亮也不放光，
25. 众星要从天上坠落，天势都要震动。
26. 那时，他们（太24：30作"地上的万族"）要看见人子有大能力、大荣耀，驾云降临。
27. 他要差遣天使，把他的选民从四方（"方"原文作"风"）、从地极直到天边，都招聚了来。"
28. "你们可以从无花果树学个比方：当树枝发嫩长叶的时候，你们就知道夏天近了。
29. 这样，你们几时看见这些事成就，也该知道人子（或作"上帝的国"）近了，正在门口了。
30. 我实在告诉你们：这世代还没有过去，这些事都要成就。
31. 天地要废去，我的话却不能废去。"

* * *

我们主橄榄山预言的这部分尚未完全成就。这里描写的事件全部尚未发生。它们有可能在我们自己的日子发生，所以我们总是应当带着特别的兴趣来读这一部分经文。

首先让我们观察，**我们的主耶稣基督要带着何等庄重的威严第二次来到这世界**。这里用来描写日头、月亮、众星的说法，传达出一种在现今时代结束时宇宙普遍动荡的画面。这让我们想起使徒彼得的话："天必大有响声废去，有形质的都要被烈火销化。"（彼后3：10）在这样的时候，在恐惧和混乱当中——甚至超过人所能知道的地震或风暴带来的恐惧和混乱，人"要看见人子有大能力、

大荣耀,驾云降临"。

基督第二次来,要与第一次来时截然不同。他第一次带着软弱来,是一位柔弱的婴孩,由一位贫穷妇人生在伯利恒的马槽里,不为人留意,也不为人尊崇,几乎不为人知。与之不同,他必要带着王的威严第二次来,由天上众军簇拥,地上的万族都要知道、承认、惧怕他。他第一次来是为要受苦——背负我们的罪,被算作咒诅,遭人藐视、拒绝、被冤枉定罪并最终被杀害。他再来时却要做王——把所有仇敌践踏在脚下;取过这世界的万国做他的产业,用公义治理他们,还要审判万人,并且永远活着。

这是何等的天渊之别!这对比何其强烈!第二次来和第一次来之间的比较何等令人震惊!我们想到这件事,就应当何等激发严肃思考!想到这一点,就给基督的朋友带来安慰。他们自己的君王很快就要来到地上,他们必按照已经撒的种而收割,他们必要因着自己已经为基督缘故忍受的一切而领受丰富赏赐。他们必用十字架换荣耀冠冕。基督的敌人必将感到困惑。他们如此长久以来藐视拒绝的这同一位拿撒勒人耶稣,最终必然要居首位。他们拒绝相信的这福音所指的同一位基督,必将作为审判他们的主显现。他们必要站在他的审判台前,无助、无望、无语。让我们所有人都把这些事情记在心上,并从中学习智慧!

接着让我们观察,**在我们主第二次再来之后发生的第一件事,就是招聚他的选民**。"他要差遣天使,把他的选民,从四方都招聚了来"。

审判临到地上的时候,主要预备保障他百姓的安全。他不把他们安置在伤害不能触及的地方，就不会采取任何行动。挪亚不进入方舟得安全，洪水就不会开始；罗得不进入琐珥的城墙之内，火就不会落在所多玛头上。信徒被隐藏得安全之后，上帝对不信之人的愤怒才会爆发。

真正的基督徒可以坦然无惧地等候基督再来。不管临到地上的事多么可怕，他的主都要确保伤害不会临到他。他大可以忍耐承受目前的分离，他必要欢喜地渐渐与历世历代各国各民各方在真道里他的弟兄相见。在那日子相聚的人，必永不再分开。这伟大的招聚是留待将来发生的事（帖后2：1）。

接着让我们观察，**留意我们自己这个世代的迹象，这是多么重要**。我们的主命令门徒"从无花果树学个比方"。正如这树发的新叶告诉人夏天近了，同样我们身边世界成就的事要教导我们，我们主的再来"近了，正在门口了"。

认真留意在自己日子发生在众人面前的大事，这对所有真正的基督徒来说都是合宜的。这样做不仅是本分，而且忽略不做也是一种罪。我们的主责备犹太人"不能分辨这时候的神迹"（太16：3）。他们看不到权杖正离开犹大，但以理讲的七十个七就要完结。让我们警惕，不要落入他们的错误；让我们睁开眼睛，看我们身边的世界。让我们留意到土耳其人势力的枯竭，在世上宣教活动的加增。让我们留意教皇制度的复兴，以及新的和更狡猾的不信的形式兴起。让我们留意，不法的事和藐视权柄的事正快速传播。这些事岂不就是无花果树发嫩长叶吗？它们向我们表明，这世界正在变旧，需要一个新的更好的王国。它需要它合法的君王，就是耶

稣。愿我们警醒，看守衣服，在生活中预备好迎见我们的主！（启16：15）

最后让我们在这段经文中观察，**我们的主是何等的刻意宣告，他的预言必然要得到应验**。他说话，仿佛已经预见人在这末后日子会不信和怀疑。他强调地警告我们要避免这一切："天地要废去，我的话却不能废去。"

我们绝不可容自己以为，仅仅因为预言与过去的经历相反，任何预言就都不大可能，不可能应验。让我们不要说："基督再来的事在哪里呢？这世界被焚烧的事在哪里呢？"在这样的事情上，"可能或不可能"与我们毫无关系。唯一的问题就是："上帝的话是怎么说的？"我们绝不可忘记彼得的话："在末世必有好讥诮的人，随从自己的私欲出来讥诮说：'主要降临的应许在哪里呢？'"（彼后3：3、4）

我们应该问自己，如果我们活在两千年前的世界，我们对此会作何想。我们会想上帝的儿子更有可能是作为一个贫穷人来到世上受死，还是他作为君王来到世上掌权？我们岂不会马上就说，如果他真要来，他来是要做王，而不是为了受死？然而我们知道，他确实来了，"常经忧患"，且死在十字架上。那么让我们不要怀疑，他要在荣耀中再来，作为君王统治，直到永远。

让我们结束对这部分经文默想时，完全坚信它的预言每一笔每一划都是真实的。让我们相信他的每一句话，终要得到完全应验。最要紧的是，让我们努力活在一种常常感受到这事实的氛围之下，就像良善的仆人预备迎见他们的主人。那么不管它的应验如何，不管它应验得多么快，我们就都必然是安全的。①

五 人不能确知基督再来的时候，警醒的本分

可13：32—37

32. "但那日子、那时辰，没有人知道，连天上的使者也不知道，子也不知道，惟有父知道。
33. 你们要谨慎，警醒祈祷，因为你们不晓得那期日几时来到。
34. 这事正如一个人离开本家，寄居外邦，把权柄交给仆人，分派各人当做的工，又吩咐看门的警醒。
35. 所以你们要警醒，因为你们不知道家主什么时候来，或晚上、或半夜、或鸡叫、或早晨，
36. 恐怕他忽然来到，看见你们睡着了。
37. 我对你们所说的话，也是对众人说：要警醒！"

* * *

这一部分经文结束了马可对我们主橄榄山预言的记载，应当成

---

① 我知道一些解经家在解释目前这部分经文的用词方面与我很不一样。很多人把"日头、月亮、众星"看作是君王和掌权者的象征；"人子降临"则是一种广义的说法，代表上帝能力任何极大的彰显；"差遣天使"不是别的，只是差遣牧师和福音使者去收聚上帝的百姓。

我只需要指出，我看不到这些解释的根据或正常理由，它们在我看来，是一种危险的做法，因其篡改了圣经清楚的字义，给了阿里乌派、索西奴派和犹太人极大的把柄，成为他们带出支持他们各自独特观点的论证。

我要用这机会表达我坚定的看法，就是"这世代还没有过去"这句话中"世代"一词，只能意味"这国民或人民，犹太民族还没有过去"。

那种认为这是指"我现在说话时还活着的一代人"的观点，就是让我们主说出那并不是真实的话。当他对他们说话的那一代人已经过去的时候，他的话绝没有完全应验。

那种认为这是指"当这些事情开始时还活着的同一代人，也必要看到这些事成就"的观点，在我看来是站不住脚的。原因很简单，只有一个，就是这并不是希腊文原文自然的意思。

为整个讲论在我们个人身上的应用。

我们从这段经文学到，**我们主耶稣基督刻意不让他的教会知道他再来的准确时候**。这件事确定，但准确的日子时辰没有启示出来。"但那日子、那时辰，没有人知道，连天上的使者也不知道。"①

这故意的沉默有极深的智慧和怜悯，为着这事已经向我们隐藏起来，我们有理由感谢上帝。上帝刻意使用主再来日期的不确定，让相信的人保持一种不断盼望的态度，保守他们脱离沮丧。初期教

---

① 我们主说的这句话，"但那日子、那时辰，没有人知道，连天上的使者也不知道，子也不知道"，毫无疑问有某些难明白的地方。人经常提出这问题："主耶稣怎么可能对一些事情会不知道，因为他就是完全的上帝，论到自己说'我与父原为一'，这句话怎么可能与'所积蓄的一切智慧知识，都在他里面藏着'（西2∶3）相协调？"

这些问题，表明我们对一个位格之内神人二性联合这极大的奥秘有极大的无知。我们的主耶稣基督在同一时候是完全的上帝和完全的人，这是我们知道的。这两个不同的本性同时在他的位格之内，这也是我们知道的。但是对于他的神性如何、按照什么方式、在何种程度上并不总是在他身上运行，以致遮蔽了他的人性，我相信这是有限的人无法解释的。我们在我们主的言行中，有时看到他是"身为人的基督耶稣"，有时看到他是"永远可称颂的上帝"，知道这点对我们就足够了。我们虽能清楚地看见和称奇，却不能解释。在眼前这例子中，我们只能说，我们的主是作为一个人，而不是作为上帝在说话。

布林格（Bullinger）就这问题的注释中，引了一段出于西里尔（Cyril）很有趣的话。以下这段话就是这引文的一部分。

"正如救主甘愿忍耐饥渴和其他这类的受苦，同样作为人，他不知道'那大日'。因为他有时作为上帝说话，有时作为人说话，为要表明自己既是完全的上帝，也是完全的人。作为上帝，在没有人告诉他的情况下，他对门徒说：'我们的朋友拉撒路睡了。'作为人，在他行路来到终点，到他们那里的时候，他问拉撒路的姐姐：'你们把他安放在哪里？'他在离他们很远的时候，就知道拉撒路死了，现在怎么可能不知道拉撒路的尸首安放何处？他知道一件事，对另外一件事无知，这是完全不可能的。但是事实就是，作为神，两件事他都知道，而作为人，两件事他都不知道。所以同样地，他既是不知道，然而也是知道'那日子、那时辰'。作为人，他不知道；作为上帝，他知道。"

瓜尔特（Gualter）的说法有道理，即坚持用一种过分按字面含义解释类似的经文。这就是各样古老异端得以复兴的确实之道，它要带进怀疑，让人有时怀疑基督的神性，有时怀疑他的人性。

会如果明确知道，基督至少在一千五百年之内都不会再回到地上，这对他们将会是何等令人沮丧的前景！像阿塔那修、克里索斯托、奥古斯丁这样的人，如果知道这世界要经历许多世纪之久的黑暗，然后他们的主才会再来得国，他们的内心就必然大大消沉了！另一方面，这是何等令人苏醒的动力，促使真正的基督徒不断与上帝紧密同行！在任何时代，他们都不可能知道，他们的主人会不会突然再来，要他的仆人交账。这不确定本身，已经给了他们要常常预备迎见主的理由。

有一个与这主题相关的警告，是我们绝不可忽视的。我们绝不可容许我们主再来时间的不确定，拦阻我们关注圣经尚未成就的预言。这是一个极大的欺骗，但不幸的是，许多基督徒也落入这欺骗。固执地断言主再来的日期，和谦卑并带着祷告的心考察那将要来的美事，这两者之间有极大分别。我们主在此讲的这番话，是针对那种像教条一样固执坚持时间和日期所作的警告。但是对于研究预言普遍对人有益这问题，我们找不到有比使徒彼得的话更清楚的权威——"你们在这预言上留意，才是好的"；还有使徒约翰在《启示录》说的话："念这书上预言的是有福的。"（彼后 1：19；启 1：3）

第二，我们从这些经文学到，**面对耶稣基督再来的前景，所有真信徒实际当尽的本分**。我们的主提到三件事，是他的百姓应当关注的。他清楚地告诉他们，他有一天要带着权柄和极大的荣耀再来。与此同时他告诉他们，这再来的准确时辰和日子，是他们所不知道的。那么他的百姓当如何行？他们要以何种心态生活？他们应当警醒，他们应当祷告，他们应当做工。

我们应当**警醒**。我们总应当警醒活着，让我们的心保持一种清醒活泼的状态，预备随时迎见我们的主。我们应当警惕任何像是灵命慵懒、沉闷、死寂和迟钝等类的事。那些吸引我们忘记基督和他再来的朋友、日程安排和社交，我们都应当留意和回避。使徒说："所以，我们不要睡觉，像别人一样，总要警醒谨守。"（帖前5：6）

我们应当**祷告**。我们应当保持固定与上帝相交的习惯，不可容忍冰冷把我们和我们在天上的父阻隔开，而要每天与他交谈，好让我们可以预备好随时与他面对面。而且我们应当特别祷告祈求主再来，使我们可以"没有玷污，无可指摘，安然见主"，叫我们的心无论何时都不被今生的思虑"累住"，免得那日子不知不觉临到我们（彼后3：14；路21：34）。

最后我们应当工作。我们应当认识到，我们都是一位伟大主人的仆人，他已经派每一个人工作，期望那工作完成。我们应当各自在我们具体的人际范围和关系当中，努力工作，荣耀上帝。每一个人总有一些事情可做，我们每一个人都应当努力发光；做我们自己时代的盐；为我们的主作忠心见证；并且认真在我们每天的生活中表里如一，以此来尊荣他。我们极大的心愿，必须是在他来的时候我们没有懒惰和睡觉，而是工作和做事。①

这就是我们的主要我们留心的简单命令，它们应当在所有认信基督徒的心中激发起深刻的自我反省。我们是在盼望救主再来吗？

---

① 哲罗姆说："总要做事，好让魔鬼总是发现你在专注做工。"加尔文晚年时，他的朋友要他为自己健康的缘故少做一些工作，他总是说："你们想让我的主人发现我在偷懒吗？"

我们渴望他显现吗？我们能够真诚地说，主耶稣愿你快来吗？我们活着，是否像是在期待基督再来？这些是我们需要严肃考虑的问题，愿我们都给这些问题配得的关注！

我们的主是否要求我们盼望他再来的时候，忽略生活中任何当尽的本分？他没有提出任何这样的要求。他并没有命令农夫忽略田地，或者工人忽略工作，商人忽略生意，律师忽略呼召。他要求的一切，就是受洗的人应当活出他们受洗归入的信仰；应当作为悔改的人生活；作为相信的人生活；作为知道"非圣洁没有人能见主"的人生活。这样生活的时候，我们就预备好见我们的主。不这样生活，我们就没有准备好面对死、审判和永恒。按这种方式生活的人，就是真正有福的，因为这是真正预备好了去迎接任何可能临到地上的事。让我们绝不满足于一种比这更低的实践的基督教信仰标准。预言的最后一句特别发人深省——"我对你们所说的话，也是对众人说：要警醒！"

第 十 四 章

一 祭司长的诡计受挫，发生在伯大尼一户人家中的膏抹

可14：1—9

1. 过两天是逾越节，又是除酵节，祭司长和文士想法子怎么用诡计捉拿耶稣，杀他。
2. 只是说："当节的日子不可，恐怕百姓生乱。"
3. 耶稣在伯大尼长大麻风的西门家里坐席的时候，有一个女人拿着一玉瓶至贵的真哪哒香膏来，打破玉瓶，把膏浇在耶稣的头上。
4. 有几个人心中很不喜悦，说："何用这样枉费香膏呢？
5. 这香膏可以卖三十多两银子周济穷人。"他们就向那女人生气。
6. 耶稣说："由她吧！为什么难为她呢？她在我身上做的是一件美事。
7. 因为常有穷人和你们同在，要向他们行善，随时都可以；只是你们不常有我。
8. 她所做的，是尽她所能的；她是为我安葬的事，把香膏预先浇在我身上。
9. 我实在告诉你们：普天之下，无论在什么地方传这福音，也要述说这女人所做的，以为纪念。"

* * *

这一章是《马可福音》描述我们主受苦和死部分的开始。到目

前为止，我们已经看了我们的救主做我们的先知和教师，现在要来看他做我们的大祭司。到目前为止，我们已经思想过他所行的神迹和讲论，现在要来思想他在十字架上替代的牺牲。

让我们首先从这部分经文中观察，**上帝是怎样挫败恶人的计谋，反胜他们，成就他自己的荣耀的**。

我们从马可的话以及《马太福音》对应的经文可以清楚看到，我们主的仇敌并没有打算把他的死变成一件公开事件。他们"想法子怎么用诡计捉拿耶稣"。他们说："当节的日子不可，恐怕百姓生乱。"简而言之，看来他们原本的计划就是按兵不动，直到逾越节过去，上来过节敬拜的人回到他们各自的家乡。

上帝奇妙的护理之工完全挫败了这种政治计谋。我们主被出卖一事发生在比祭司长预料更早的时候。我们主的死，正好发生在耶路撒冷人最多的那一天——逾越节达到最高潮的那一日。在每一方面，这些恶人的计谋都变为愚妄。他们以为可以永远终止基督属灵的国度，实际上他们是帮助建立起这国度；他们以为通过把他钉十字架，就可以把他变成恶人、受藐视的人，实际上他们使他充满荣耀；他们想私下把他处死，让人对此不知不觉，但他们反而被迫要公开在全体犹太人面前钉他十字架；他们以为已经让他的门徒沉默，阻止他们教导，实际上，他们给门徒供应了永远教导的文本和主题。上帝如此轻而易举就用人的愤怒成全了他的荣美（诗76：10）。

这一切要给真正的基督徒带来安慰。他们生活在一个充满苦难的世界上，经常因着公共事件忧虑，被风吹来吹去不得安息。让他们想到万有都由一位全然智慧的上帝做主安排，为了叫他们得益处，这样他们就可以得安息。让他们不要怀疑，在世上他们周围发生的一切，都是在为他们天父的荣耀互相效力。让他们记起《诗篇》2篇的话——"世上的君王一齐起来，臣宰一同商议，要敌挡耶和华。"然而《诗篇》继续写道："那坐在天上的必发笑；主必嗤笑他们。"过去事情如此，将来情况也是一样。

第二，让我们从这部分经文观察，**人有时候会多么低估和误解了行善**。马可告诉我们一位妇人在伯大尼一间屋子里的善行——她把香膏浇在我们主的头上。①她这样做，毫无疑问是要表明尊崇和尊敬，表明她自己对主的感激和热爱。然而她这举动，却受到一些人责难，他们冰冷的心不能明白这如此代价高昂的慷慨大度。他们把这说成是"枉费"。"有几个人心中很不喜悦"。"他们就向那女人生气"。

---

① 人经常提出这问题，就是我们主在地上工作期间，是一个、两个还是三个妇人膏他。狄奥菲拉克认为有三个。对于这种看法可说的有很多。

    1.《路加福音》7章讲到的那妇人，看来按顺序是第一位。这膏抹发生的地方，似乎不是伯大尼。所讲的这妇人曾经是个"罪人"，描写的那家是一个法利赛人的家。膏抹的是我们主的"脚"，而不是他的"头"。强有力的内在证据表明，整件事发生在我们主做工相对而言较早的阶段。所有这些要点，我们都当留意。

    2. 约翰描写的膏抹按顺序接着发生。关于这一点，我们明确被告知，这是逾越节前"六日"，膏抹我们主的是拉撒路的姐姐马利亚，被膏抹的部分是他的"脚"，而不是他的"头"，这些要点也需留意。

    3. 马太和马可描写的膏抹按顺序是第三次。我们得知这只是在逾越节之前"两天"。在这情形里，我们不得知膏抹我们主这位妇人的名字，但我们知道香膏是浇在他"头"上。

    当然我们会想到的问题就是："有无可能这件事发生三次？"要回答这问题，我们可以说，作为尊荣和尊重之标志的膏抹，在我们主的时候发生得远比我们这些在英格兰的人以为的频繁；膏抹这种做法比我们住在英格兰这种气候中的人所能想象的更经常。看来完全有可能同样的事发生了三次。

    当然主要的难点，就是约翰描写膏抹的用语与马太和马可描写的用语非常近似。唯一的解释就是我们的主说过同样的话两次。

不幸的是，这些思想狭隘专找他人错处之人的精神实在太过普遍，跟从他们、效法他们的人，在基督有形教会的每一个角落都能找到。教会从来不会缺少这样一代人，他们不住地贬损他们称为信仰中的"极端"之事，不住地举荐他们所说的服侍基督的"适度"。如果一个人把他的时间、金钱和感情都用在追求世上的事，他们不会责怪他；如果他把自己献上服侍金钱、娱乐或政治，他们不会挑他的错；但如果同一个人把自己和他一切所有献给基督，他们就几乎有说不完的话来表达他们的感受，认为这人实在愚昧。"他是疯了"，"他癫狂了"，"他是一个狂热分子"，"他是宗教狂"，"他行义过分"，"他是一个极端的人"。简而言之，他们认为这是"枉费"。

如果因为我们努力要服侍基督，就听到人向我们发出这样的控告，让我们不要因此受困扰。让我们耐心承受，记住这些控告就像基督教信仰本身一样历史悠久。让我们怜悯那些如此控告信徒的人。这清楚地表明，他们不知道什么是对基督的感激。一颗冰冷的心，让人手做工缓慢懈怠。如果一个人一旦明白了罪是何等可恶，基督为他死的怜悯，他就绝不会以为有任何事情是太好，或太过昂贵，以致不能献给基督。他反而会感受到："我拿什么报答耶和华向我所赐的一切厚恩？"（诗 116：12）。他会害怕把时间、才能、金钱和感情浪费在这世界的事上，他不会惧怕把这些慷慨用在他的救主身上；他会害怕在生意、金钱、政治或娱乐方面走极端，但他不会惧怕为基督做事做得太多。

最后让我们留意，**我们的主耶稣基督是何等大大地看重任何对他自己的服侍**。也许在四福音书中，我们看不到还有任何人是像这

第十四章

里讲到的这妇人,从基督得到如此大的称赞。在我们主说的话中有三点特别突出,现在许多因他人信仰缘故就讥笑责怪的人,要是留意这几点就好了。

第一点就是,我们的主说:"为什么难为她呢?"这是一个察验人内心的问题,是所有因他人信仰缘故就逼迫他们的人难以回答的问题!他们可以列出什么理由?他们可以找什么原因为自己的举动辩护?根本不能!他们出于嫉妒、恶毒、无知和对真福音的厌恶,就对其他人进行逼迫。

第二,我们的主说:"她做的是一件美事。"从万王之王口中说出的这句称赞,是何等之大,何等奇妙!人经常出于炫耀,或其他错误动机,向教会奉献金钱,捐献给慈善机构;但真正"做美事"的,是那爱耶稣基督他自己,尊荣耶稣基督他自己的人。

第三,我们的主说:"她所做的,是尽她所能的。"没有哪句表彰的话,可以比这更彻底。成千上万活着和死去的时候没有蒙恩,永远沉沦的人,他们常常说:"我尽我所能的努力,我尽我所能的做工。"然而他们这样说的时候,就像亚拿尼亚和撒非喇一样在说弥天大谎。我们真是害怕,可以像这妇人一样真正配得说他们"所做的,是尽他们所能的"的人寥寥无几。

让我们结束对这段经文默想时,想到在自己身上的实际应用。我们刚刚看了这段经文对这位圣洁妇人举止的描写,让我们就像她一样,把我们自己、我们一切所有献上,荣耀基督。我们在这世界上的地位可能卑微,我们可以用来服侍主的方法可能很少,但让我们像她一样,"所做的,是尽我们所能的。"

最后让我们从这部分经文看到,将来在审判那日临到的事情,现在我们可以预先稍微尝到它们的甘甜滋味。让我们相信,在这里为他所爱、受人责备的仆人申辩的同一位耶稣,有一天要为所有曾在这世界上做过他仆人的人申辩。让我们继续努力,记住他在看着我们,我们所做的一切都记在他的册子上。让我们不要介怀人因我们信仰的缘故,对我们说什么,对我们有何想法。基督在末日的称赞,要大大补偿我们在这世上因苛刻言语所受的苦。

二 加略人犹大为了钱答应出卖基督,逾越节和钉十字架在时间方面的联系

可14:10—16

10. 十二门徒之中,有一个加略人犹大去见祭司长,要把耶稣交给他们。

11. 他们听见就欢喜,又应许给他银子,他就寻思如何得便,把耶稣交给他们。

12. 除酵节的第一天,就是宰逾越羊羔的那一天,门徒对耶稣说:"你吃逾越节的筵席,要我们往哪里去预备呢?"

13. 耶稣就打发两个门徒,对他们说:"你们进城去,必有人拿着一瓶水迎面而来,你们就跟着他。

14. 他进哪家去,你们就对那家的主人说,'夫子说:客房在哪里?我与门徒好在那里吃逾越节的筵席。'

15. 他必指给你们摆设整齐的一间大楼,你们就在那里为我们预备。"

16. 门徒出去,进了城,所遇见的,正如耶稣所说的。他们就预备了逾越节的筵席。

* * *

马可在这部分经文中告诉我们,我们的主如何被交在他敌人手

里。这是他自己十二门徒中的一位叛徒促成的。那位假使徒加略人犹大出卖了他。

我们在这部分经文中首先应当留意，**一个人在信仰方面作的虚假认信，可以到达何等地步。**

除了加略人犹大的历史，我们就再也想不到有一个更震惊的证据，证明这令人痛苦的事实。这里有一个人，曾经看起来就像是基督的真门徒，看起来有上天堂的极大把握，这人就是犹大。他被主耶稣亲自拣选做使徒，他得到特权做弥赛亚的同伴，在弥赛亚地上工作期间亲眼目睹他大能的作为。他是彼得、雅各和约翰的同伴，奉差派出去传讲上帝的国度，奉基督的名行神迹。他被所有十一位门徒看作是自己人，他和与他同做门徒的人如此一样，以至于他们丝毫未曾怀疑他就是出卖主的人。然而正是这人，最终显明是虚心假意，是魔鬼的子孙；完全偏离了真道；帮助我们主最致命的死敌，并且死后留下一个糟糕名声，自从该隐那日以来任何人都无法超过。从来未曾有过如此的堕落，如此的离道反教，如此开头美好，结局却如此悲惨——一个灵魂竟如此全然沉沦！

我们如何解释犹大这令人惊奇的举动？对这问题只有一个答案，"贪财"是这不幸之人灭亡的原因。辖制了巴兰的心，让基哈西染上大麻风的这同样奴颜婢膝的贪婪，毁灭了加略人犹大的灵魂。对他行为的解释，没有一样足以比得上圣经清楚的陈述。他的行为是卑贱贪婪的行为，丝毫没有蒙救赎之人的表现。圣灵清楚地宣告"他是个贼"（约 12：6）。他在世人面前的光景，是对这句严肃经文永远的评注："贪财是万恶之根。"（提前 6：10）

让我们从犹大这可悲的历史学到，要"以谦卑束腰"。我们心中得不到圣灵的恩典，就绝不可自以为满足。如果我们内心没有归正，知识、恩赐、认信、特权、教会的成员身份、讲道的能力、祷告、谈论信仰，所有这些都是无用。如果我们没有脱去旧人，穿上新人，这一切就只不过是鸣的锣，响的钹而已，都不能救我们脱离地狱。最要紧的，让我们记住我们主的警告，"你们要谨慎自守，免去一切的贪心"（路12∶15）。贪财这罪就像腐烂病吞噬一切，一旦容它进入我们心里，就可能最终把我们引向各样邪恶。让我们祷告祈求，"以自己所有的为足"（来13∶5）。有钱，这并不是一件必不可少的事，财富会给有钱人的灵魂带来极大的危险。真正的基督徒应当更惧怕有钱，胜过惧怕贫穷。

第二，我们应当从这部分经文留意到，**上帝刻意把犹太人逾越节的时候和基督的死联系起来**。我们主在逾越节这一周，正好在逾越节的羔羊被杀的这一日被钉十字架。这不是碰巧，而是上帝护理的命定，对此我们不能有片刻怀疑。上帝如此行，为的是吸引犹太民族的注意，让他们看到基督是上帝真正的羔羊，为的是让他们想起他死真正的目的。毫无疑问，每一样献祭都是为了吸引犹太人的目光指向将来，让他们看到基督献上的那一伟大祭物。但可以肯定的是，没有什么像宰杀逾越节羔羊那样，是如此震惊地表现和预表出我们主的牺牲。这律例最主要是作"引我们到基督那里的师傅"（加3∶24）。在犹太人全部的礼仪当中，从未有一个预表是像起初设立的逾越节那样充满深意。

逾越节是否让犹太人想起，上帝击杀埃及人一切头生的时候，奇妙地拯救了他们的祖先离开埃及？毫无疑问是的。但它也是要作一个记号，指向那更大的救赎，就是脱离罪的捆绑，而这是由我们的主耶稣基督成就的。

逾越节是否提醒犹太人，因着一只无辜羔羊的死，他们祖先各家的长子就曾免于受死？毫无疑问是的。但这也是为要教导他那更重要得多的真理，就是基督在十字架上死，是要叫世人得生命。

逾越节是否提醒犹太人，在他祖先房屋的门框上洒血，保守他们脱离那灭命天使的刀剑？毫无疑问是的。但这也是要向他表明那一个重要得多的教义，就是基督的血洒在人的良心上，洁净这良心脱离一切罪责的玷污，使他安全脱离那将来的愤怒。

逾越节是否提醒犹太人，在灭命天使击杀长子的那一天晚上，他的祖先除非确实吃了被杀的羔羊，否则没有一位可以安全逃离那灭命的天使？毫无疑问是这样的。但它也是要指引他的思想，去想一个更深的教训，就是所有要从基督赎罪领受益处的人，必须实际凭信心以基督为粮吃下，接受他进入他们心里。

让我们想起这些事情，在心里反复思量。这样我们就必然要看到，在上帝命定我们主耶稣基督死在十字架上的时间安排上，有一种特别的合宜与美好。这刚巧发生在这样一个时节——所有以色列人的心思都转去思想出埃及的事件，思想那天晚上所发生的奇妙的事件。被杀并被家里每一个人吃了的羔羊；那灭命的天使；在洒血之门内享受的安全——这些都是每一个犹太人家庭，就在我们配得称颂的主被杀的这一周内会谈论和思想的事。如果像他这样如此特别的死，在这特别时候的死，不能促使许多人思想，并打开许多人的眼睛，那就可真是奇怪了。不到最后那日，我们都绝不会晓得这件事冲击的程度。

让这成为我们读圣经的原则，就是我们要带着祷告的心关注，学习摩西律法的预表和律例。它们都充满了基督。祭坛、替罪羊、每天的燔祭和赎罪日,都是如此众多的迹象和标志,指向我们主在加略山上的伟大献祭。那些疏忽不去研究犹太人典章,把它们看作是昏暗、沉闷和圣经无趣部分的人,只是表现出他们自己的无知,错过了极大的益处。那些研究这一切,把基督作为打开它们含义钥匙的人,要发现当中充满了福音的光照和安慰人的真理。①

三 设立主餐

可14：17—25

17. 到了晚上,耶稣和十二个门徒都来了。
18. 他们坐席正吃的时候,耶稣说:"我实在告诉你们:你们中间有一个与我同吃的人要卖我了。"
19. 他们就忧愁起来,一个一个地问他说:"是我吗?"
20. 耶稣对他们说:"是十二个门徒中,同我蘸手在盘子里的那个人。
21. 人子必要去世,正如经上指着他所写的,但卖人子的人有祸了!那人不生在世上倒好。"
22. 他们吃的时候,耶稣拿起饼来,祝了

---

① 我们需要留意,人对"逾越"一词的普遍观点是否正确存在着极大的疑问。无论如何,罗斯主教(Bishop Lowth)以下论及《以赛亚书》31：5的文字值得我们认真思考。他说:"关于《出埃及记》记载的逾越节的历史,人们普遍认为,当夜耶和华在行过埃及击杀头生的时候,看见以色列人家门上的血,就越过或跳过这些人家,不击杀他们。但这并非这件事的真实含义,思想那位圣经历史作家的话就可以清楚地看出这一点。他非常明显地描写了这一行动:'因为耶和华要巡行击杀埃及人,他看见血在门楣上和左右的门框上,就必越过那门,不容灭命的进你们的房屋,击杀你们。'(出 12：23)这里明显有两位不同的行动者;在这方面,认为只有一种行动者的越过观念是与之不符的。这两位行动者是经过的灭命天使——击杀每一家的人——以及与他同行、起保护作用的耶和华。他看见以色列人的门上涂着血,就跳向前去,突然拦截那灭命的天使,保护和拯救那家,不容天使击杀那家。"我们需要认真研究《以赛亚书》31：5的用词,以便明白这种解释是否恰当。

福，就擘开，递给他们说："你们拿着吃，这是我的身体。"

23. 又拿起杯来，祝谢了，递给他们，他们都喝了。
24. 耶稣说："这是我立约的血，为多人流出来的。
25. 我实在告诉你们：我不再喝这葡萄汁，直到我在上帝的国里喝新的那日子。"

* * *

  这部分经文包含了马可对主餐设立的记载。这描述简单，值得我们特别留意。要是人没有偏离圣经对这配得称颂之圣礼简单的陈述，教会就有福了！可悲的事实就是，这圣礼已经被错误的解释和添加的迷信所败坏，以至于到了一种地步，就是在基督教世界许多地方，它真正的含义已经彻底不为人知。然而，目前让我们把所有争议的事都从思想里抛开，研究马可记载的话，使我们自己个人得造就。

  让我们从面前这部分经文中学习，**在领受主餐之前应当自省**。我们不能怀疑，我们主这句严肃警告的话其中就有这样的目的："你们中间有一个与我同吃的人要卖我了。"他这样说，为要激发起他的门徒在内心反省，正是在此所生动记载的内心反省——"他们就忧愁起来，一个一个地问他说：'是我吗？'"他为的是教导在全世界属他的全教会，前来就近主的桌子时，应当是努力自我反省的时间。

  主餐带给我们的益处，完全取决于我们领受时的精神和心态。没有我们内心和意志的配合，我们在主桌前吃的饼，在主桌前喝的杯，就不能像药物给我们身体带来好处一样，给我们灵魂带来益处。如果我们不能正确、按理和带着信心加以领受，即使牧师使之分别为圣，它们也不会向我们传递任何祝福。一些人宣称，不管人领受主餐时心态如何，主餐都必然要给所有领受的人带来益处，这是一种可怕和不符合圣经的虚构幻想，已经引发出极大且邪恶的迷信。

对于在去到主的桌子之前，我们应当在自己里面保持的心态，英国国教的要理问答作了很好描述。我们应当"自我反省，是否为从前的罪悔改；是否坚定决心要过一种新生活；是否靠着基督对上帝的怜悯有活泼的信心；感恩记念他的死；是否用爱心对待所有人"。如果我们的良心能很好地回答这些问题，我们就可以领受主餐，没有惧怕。上帝对任何领受主餐的人要求也莫过于此，达不到这要求，我们就绝不应当感到满足。

让我们在主餐的问题上谨慎自己。我们很容易不是在这边就是在那边犯错。一方面，我们不可以满足于以不配这模糊的借口不领受主餐，只要我们如此远离，就是在违背基督一条清楚的命令，并且活在罪中；但另一方面，我们不可把主餐仅仅看作是一种形式，不加思考就来到主的桌前。只要我们以这种心态领受圣餐，就不能从主餐得到好处，就是犯下一件极大的过犯。没有准备好就领受主餐，这是一件可怕的事，这就等于是没有准备好去死。不按理领受，这同样可怕，因这是至为惹动上帝愤怒的。唯一的安全之道，是成为下定决心服侍基督的人，活出相信基督的生命，然后我们就可以大胆进前来，领受这圣礼，使我们得安慰。

第二，让我们从这部分经文学到，我们领受主餐的首要目的就是提醒我们，基督在十架上为我们献祭。这饼是要让我们想起基督的"身体",他的身体为我们的过犯受伤害;这杯是要让我们想起基督的"血",这血流出,洗净我们一切的罪。整个圣礼要突出彰显的,是我们的主作为我们的中保和代替,通过死成就的赎罪祭和挽回祭。一些人教导虚假教训,说他的死不过是一位非常圣洁之人的死,给我们留下榜样,教导我们如何去死。这就把主餐变成了一种毫无意义的礼仪,不可能切合我们主设立主餐时说的话。

清楚地认识这一点非常重要。这会使我们有正确的心态,教导我们就近主的桌前时该如何感受。这要使我们生出真正**谦卑**的精神。饼和杯要提醒我们,罪是何等的罪大恶极,因为只有基督的死才能赎罪。这要使我们生出一种为我们灵魂所存的盼望。这饼和杯要提醒我们,虽然我们罪恶深重,基督已经为救赎我们付出极大的代价。最后,这要在我们里面生出**感恩**。饼和杯要提醒我们,我们受基督的恩惠何等浩大,我们有何等大的义务在生活中荣耀他。无论何时领受主餐,愿这一切都是我们经历的感受!

最后我们从这部分经文学到,**主餐要给人带来的属灵福益具有什么性质,以及哪些人有权利期望得到这些益处**。我们可以从领受这圣礼时采取的意味深长的举动得出这教训。我们的主命令我们要"吃"这饼和"喝"这杯。吃喝是一个活人的举动。吃喝的目的,就是给人加力量,使人精神焕然一新。我们要得出的结论很明显就是,基督设立主餐,"为要给我们灵魂加力量,使之焕然一新"。应当领受主餐的人,是那些有生命、真正的基督徒。所有这样的人要发现,这圣礼是一种蒙恩之道,要帮助他们更单纯地在基督里得安息,更全然信靠他。饼和杯这看得见的记号,要帮助、唤醒和坚固他们的信心。

在这末后的日子，正确地理解这一点是至关重要的。我们必须常常警惕，不要以为除了凭信心以外，还有任何其他吃基督的身体、喝基督的血的方法，或者领受主餐，除了信心赋予的之外，还会给人带来基督在十字架上牺牲的其他益处。信心是在人的灵魂和基督之间联络的一个伟大途径。主餐能帮助、唤醒和坚固信心，但绝不能废弃信心，或取而代之。让我们绝不忘记这一点，在这一点上犯错，就是一种致命的受欺，要把许多人带到迷信里去。

让这成为我们基督教信仰立定的原则，就是不信的人，一个也不应当来到主的桌子面前。如果我们不是带着悔改相信来领受这圣礼，它就绝不会给我们灵魂带来最轻微的益处。主餐不是使人归正或使人称义的礼仪。那些尚未归正、未被称义的人来到主的桌子面前，离开时并不会比他们来的时候更好，反而更糟。这是为相信的人设立的礼仪，而不是为不信的人设立的；是为活人设立，而不是为死人设立的。它的目的是维持生命，但不是赋予人生命；为的是坚固和加增恩典，但不是赋予人恩典；是帮助信心成长，但不是在人里面栽种下信心。让我们把这些事情牢记在心，绝不忘记。

我们向上帝是活着的吗？这是一个重要的问题。如果我们是活的，就让我们来领受主餐，带着感恩的心领受，绝不掉头不来到主的桌子面前。如果我们不来，我们就犯了一件大罪。

我们仍然死在罪恶和世俗当中吗？如果是，我们就与主餐的桌子无关。我们是走在那条通向灭亡的大路上。我们必须悔改，我们必须重生，我们必须凭信心与基督联合。那时，只有那时，我们才

第十四章

合适来领受主餐。①

四 基督预知门徒的软弱，信徒对自己的无知

可14：26—31

26. 他们唱了诗，就出来，往橄榄山去。
27. 耶稣对他们说："你们都要跌倒了，因为经上记着说：'我要击打牧人，羊就分散了。'
28. 但我复活以后，要在你们以先往加利利去。"
29. 彼得说："众人虽然跌倒，我总不能。"
30. 耶稣对他说："我实在告诉你：就在今天夜里，鸡叫两遍以先，你要三次不认我。"
31. 彼得却极力地说："我就是必须和你同死，也总不能不认你。"众门徒都是这样说。

* * *

我们从这段经文看到，**我们的主多么清楚地预知他门徒的软弱**。他把他们将要做的事清清楚楚地告诉他们："你们都要跌倒

---

① 这里解释的这部分经文有两个说法值得特别留意。一个是"葡萄汁"，另外一个是"上帝的国"。

  1. 我们的主用"葡萄汁"这说法来指他设立主餐时，刚刚递给门徒的那杯酒。这看来是完全推翻了罗马天主教化质说的教义。显然这酒不像罗马天主教的人说的那样，按字义变成了基督的血。我们的主亲口说这是"葡萄汁"。所以很清楚的就是，当他之前说这杯酒的时候，他说"这是我的血"，他的意思不过就是，"这是代表我的血的象征"。

  2. "上帝的国"，我们的主用来讲那仍是将来的时候和光景的这说法，看来清楚地表明他说这番话时，他并不认为上帝的国已经来到。而且这句话尚未得到应验，因为我们并不知道主复活后曾向门徒施行主餐。所以这话为的是让我们的思想转向关注我们土再来的时候。那时，直到那时，"上帝的国"要完全设立。那时，直到那时，我们必要在羔羊的婚筵上坐席，在那国里喝新的酒。

了。"他特别告诉彼得他将要犯的那令人震惊的罪:"就在今天夜里,鸡叫两遍以先,你要三次不认我。"

但是我们主的预知,却不妨碍他拣选十二门徒做他的使徒。他容许他们做他的密友和同伴,完全知道有一天他们会做什么。他清楚地预见到,他们在他做工的最后时刻要展现出来那令人忧伤的软弱和小信,却赋予他们极大的特权,可以常常与他在一起,听见他的声音。这是一个了不起的事实,值得我们记住。

主耶稣并不因为相信他的人失败和不完全就弃绝他们,想到这点,就让我们得到安慰。他知道他们的为人。他接纳他们,如同丈夫接纳妻子,虽然妻子有各样瑕疵;而他们一旦凭信心与他联合,他就绝不离弃他们。他是一位充满怜悯同情的大祭司。宽恕人的过失,遮盖他们许多的罪,这是他的荣耀。他知道他们归正前为人邪恶、有罪、被玷污;然而他却爱他们;他知道他们归正后还是会软弱、会犯错、不坚定,然而他继续爱着他们。尽管他们有各样缺点,他却已经开始要拯救他们。而且他已经承担要行的,他必成就。

让我们学会在评判认信信徒的行为时充满恩慈。让我们不要因着在他们身上看到极多软弱和败坏,就把他们贬低到一个卑微的地位,说他们没有蒙恩。让我们记住,我们天上的主承担他们的软弱,让我们对他们也担当忍耐。基督的教会不比一家大医院好多少。我们自己也是或多或少软弱,每天都需要那位天上大医生高明的医治,不到那复活的日子,这医治都不会完全。

接着我们从这段经文看到,**认信的基督徒因着不留心不专注,就会错失何等大的安慰**。我们的主清楚地讲到他复活的事——"我复活以后,要在你们以先往加利利去。"然而他的话看来被门徒抛诸脑后,似乎是白说了。他的门徒没有一个看来留意这话,或把它藏在心里。当他被出卖的时候,他们都跌倒了;当他被钉十字架的时候,他们几乎都绝望了;当他在第三日复活,他们不愿相信这是真的。他们已经用耳听到这件事,但这却从来没有在他们心里留下印象。

我们在此看到对人性何等准确的描绘!我们今天在认信的基督徒当中,经常看到同样的事发生!每年我们在圣经中看到多少真理,然而却没有把它们记住,仿佛我们从来就没有看过一样!我们在讲道中听到多少智慧言语,却不留意,不认真思想。我们继续生活,仿佛从未听过这些话!黑暗和患难的日子渐渐地临到我们身上,那时我们就显出自己没有穿戴军装,做好准备。在病床上,在哀痛时,我们在经文中看到的意思是我们平时曾经听过,却不加留意、不予关注的。在这样的时候,事情突然浮现在我们脑海中,让我们羞愧,之前我们竟然没有留意。然后我们记得曾经读过这些,听过这些,见过这些,但它们在我们身上没有留下印象。它们就像夏甲在旷野中的水井,就在我们身边,但我们就像夏甲一样,从未看到(创21:19)。

让我们祈求,上帝在我们听和读他话语时帮助我们快快地明白。让我们努力寻求他话语的每一部分,不要因着疏忽失去当中任何宝贵的真理。这样,我们就必为将来立定一个美好根基,在忧愁病患的时候得到装备。

让我们注意,如果牧师讲道时传讲的话常常不被会众留意关注,他们并没有什么理由感到惊奇。他们只不过是与他们的主同饮一个杯而已，就连主在一开始讲的时候，他讲的许多事情也不为人留意。然而我们却知道，"从来没有像他这样说话的！""学生不能高过先生，仆人不能高过主人。"我们需要忍耐，看起来在一开始遭人忽略的真理，常常在许多日子之后结出果子。

我们最后在这段经文中看到，**在认信的基督徒心中，有时会有何等大的无知的自信**。使徒彼得无法想象自己竟然有可能会不认主，他说："我就是必须和你同死，也总不能不认你。"他也并非唯一有这番自信的人，其他门徒也同样认为，因为"众门徒都是这样说"。然而所有这些自信的夸口结果如何？十二个钟头不到，所有门徒都弃绝我们的主逃跑了。他们把大声的认信全部忘记得一干二净，眼前的危险，把他们表达忠心的承诺一扫而空。若非我们自己身处其中，否则就对我们在任何特别处境中会如何行事知之甚少！眼前的光景会何等大大地改变我们的感觉！

让我们学会向上帝祷告求谦卑。"骄傲在败坏以先，狂心在跌倒之前。"（箴16：18）我们心中的邪恶，远超过我们自己所知道的。我们永不会知道，如果一旦落在试探中，我们会何等大地跌倒。最伟大的圣徒，若不是被上帝的恩典扶持，若不是他警醒祷告，他犯罪的程度就是没有尽头的。各样罪恶的毒草隐藏在我们心里，只需在方便的时候，就可以萌发，焕发出邪恶的生命力。"自己以为站得稳的，须要谨慎，免得跌倒"。"心中自是的，便是愚昧人"（林前10：12；箴28：26）。让我们天天祷告祈求："求你扶持我，我便得救。"

五 园中的痛苦，使徒的软弱

可14：32—42

32. 他们来到一个地方，名叫客西马尼。耶稣对门徒说："你们坐在这里，等我祷告。"
33. 于是带着彼得、雅各、约翰同去，就惊恐起来，极其难过，
34. 对他们说："我心里甚是忧伤，几乎要死。你们在这里等候警醒。"
35. 他就稍往前走，俯伏在地，祷告说："倘若可行，便叫那时候过去。"
36. 他说："阿爸，父啊！在你凡事都能，求你将这杯撤去。然而不要从我的意思，只要从你的意思。"
37. 耶稣回来，见他们睡着了，就对彼得说："西门，你睡觉吗？不能警醒片时吗？
38. 总要警醒祷告，免得入了迷惑。你们心灵固然愿意，肉体却软弱了。"
39. 耶稣又去祷告，说的话还是与先前一样，
40. 又来，见他们睡着了，因为他们的眼睛甚是困倦，他们也不知道怎么回答。
41. 第三次来对他们说："现在你们仍然睡觉安歇吧（或作"吗"）！够了，时候到了。看哪，人子被卖在罪人手里了。
42. 起来，我们走吧！看哪，那卖我的人近了。"

* * *

我们主在客西马尼园受苦的历史，是圣经中一处含义极深、充满奥秘的经文。它包含的内容，连最有智慧的神学家也不能完全解释。然而，即使就在表面，也有极重要的清楚的真理。

首先让我们留意，**我们的主是何等深切地感受到世界罪的重担**。圣经记载，他开始充满恐惧和深深的忧伤。他对他们说："我心里甚是忧伤，几乎要死。"他"俯伏在地，祷告说：'倘若可行，

便叫那时候过去。'"这些说法只有一种合理的解释。这不仅仅是因为害怕死带来的身体痛苦,让我们的主说出这一番话。他感受到人类罪责极大的重担,在那时开始特别压在他身上,感受到我们的罪和过犯那说不出的重压,在那时特别加在他身上。他"为我们成了咒诅",按照他来到地上要成就的约,承担我们的患难,背负我们的忧伤。"神使那无罪的,替我们成为罪"。他神圣的本性敏锐地感受到压在他身上的那邪恶担子,这些就是他极其忧伤的原因。

我们应当在我们主在客西马尼园受苦这件事上看到罪本身极大的恶。认信基督徒对这问题的思想,远远未到理当的程度。人经常用一种无所谓轻慢的态度,提到比如咒诅、不守安息日、撒谎以及类似的罪。这是一个令人痛苦的证据,证明人的道德感受落在极低的光景之中。让我们想起客西马尼园,就在我们身上成就一种成圣的果效。不管其他人如何行,让我们绝不要"犯罪,以为戏耍"。

第二,让我们留意,**我们主在受苦时给我们作出何等榜样,表明祷告的重要**。在他忧伤的那一刻,我们发现他在使用这极重要的解决之道。我们两次得知,他心里极其难过,他就"祷告"。

我们绝不会找到一个比这更好忍受患难的办法。我们遭遇患难时,首先应当转向的是上帝。我们诉苦说的第一句话,应当用祷告的形式说出。上帝可能不会马上回答;我们需要的解救,上帝可能不会立刻赐下;试炼我们的事情,上帝可能永不会挪开移走;但仅仅只是倾心吐意,在施恩的宝座前敞开心怀,这就要给我们带来益处。雅各的建议充满智慧、非常重要:"你们中间有受苦的呢,他就该祷告。"(雅5:13)

第三,让我们留意,**我们的主叫他的意思顺服上帝的意思,这**

就给了我们何等惊人的榜样。他的人性深深地感受到全世界罪责的压力,他依然祷告说:"倘若可行,就叫那时候过去。""求你将这杯撤去。然而不要从我的意思,只要从你的意思。"①

我们无法想象有比这里展现在我们面前更高的完全程度。耐心承受上帝赐下的一切;除了上帝喜欢的,别无其他喜欢;除了上帝认可的,别无其他希望;若上帝的意思是赐下痛苦,就宁愿接受痛苦;如果上帝认为赐下安逸并不合适,就放弃安逸;顺服地卧在上帝手下,不知别的意思,只知他的意思——这是我们能追求的最高标准,而我们主在客西马尼园的这举止,就是对此的完美榜样。

让我们努力在这件事上"以基督的心为心"。让我们天天祷告,努力得到从上帝而来的能力,治死我们的私意。我们这样做,为的是我们自己的福祉。没有什么比随心所欲,在这地上会带给我们如此多的悲惨。这样做,是证明我们真正蒙恩的最好证据。知识、恩赐、确信、感觉、希望,这一切都是非常不确定的证据,在尚未归正之人身上也经常能找到。但不断增强的心愿,就是愿意把我们自

---

① 在基督的神性和人性这个问题上,人们如此容易落入错谬,下面的引文值得一读。

"基督身上有两种不同的意志,虽然它们是真正彼此有别互不相同,却不是彼此对立,而是一种从属于另一种。基督人的意志总是顺从他上帝的意志,愿意受它安排掌管。所以在此我们看到,他作为一个人,确实让自己的意志顺从父上帝的意志。这父上帝的意志,也是基督他自己的意思。我们当持守这真理,对抗那被称作是基督一志论派(Monothelites)的古老异端。他们得这名称,是因为他们认为基督只有一种意志,就是上帝的意志。这种异端思想在基督之后大约六百年后兴起,它大大地搅扰危害教会多年。它是在这之前二百年兴起的欧迪奇(Eutyches)那严重异端的一种分支。这位欧迪奇混淆了基督里的二性,认为正如基督在位格化的联合之后只有一个位格。同样,基督只有一种本性,就是神性,而他的人性被神性吞没。追随他的人为了更好地坚持这一点,就坚持说基督只有一种意志。这种异端"受到在君士坦丁堡举行的第六次教会大公会议,以及其他古代教会公会议的谴责。那时候的教父,恰恰就是用我们现在看到我们救主说的这番话来驳斥这种观点。"——佩特,《〈马可福音〉注释》。

己的意思顺服在上帝的意思之下,这是一种健康得多的表征。这种迹象表明,我们确实是"在耶稣基督的恩典和知识上有长进"。

最后让我们从这段经文中留意,**即使最优秀的基督徒也有何等大的软弱**。我们从彼得、雅各和约翰的举止,可以看到表明这事实的痛苦例证。他们本应警醒祷告,却睡着了;虽然我们的主邀请他们与他一道警醒,他们却睡着了;虽然不久之前他们还受到警告,知道危险近了,他们的信心可能失败,他们却睡着了;虽然刚刚带着感动离开主的桌子,他们却睡着了;从来没有一个比这更令人震惊的证据,表明最好的人仍只不过是人而已。只要圣徒仍在身内,就仍被软弱所困。

圣经记载这些事,为的是要我们学到教训。让我们留意,免得圣经写的全是枉然。让我们常常警惕,防备在信仰方面闲散、消极和懒惰的精神。这对我们所有人来说都是很自然的事,在我们个人祷告方面尤为如此。当我们感受到这种精神在我们里面散发开来的时候,就让我们记住客西马尼园中的彼得、雅各和约翰,并要警惕。

我们主对门徒庄严的忠告,应当常在我们耳边回响——"总要警醒祷告,免得入了迷惑;你们心灵固然愿意,肉体却软弱了。"从基督徒归正到死,这句话应当成为他每天的座右铭。

我们是真正的基督徒吗?我们愿意让我们的心警醒吗?让我们不要忘记,我们里面有一种双重本性——愿意的"心灵"和软弱的"肉体";倾向恶的属肉体本性和倾向善的属灵本性。这两个彼此相敌(加5:17)。罪和魔鬼总可以在我们心里找到帮手,如果我们不钉死和胜过肉体,肉体就要常常胜过我们,使我们蒙羞。

第十四章

我们是真正的基督徒吗？我们愿意让我们的心警醒吗？如果是，那么让我们绝不忘记要"警醒祷告"。我们必须像士兵一样警醒——我们是在敌人阵地上，必须常常防卫，必须每天争战。基督徒的安息是将来的事。我们必须不住地祷告，有规律、习惯、认真、在规定的时候祷告。我们必须既警醒也祷告，既祷告也警醒。警醒不祷告，就是自信和自欺；祷告不警醒，就是狂热冲动。知道自己软弱的人，知道既要警醒也要祷告的人，就是要得到上帝扶持，不会跌倒的人。

六　基督被捕

可14：43—52

43. 说话之间，忽然那十二个门徒里的犹大来了，并有许多人带着刀棒，从祭司长和文士并长老那里与他同来。

44. 卖耶稣的人曾给他们一个暗号，说："我与谁亲嘴，谁就是他。你们把他拿住，牢牢靠靠地带去。"

45. 犹大来了，随即到耶稣跟前说："拉比"，便与他亲嘴。

46. 他们就下手拿住他。

47. 旁边站着的人，有一个拔出刀来，将大祭司的仆人砍了一刀，削掉了他一个耳朵。

48. 耶稣对他们说："你们带着刀棒出来拿我，如同拿强盗吗？

49. 我天天教训人，同你们在殿里，你们并没有拿我。但这事成就，为要应验经上的话。"

50. 门徒都离开他逃走了。

51. 有一个少年人，赤身披着一块麻布，跟随耶稣，众人就捉拿他。

52. 他却丢了麻布，赤身逃走了。

* * *

让我们从这段经文留意到，**与我们主为敌的人，对他国度性质的认识何等之少**。我们看到犹大"并有许多人带着刀棒，与他同来"捉拿他。显然他们认为我们主会受到门徒竭力保护，认为他不愿束手就擒。祭司长和文士顽固地抓住这种观念不放，就是我们主的国是属世界的国，因此认为这国要通过世界的方法加以维持。他们仍不知道我们主对彼拉多所说的那句话中的严肃教训："我的国不属这世界。"（约 18：36）

我们努力扩展真信仰的国度时，记住这点就好了。这国度不是通过暴力，也不是通过血肉的膀臂扩展。"我们争战的兵器，本不是属血气的"。"万军之耶和华说：不是倚靠势力，不是倚靠才能，乃是倚靠我的灵"（林后 10：4；亚 4：6）。真理的事业无需武力维持。伪信仰常常是通过刀剑传播。伪基督教，常常通过血腥逼迫强加在人身上。但基督的真福音并不要求这样的帮助，它靠圣灵的大能得以坚立，通过圣灵在人内心和良心中隐秘的影响作用而增长。信仰中出了坏事，最清楚的标志就是它愿意急切地诉诸刀剑。

第二，让我们从这部分经文看到，**我们主受难中所有的事，如何按照上帝的话语而一一发生**。他自己对那些来捉拿他的人说的话，惊人地表现出这一点——"为要应验经上的话。"

我们主在地上工作结束时，发生的事没有一件是偶然或碰巧。

他从客西马尼园走到加略山的每一步，都在几百年前标定了。《诗篇》22篇以及《以赛亚书》53章，都按字义应验了。他敌人的愤怒，他被自己人弃绝，被当作罪犯看待，被聚集起来的恶人定罪——所有这些都是上帝预知且预告出来的。所有发生的事，只不过是在实现上帝为世人的罪提供赎罪祭这伟大的计划。由犹大引来带着兵器捉拿耶稣的人，就像尼布甲尼撒和西拿基立一样，在本身不知情的情况下成为成就神旨意的工具。

我们身边一切事都由上帝大能的智慧安排和掌管。让我们想到此内心就得安稳。这世界的发展，可能经常与我们的愿望事与愿违。教会的地位可能常常与我们的盼望很不一样。世人邪恶以及认信之人表里不一，可能经常让我们内心感到难受。但在我们之上有一只手，推动这宇宙庞大的机制，使万事为他的荣耀互相效力。圣经年年都在应验，圣经当中没有一点一画会落空。地上的君王可能一起密谋，万民的官长可能起来反对基督（诗2∶2），但复活的早晨必要证明，即使在最黑暗的时候，万事都是按照上帝的旨意成就。

最后让我们在这些经文中留意，**真信徒的信心会消沉到何等程度**。我们得知当犹大和他同伙捉住我们主的时候，他安静顺服地被抓走，那十一位门徒却"都离开他逃走了"。也许到那一刻为止，他们都指望我们的主会行一件神迹，让自己得自由，因此还支持得住。但是当他们看到主没有行神迹，他们的勇气就完全丧失了。他们把从前的声明忘得一干二净；承诺"即便与主同死，也不会不认他"的话，都被抛到风中。对眼前危险的惧怕胜过了他们的信心。

感受到眼前立刻的危险，这就把任何其他感觉从他们心里赶走。他们"都离开他逃走了"。

这件事有一些极具启发作用的地方，值得所有认信的基督徒认真学习。那些留意到我们主门徒的举止，从中学到智慧的人是有福的！

让我们从这十一位门徒逃跑这件事上学到，不要对我们自己的力量过分自信。惧怕人，这确实给人带来网罗。我们绝不会晓得，如果受到试探，我们会怎么办，或我们的信心会跌倒到什么程度。让我们都以谦卑束腰。

让我们学会用爱心判断其他基督徒。让我们不要对他们期望过大，也不要如果看到他们被一种过犯胜过，就贬低他们，把他们看作是根本没有蒙恩。让我们不要忘记，就连我们主拣选的使徒，也在他需要的时候逃跑。然而他们后来悔改，又重新站起来，成为基督教会的柱石。

最后，让我们结束对这段默想的时候，深深地感知到我们主有能力同情相信他的百姓。如果有一种试炼比其他试炼都大，那就是对我们所爱的人失望带来的试炼。这是苦杯，所有真基督徒经常要喝的苦杯。牧师令他们失望，亲属令他们失望，朋友令他们失望。一个接一个的池子，证明是破裂不能存水的。但让他们想到这一点就得安慰，就是有一位不会失败的朋友，就是耶稣，他能感受他们的软弱并且心被触动；他尝过他们一切的愁苦。耶稣知道在他需要的时候，看到朋友和门徒辜负他的感受，然而他耐心承受，而且尽管如此，依然爱他们。他绝不会厌倦以致不饶恕，让我们努力也同

样行。无论如何,耶稣绝不会辜负我们所托,经上记着说:"他的怜悯不至断绝。"(哀3:22)^①

---

① 人经常问:"这一段结尾时提到的'少年人'被捉拿,然后赤身逃走,他是谁?"马可是唯一提到这细节的福音书作者。他没有给我们进一步的说明,让我们知道他是谁,以及他为什么要提到此事。

到目前为止人们尚未能满意回答这些问题。对于人尝试作出的解释,我们最多能说的就是,它们是猜想和推测。

佩特在他的《〈马可福音〉注释》中写道:"一些人认为这是十二门徒中的一位,就是亚勒腓的儿子雅各,或主的兄弟,或我们救主的某位亲属(他或许长得像我们的主)。"这是伊皮法纽(Epiphanius)和哲罗姆的观点。其他人认为这是主所爱的门徒约翰,这是安波罗修、克里索斯托和格列高利的观点。但不大可能是他们当中的一位,或十二门徒的任何其他人。因为就在这之前,圣经说我们的主被捉拿的时候,他们"都逃走了",而这位少年人此时是在跟着我们的救主。更可能他是某位良善的少年人,住在客西马尼园附近,听到人捉拿和捆绑我们救主时吵闹和混乱的声音,马上起床看这是怎么一回事。看到他们残忍地捉拿和捆绑我们的救主,把他带走,就跟着他要看人怎样对待主。由此看得出他是一个对我们的救主心存善意的人。

狄奥菲拉克和欧迪米乌(Euthymius)认为,这很有可能是从我们主在当中和门徒吃逾越节晚餐的那座房子那里就跟着他的某位少年人。一些人认为他就是福音书的作者马可本人。

一些人认为,马可描述这件事的目的,为的是要表明那些捉拿我们主的人的残忍、狂怒和野蛮。他们准备捉拿任何在他附近任何地方出现的人,不分青红皂白地缉拿所有即使只是看起来与他有关的人。

一些人认为整件事表明我们主彻底遭人离弃。克拉里乌(Clarius)说:"这位少年人宁愿赤身露体逃跑,也不愿被当作跟从基督的人被捉。"

一些人认为这里讲述这件事,是为了表明门徒处在真正的危险之中。这清楚地表明,他们只有逃跑才能保命。

一位著名的神学家把整件事看作极具象征意义。在当中看到对赎罪日那日发生之事,以及长大麻风之人得洁净所预表之事的应验。他认为这逃跑的少年人象征的是被释放的那山羊,被放飞的那鸟儿;而我们的主象征的是被献上的那羊,被宰杀的那鸟(见利14:7;16:22)。

对于上述解释,我只想说一点,此外我不作评论。我看最后那条解释明显是空想,不能令人满意。布林格的评论很有道理:"我们并不是对了解这位少年人是谁很感兴趣,如果我们真知道,也不会给我们带来任何重大果效。如果知道这点对我们是有用和有益的,上帝的灵就不会缄默,因为圣灵常常努力地叙述非常细微的事,简直令人称奇。"

七 基督在大祭司面前被定罪

可14：53—65

53. 他们把耶稣带到大祭司那里，又有众祭司长和长老并文士都来和大祭司一同聚集。
54. 彼得远远地跟着耶稣，一直进入大祭司的院里，和差役一同坐在火光里烤火。
55. 祭司长和全公会寻找见证控告耶稣，要治死他，却寻不着。
56. 因为有好些人作假见证告他，只是他们的见证各不相合。
57. 又有几个人站起来，作假见证告他说：
58. "我们听见他说：'我要拆毁这人手所造的殿，三日内就另造一座不是人手所造的。'"
59. 他们就是这么作见证，也是各不相合。
60. 大祭司起来站在中间，问耶稣说："你什么都不回答吗？这些人作见证告你的是什么呢？"
61. 耶稣却不言语，一句也不回答。大祭司又问他说："你是那当称颂者的儿子基督不是？"
62. 耶稣说："我是。你们必看见人子坐在那权能者的右边，驾着天上的云降临。"
63. 大祭司就撕开衣服，说："我们何必再用见证人呢？
64. 你们已经听见他这僭妄的话了。你们的意见如何？"他们都定他该死的罪。
65. 就有人吐唾沫在他脸上，又蒙着他的脸，用拳头打他，对他说："你说预言吧！"差役接过他来，用手掌打他。

* * *

所罗门在《传道书》中告诉我们，他在日光之下见到有一件恶事，就是"愚昧人立在高位，富足人坐在低位。"（传10：6）我们想象不出有比我们眼前这段经文记载的事，能够更完全地证实他的话。我们看到上帝的儿子,"所积蓄的一切智慧知识,都在他里面藏着"的上帝的儿子,在"众祭司长和长老并文士"面前被当作罪犯受审。我们看到犹太民族的首领聚集在一起,要杀害他们自己的弥赛亚,要审问有一天要在荣耀中再来,审判他们和全人类的那一位。这些事情听起来难以置信,但它却是真的。

让我们从这部分经文中观察,**基督徒有时何等愚昧,把自己推入试探当中**。我们得知,当我们的主被带走抓起来的时候,"彼得远远地跟着耶稣,一直进入大祭司的院里,和差役一同坐在火光里烤火。"①他的做法没有智慧,一旦离开他的主逃跑,他就本应记住自己的软弱,不要再冒险进入危险当中。这举动鲁莽、自以为是,给他带来新的对信心的试炼,是他完全没有预备好的。这把他推到一群坏人当中,在当中他不大可能得益处,只能受伤害。这为他最后和最大的过犯,就是他三次重复不认他的主铺平了道路。

但这是一种经历方面的事实,是我们绝不可忽略的,就是当一个相信的人一旦开始后退,离开他起初的信仰,他很少只在犯下第一个错误时就止步不再犯。他很少只跌倒一次,他很少只犯一个错。他在认识上似乎有了盲区。他看来已经把常识和分辨力抛诸脑后。就像往山下滚的一块石头,他在犯罪的道路上走得越远,就走得越快越坚定。就像大卫一样,他可能开始时只是闲懒,结局却是,各种能犯的罪都已干犯。就像彼得一样,他可能开始时是胆

---

① "在火光里烤火"这说法值得说明。它的希腊原文和《约翰福音》18:18 中的"炭火"一词不同,此处的意思是"光",或者火如此熊熊燃烧以至放光。

这说明并非不重要,因为这解释了彼得为什么如此容易就被坐在他身边的人认出和发现,知道他是基督的一位门徒。这明亮的火光照在他身上,让他不能隐藏。

怯，进而是愚昧地把玩试探，然后以不认基督为结束。

如果我们对那真正使人得救的信仰有任何认识，就让我们常常警惕后退开始的时刻。这就像放水一样，首先是一滴，然后是急流。一旦离开了圣洁的道路，我们就说不清自己会沦落到什么地步。一旦向小小的表里不一让步，我们就会发现自己有一天要作出各种恶行。让我们远离邪恶的边缘，让我们不要玩火，让我们绝不要惧怕做太认真、太严格、太精准的人。在主祷文中，没有比倒数最后一节的恳求更重要的："不叫我们遇见试探。"

第二，让我们在这部分经文中留意，**我们的主耶稣基督在祭司长面前受审，他要何等忍耐说谎人的舌头**。我们得知："有好些人作假见证告他，只是他们的见证各不相合。"

我们可以轻易看到，这并不是我们配得称颂的救主受难中最轻松的部分。本来无辜，却被当作一个罪犯冤枉被捉，作为一个犯人受审，这是一种严酷的折磨。但是听到人捏造虚假控告反对我们，编造毁谤的话；听到所有恶意、肆无忌惮的口舌放开攻击我们的品格，并且知道这一切都是不真实的——这就确实是一个十字架！所罗门说："传舌人的言语，深入人的心腹。"（箴18：8）大卫说："耶和华啊，求你救我脱离说谎的嘴唇和诡诈的舌头。"（诗120：2）所有这一切，都是耶稣为我们的缘故要喝的那苦杯的一部分，那救赎我们灵魂的代价实在是大的！

真正的基督徒，如果在这世上遭人毁谤和误传，就让他们绝不要因此感到惊奇。他们绝不可期望要比他们的主活得更好。让他们反倒是把这看成是必须经历的，把这看作是所有人归正之后要背负十字架的一部分。谎言和诬告，位列撒旦最喜欢使用的兵器之中。当他不能拦阻人服侍基督,他就努力骚扰他们,让他们服侍基督时不得安心。让我们耐心承受,不要以为这是一件怪事。主耶稣基督的话应当常记在我们心里:"人若因我辱骂你们,逼迫你们,捏造各样坏话毁谤你们,你们就有福了!"(路6:26;太5:11)

最后让我们从这部分经文观察,我们的**主对于他自己弥赛亚的身份,以及在荣耀中第二次来作了何等清楚的见证**。大祭司问他这严肃问题:"你是那当称颂者的儿子基督不是?"立刻就得到这强调的回答:"我是。你们必看见人子,坐在那权能者的右边,驾着天上的云降临。"

我们应当常常把我们主这番话记在心里。犹太人在听完这句话之后绝不能再说,拿撒勒人耶稣没有清楚地告诉他们,他就是上帝的基督。他在他们祭司和长老聚集的大会面前宣告:"我是。"犹太人在听完这句话之后绝不能再说,他是一个如此卑微贫穷的人,不配被人相信。他清清楚楚地警告他们,他的荣耀和伟大是将来要临到的事,现在这些只不过是在拖延,直到他第二次降临。他们还要看见他有王的大能和威严,"坐在那权能者的右边",驾着天上的云再来,做审判的主、征服者和君王。如果以色列人不信,这并不是因为上帝没有告诉以色列要信什么。

让我们结束对这部分经文默想时,深深地感受我们主耶稣基督再来,深信这是真实和确定的。我们发现,他再一次,就在他工作结束的时候,当着他死敌的面,断然宣告这震撼人心的真理,就是他要再来审判世界。让这成为我们每个人基督教信仰的一个主要真理。让我们活着的时候天天思考,我们的救主有一天要再回到这世界上。让我们相信这位基督,不仅仅相信他是为我们的罪死了、又复活了的基督;是现在活着为我们代求的基督;而且也相信这位基督有一天要在荣耀中再来,收聚他的百姓赏赐他们,并且令人可怕地惩罚他一切的仇敌。

八 彼得三次不认主

可14:66—72

66. 彼得在下边院子里,来了大祭司的一个使女,
67. 见彼得烤火,就看着他,说:"你素来也是同拿撒勒人耶稣一伙的。"
68. 彼得却不承认,说:"我不知道,也不明白你说的是什么。"于是出来,到了前院,鸡就叫了。
69. 那使女看见他,又对旁边站着的人说:"这也是他们一党的。"
70. 彼得又不承认。过了不多的时候,旁边站着的人又对彼得说:"你真是他们一党的!因为你是加利利人。"
71. 彼得就发咒起誓地说:"我不认得你们说的这个人。"
72. 立时鸡叫了第二遍。彼得想起耶稣对他所说的话:"鸡叫两遍以先,你要三次不认我。"思想起来,就哭了。

* * *

一条船坏了,即使没有人命伤亡,也是一个可悲的场面。想到财产被毁以及通常伴随而来的失望,这就令人难过。看到船员挣扎着逃生而受苦,这就令人痛苦。但任何船坏场面令人难过的程度,都不及看着一个真基督徒退步跌倒的一半。这基督徒虽然蒙上帝怜悯再次兴起,并最终得救脱离地狱,却因着他的跌倒而损失巨大。

当我们来看眼前这段经文时，就想起这画面。我们在当中得知彼得如何不认他的主，这是最让人痛苦和发人深省的故事。

首先让我们从这部分经文中认识到，**一位伟大的圣徒，可能会跌落到何等之遥远、何等之羞辱的地步**。我们知道西门彼得是耶稣基督一位卓越的使徒，他在崇高认信我们主是弥赛亚之后，从我们主口中领受了特别的嘉许："西门巴约拿，你是有福的！我要把天国的钥匙给你。"他享有特别的权利，主向他显明特别的恩惠。然而在此我们看到这同一位西门彼得，是如此全然被恐惧胜过，以致他真的不认他的主。他宣告，他并不认识他已经陪伴生活三年之久的主！他宣告他并不认识那一位医治了他自己岳母的病，把他带到变像山上，救他免于淹死在加利利海中的主！他不仅不认他的主一次，而且还是三次不认主！他不仅只是不认他，而且还"发咒起誓地"不认！最要紧的是，他刚刚才受到最清清楚楚的警告，而且自己大声提出抗议，说他宁愿死也不会做不认主这等事！

圣经记载这些事，为了要向基督的教会表明，即使在最好的人身上，人性也不过如此。这些事为要教导我们，即使在归正和被圣灵更新之后，相信的人仍然被软弱所困，容易跌倒。它们是为了向我们强调，只要我们还在肉身之内，很重要的就是每天警醒、祷告并保持谦卑。"自己以为站得稳的，须要谨慎，免得跌倒。"

让我们认真记住，西门彼得的情况并非独一无二。圣经中包含许多其他真信徒软弱的例子，我们要是认真留意就好了。挪亚、亚伯拉罕、大卫、希西家的历史，要给我们看到难过的证据，表明"这本性的传染病也还存留在重生者里面"。没有一个人是如此刚强，以至于不会落入跌倒的危险。让我们不要忘记这一点，

让我们谦卑与我们的上帝同行。"常存敬畏的,便为有福。"(箴28:14)

第二,让我们从这部分经文学到,**小小一个试探,可能就会让一位圣徒重重地跌倒**。彼得经受试炼的开始,不过就是"大祭司的一个使女"很简单的一句话:"你素来也是同拿撒勒人耶稣一伙的。"没有任何迹象表明,这使女说这番话时带有任何恶意。我们能从中看到的,就是很可能这使女记得彼得曾经是我们主的同伴。但这简简单单的一句话,就足以推翻一位卓越使徒的信心,让他开始不认他的主。把我们主所拣选门徒当中首要、站在最前面那一位推倒的,不是带着兵器的人的威胁,而是一位柔弱妇人说的一句话!

这事实有一些极富启发性的内容,应当教导我们:如果我们不警醒,祷告求神扶持,那么就没有什么试探是太小太琐碎而不能把我们胜过。如果上帝是支持我们的,我们就可以移山,胜过大群仇敌。保罗说:"我靠着那加给我力量的,凡事都能做。"(腓4:13)如果上帝收回他的恩典,任由我们自己,我们就要像没有城门和城墙的一座城。第一个来攻打这城的,不管多么弱小、受人蔑视,都要把这城攻陷。

让我们警惕,不要因为试探看似微不足道,就轻看试探。与我们灵魂有关的事,没有一样算是太小。小小一点酵能让整团发起来。小小火星能点燃一场大火。小小漏水可以让一条大船沉没。小小怒气可以从我们心中带出极大的败坏,结果把我们的灵魂带到极大的患难当中。

最后让我们从这部分经文学到,**后退将把圣徒带进极大的愁苦**

当中。这一段的结束非常感人："彼得想起耶稣对他所说的话：'鸡叫两遍以先，你要三次不认我。'"有谁能妄称可以描述此时必然在使徒思想中闪现的感受？谁能想象那必然把他心压垮的羞辱、混乱、自责和痛悔？如此糟糕的跌倒！如此反复的跌倒！面对如此清楚的警告还是跌倒！想起这一切都必然令他心如刀割。圣经用来描述他的一句简单的话，却具有极深和严肃的含义——"彼得想起耶稣对他所说的话，思想起来，就哭了。"

彼得的经历只不过是所有曾屈从于试探的上帝仆人的经历而已。圣经历史上的罗得、参孙、大卫和约沙法，以及在我们自己英国国教历史上的克兰麦和杰韦尔，这些人都像彼得一样留下证据，证明"心中背道的，必满得自己的结果"（箴 14：14）。他们就像彼得一样犯令人悲伤的大错，他们就像彼得一样真正地悔改，但他们像彼得一样发现自己在这世上收获苦果。他们就像彼得一样得到上帝白白地饶恕和赦免，但他们也像彼得一样流下许多眼泪。

让我们在结束对这部分经文的默想时，坚信罪确实要带来愁苦，最圣洁的道路总是最幸福的道路。主耶稣已经满有怜悯地命定，他的仆人若行事为人漫不经心，屈从于试探之下，这就绝不会给他们带来益处。如果我们转离他，必要因此受苦。虽然他饶恕我们，却要让我们感受到我们偏行己路的愚昧。最完全跟从主的人，总是最多得安慰的人。"以别神代替耶和华的，他们的愁苦必加增。"（诗 16：4）

第 十 五 章

一 基督在彼拉多面前被定罪

可15:1—15

1. 一到早晨,祭司长和长老、文士、全公会的人大家商议,就把耶稣捆绑解去,交给彼拉多。
2. 彼拉多问他说:"你是犹太人的王吗?"耶稣回答说:"你说的是。"
3. 祭司长告他许多的事。
4. 彼拉多又问他说:"你看,他们告你这么多的事,你什么都不回答吗?"
5. 耶稣仍不回答,以致彼拉多觉得稀奇。
6. 每逢这节期,巡抚照众人所求的,释放一个囚犯给他们。
7. 有一个人名叫巴拉巴,和作乱的人一同捆绑。他们作乱的时候,曾杀过人。
8. 众人上去求巡抚,照常例给他们办。
9. 彼拉多说:"你们要我释放犹太人的王给你们吗?"
10. 他原晓得,祭司长是因为嫉妒才把耶稣解了来。
11. 只是祭司长挑唆众人,宁可释放巴拉巴给他们。
12. 彼拉多又说:"那么样,你们所称为犹太人的王,我怎么办他呢?"
13. 他们又喊着说:"把他钉十字架!"
14. 彼拉多说:"为什么呢?他做了什么恶事呢?"他们便极力地喊着说:"把他钉十字架!"
15. 彼拉多要叫众人喜悦,就释放巴拉巴给他们,将耶稣鞭打了,交给人钉十字架。

＊　＊　＊

　　这一部分经文开始了《马可福音》新的一章，当中描述了"上帝的羔羊，除去世人罪孽的"以及他的被杀。这部分福音历史总是需要我们带着特别的敬畏来读。我们应当想起，基督被剪除，不是因他自己的缘故，而是为了我们（但9∶26）。我们应当记住，他的死使我们灵魂得生；他若不流血，我们就必然在我们的罪中悲悲惨惨地沉沦了。

　　首先让我们在这部分经文中留意，**犹太人的官长向他们自己的民提供了何等令人震惊的证据，表明弥赛亚的时候已经来到**。

　　本章以这事实开始，就是祭司长捆绑了耶稣，"交给彼拉多"——那位罗马巡抚。他们为什么这样做？因为他们落在罗马人统治之下，不再拥有将任何人处死的权利。通过这一举动，他们宣告雅各的预言已经应验："圭已经离了犹大，杖已经离了他两脚之间。"细罗，就是弥赛亚，上帝应许要差遣来的弥赛亚，必然已经来到（创49∶10）。但没有任何迹象表明他们记得这预言。他们的眼睛瞎了，既不能也不愿看他们正在做的事。

　　让我们绝不忘记，恶人经常成就关乎他们自己灭亡的神的预言，然而却一无所知。正在他们的疯狂、愚昧和不信到达高潮时，他们常常不自觉地提供了新证据，证明圣经的真实。那些讥笑所有严肃信仰的不幸的亵慢人，那些谈论到基督教信仰几乎不能不加以嘲笑讥讽的人，要是记住上帝很久以前已经预见和预言他们的举动就好了："在末世必有好讥诮的人，随从自己的私欲出来讥诮说。"（彼后3∶3）

第二，让我们在这部分经文中留意**我们的主耶稣基督的温柔和卑微**。当他站在彼拉多的审判台前，人"告他许多的事"，他却一言不发。虽然对他的控告都是虚假的，因他实际上并没有犯罪，他却甘心忍受罪人对他自己的顶撞，不再开口回答（来12：3）。虽然他没有犯下任何过犯，却甘愿承受对他毫无理据的控告，不发一声怨言。这位末后亚当和那首先亚当之间的对比是何等的强烈！我们第一位先祖亚当有罪，却努力为自己开脱；末后的亚当无罪，却根本不做辩护。"他又像羊在剪毛的人手下无声，他也是这样不开口。"（赛53：7）

让我们从我们救主的榜样学习一个实际的功课。不管上帝认为合适把什么事情加在我们身上，都让我们学会忍耐受苦，不发怨言。让我们谨慎言行，免得在受试探时我们舌头犯罪（诗39：1）。不管我们本不该受的试炼看起来何等惹动我们怒气，让我们小心，不要失控发怒、脾气暴躁。在基督徒的品格当中，没有哪一样像忍耐受苦是如此大大荣耀上帝。"你们若因行善受苦，能忍耐，这在上帝看是可喜爱的。你们蒙召原是为此，因基督也为你们受过苦，给你们留下榜样，叫你们跟随他的脚踪行。"（彼前2：20、21）

第三，让我们从这部分经文中留意**彼拉多犹豫不决的举止**。

我们面前这部分经文清楚地告诉我们，彼拉多深信我们主是无辜的。"他原晓得，祭司长是因为嫉妒才把耶稣解了来"。我们看到他有一阵子有气无力地抗争，想要把我们的主无罪释放并以此安抚自己的良心。到最后他顺从了犹太人不住的纠缠，"要叫众人喜悦"，就把耶稣交出去钉十字架，并让自己的灵魂永远蒙羞和沉沦。

一个身居高位没有信仰原则的人，是世上最可悲的光景之一。它就像一条大船，没有罗盘或船舵，在海上被吹动漂来漂去。他身居高位这件事本身，就让他被试探和被网罗环绕。这高位赋予他行善或行恶的能力，如果他不晓得如何正确运用，肯定要给他带来困难，使他成为一个不幸的人。让我们多多为大人物祷告，他们需要极大的恩典，保守他们脱离魔鬼，免得高处滑脚。难怪保罗提议"为君王和一切在位的"代求（提前2：1，2）。让我们不要妒忌大人物，他们有许多和特别的试探。有钱人进上帝的国是何等艰难。"你为自己图谋大事吗？不要图谋！"（耶45：5）

第四，让我们在这部分经文留意，**犹太人在基督死这件事上有极大的罪责**。在最后一刻，祭司长若把握住机会，本还可以悔改。他们可以选择愿意释放耶稣还是巴拉巴。他们毅然决然地坚持他们血腥的工作，选择把一个杀人犯释放，却将生命的王处死。他们不再有把我们主处死的权柄，却在众人面前把让他死的责任揽在自己身上。彼拉多的问题是，"那么样，你们所称为犹太人的王，我怎么办他呢？"可怕的回答是："把他钉十字架！""把他钉十字架！"动手处死我们主的人无疑是外邦人，但是我们主被杀的罪责，必须主要落在犹太人身上。

我们对此刻犹太人的邪恶感到惊奇——这也难怪。拒绝基督而选择巴拉巴，这确实是一件令人震惊的举动！看来瞎眼、疯狂、愚昧已经不能再过分。让我们小心，不要不知不觉跟从了他们的榜样。让我们留心，不要在最后时刻显出我们是选择了巴拉巴，却拒绝了基督。服侍罪和服侍上帝,这选择不断地摆在我们面前。与世界为友,与基督为友,不断地在强调要我们留意。我们是在做正确选择吗?我们是紧紧抓住那位正确的朋友吗?这些是严肃的问题。能对这些问题作出满意回答的人是有福的。

最后让我们在这部分经文留意,**巴拉巴的释放何等突出地预表出福音的救赎计划**。有罪的人得到释放,无辜的人被处死。大罪人被释放了,无罪的人继续受捆绑。巴拉巴被放过,基督被钉十字架。

我们看到,这令人震惊的事实是对上帝赦免不义之人并使他们得称为义方法的生动写照。他这样做,因为基督已经代替他们受苦,就是义的代替不义的。他们配受刑罚,但有一位大能的代替者已经替他们受苦。他们配受永死,但有一位荣耀的中保已经为他们死了。我们所有人按本性都处在巴拉巴的位置上。我们有罪、邪恶、配被定罪,但在"我们没有指望"的时候,无罪的基督为不义的人死了。现在因基督的缘故,上帝显明自己为义,也称信耶稣的人为义。

让我们称颂上帝,我们有如此充满荣耀的救恩摆在我们面前。我们的恳求必须永远是:不是我们配得释放,而是基督已经为我们死了。让我们留心,既然有这如此大的救恩,就让我们快快地为自己灵魂的缘故加以使用。愿我们不能凭信心这样说就绝不安息:"基督是我的。我本配下地狱,但基督已经为我死了。相信他,我就有天堂的盼望。"

二 基督遭人讥笑，被钉十字架

可15：16—32

16. 兵丁把耶稣带进衙门院里，叫齐了全营的兵。
17. 他们给他穿上紫袍，又用荆棘编作冠冕给他戴上，
18. 就庆贺他说："恭喜，犹太人的王啊！"
19. 又拿一根苇子打他的头，吐唾沫在他脸上，屈膝拜他。
20. 戏弄完了，就给他脱了紫袍，仍穿上他自己的衣服，带他出去，要钉十字架。
21. 有一个古利奈人西门，就是亚历山大和鲁孚的父亲，从乡下来，经过那地方，他们就勉强他同去，好背着耶稣的十字架。
22. 他们带耶稣到了各各他地方（各各他翻出来，就是髑髅地），
23. 拿没药调和的酒给耶稣，他却不受。
24. 于是将他钉在十字架上，拈阄分他的衣服，看是谁得什么。
25. 钉他在十字架上是巳初的时候。
26. 在上面有他的罪状，写的是："犹太人的王。"
27. 他们又把两个强盗和他同钉十字架，一个在右边，一个在左边。（有古卷在此有
28. "这就应了经上的话说：'他被列在罪犯之中。'"）
29. 从那里经过的人辱骂他，摇着头，说："咳！你这拆毁圣殿，三日又建造起来的，
30. 可以救自己，从十字架上下来吧！"
31. 祭司长和文士也是这样戏弄他，彼此说："他救了别人，不能救自己。
32. 以色列的王基督，现在可以从十字架上下来，叫我们看见，就信了。"那和他同钉的人也是讥诮他。

* * *

圣经中有诸多经文向我们表明基督对罪人的无限之爱，而我们现在看到的这部分经文便是其中一处。此处描述的受苦，要是加在

一个只是像我们自己一样的人身上,也足以让我们心里既恐惧也同情。但当我们思想,这受苦的人是上帝永恒的儿子,我们就更要在惊叹和惊奇中不知所措了。当我们进一步思想,主甘愿忍受这些苦,为要拯救像我们自己一样有罪的男男女女脱离地狱,我们可能就可以稍微明白保罗这些话的含义了:"这爱是过于人所能测度的。""惟有基督在我们还做罪人的时候为我们死,上帝的爱就在此向我们显明了。"(弗3:19;罗5:8)

我们会发现,分别仔细地查看我们主受难的不同部分,这对我们会有帮助。让我们一步一步地跟从他的脚踪,从他被彼拉多定罪的那一刻,一直去到他在十字架上的最后时刻。他受难中的一笔一画都有极深的含义,所有这些都突出地象征出属灵的真理。让我们思想这奇妙故事时不要忘记,我们和我们的罪是所有这些受苦的原因。"基督也曾一次为罪受苦,就是义的代替不义的,为要引我们到上帝面前。"(彼前3:18)我们现在看的,就是我们自己这一位中保和代替者的死。

首先我们看到,耶稣作为一个被定了死罪的罪犯,被交在罗马士兵手中。全世界的人有朝一日都要站在他面前受审判的那一位,容许自己接受不公义的判决,被交付在恶人手里。

为什么会是这样?这是为了让我们这些可怜有罪的人在相信了他之后,就可以得救而脱离毁灭的无底坑,脱离地狱囚牢的折磨。这为的是让我们可以在审判那日摆脱各样控告,并且被引到父上帝面前——无瑕无疵且充满无尽的喜乐。

第二,我们看到耶稣受辱,成为罗马士兵的笑柄。他们嘲笑着"给他穿上紫袍",为了讥讽他的国,"又用荆棘编作冠冕给他戴上"。他们"又拿一根苇子打他的头,吐唾沫在他脸上"。他们看他是彻底配受藐视,甚至不如"世界上的污秽"(林前4:13)。

为什么会这样?这为的是让我们这些邪恶的人,可以因着相信基督的赎罪,得到荣耀、尊贵和永生。这件事成就,好让我们可以在最后那日得胜并被接进上帝的国度,领受那不能衰残的荣耀冠冕。

第三,我们看到耶稣被剥了衣服,在他敌人面前赤身露体被钉十字架。那些把他带走的兵丁,"拈阄分他的衣服,看是谁得什么。"

为什么会是这样?这是因为我们这些没有自己的义的人,可以披戴基督为我们成就的那完全的义,在最后那日不至于在上帝面前赤身露体。这件事成就,好让我们这些全然被罪玷污的人,可以穿上婚筵的礼服,与天使并排坐下,不至于羞愧。

第四,我们看到耶稣受了一切死亡当中最可耻羞辱的死,就是死在十字架上。这是为最坏的罪犯专留的刑罚。接受这刑罚的人,被看作是受咒诅的。经上记着说:"凡挂在木头上都是被咒诅的。"(加3:13)

为什么会是这样?这是好让我们这些生在罪中的可怒之子,可以因基督的缘故被算为有福。这件事成就,为要除去我们所有人因罪都配得承受的诅咒,把这诅咒加在基督身上。"基督既为我们受了咒诅,就赎出我们脱离律法的咒诅。"(加3:13)

第五,我们看到耶稣被算作一位罪犯,一个罪人。"他们又把两个强盗和他同钉十字架"。没有犯罪,在他身上没有诡诈的那一位,"被列在罪犯之中"。

为什么会是这样？这是好让我们这些按本性和行为都是可怜罪人的人，可以因基督的缘故被算为无罪。这件事成就，好让我们这些除了定罪什么都不配的人，可以被算为配得逃过上帝的审判，并且在聚集的世人面前被上帝宣告为无罪。

最后我们看到耶稣死的时候被人讥笑，人把他当作是一个骗子，不能救自己。

为什么会是这样？这是为了让我们在人生的最后时刻，因着相信基督而得到极大安慰。这一切都是为了让我们可以享有极大的得救确据，可以知道我们相信的是谁，可以下到死荫的幽谷却不怕遭害。

让我们结束对这部分经文默想时，深深地感受到负债感，就是所有信徒亏欠基督的那极大的债。他们现在一切所有、一切所是和所盼望的一切，都可以追溯至上帝儿子的作为和死亡。因着他被定罪，他们被宣告无罪；因着他受苦，他们得平安；因着他受辱，他们得荣耀；因着他的死，他们得生命。他们的罪被归算到他身上，他的义被归算给了他们。难怪保罗说："感谢上帝，因他有说不尽的恩赐！"（林后9：15）

最后，让我们结束对这部分经文默想时，深深地感受到基督对我们灵魂那无法言说的爱。让我们记住，我们是败坏、邪恶、可怜的罪人。让我们记住主耶稣是谁，他是上帝永恒的儿子，是万有的造物主。然后让我们记住，耶稣为我们的缘故，甘愿忍受最痛苦、可怕和羞辱的死。肯定的是，想到这爱，就要激励我们天天不再为自己而活，而是要为基督而活。这应当让我们心甘乐意地快快把自己的身体献上，作为活祭献给为我们活、替我们死的那一位（林后

5：14;罗12：1)。让基督的十字架常常呈现在我们眼前。我们若能正确认识这十字架的道理,那么在一切基督教信仰中,就没有什么可以比这更能既安慰我们心灵,也更能使我们的心灵被分别为圣。

三 基督的死,伴随他死的神迹

可15：33—38

33. 从午正到申初,遍地都黑暗了。
34. 申初的时候,耶稣大声喊着说:"以罗伊,以罗伊!拉马撒巴各大尼?"(翻出来就是:我的上帝,我的上帝,为什么离弃我?)
35. 旁边站着的人,有的听见就说:"看哪,他叫以利亚呢!"
36. 有一个人跑去,把海绒蘸满了醋,绑在苇子上,送给他喝,说:"且等着,看以利亚来不来把他取下。"
37. 耶稣大声喊叫,气就断了。
38. 殿里的幔子从上到下裂为两半。

* * *

我们在这部分经文中看到我们主耶稣基督的死。所有人的死都是严肃的大事。在一个人的整个历史中,没有一件事像他的结局那样如此重要。但也从未有过一个人的死,是像我们眼前看到的这死一样,具有如此严肃的意义。在我们主呼吸最后一口气的那一刻,为世人赎罪的工作就完成了。为罪人付的赎价最终被付出,天国向所有相信的人完全敞开。肉身必死之人灵魂享有的一切稳固盼望,都可以追溯至耶稣在十字架上断气的那一刻。

让我们从这部分经文观察，**伴随我们主的死所发生可见的神迹奇事**。马可具体提到两件事，要求我们关注。一件是在三个钟头内太阳变黑；另外一件就是那把圣殿至圣所和圣所分隔开来的幔子裂成两半。两件都是神迹性的事件。两件事毫无疑问都有极深的含义。两件事都是为了吸引聚集在耶路撒冷所有人的关注。这黑暗甚至要让如彼拉多和罗马士兵那些不加思考的外邦人震惊。裂开的幔子，甚至要让亚拿、该亚法和他们不信的同伴惊奇。很有可能在那晚上，耶路撒冷城中没有哪一家人不会说："我们今天听见、看见不寻常的事了。"

这神迹般的黑暗教导我们什么？这教导我们认识犹太民族异乎寻常的邪恶。他们实际是钉死了他们自己的弥赛亚，杀害了他们自己的君王。面对这场面，日头本身也目不忍睹。这教导我们，在上帝眼中罪的罪性达到极致。当上帝的儿子本人亲自为我们成为罪，背负我们过犯的时候，他必须得不到日头的光照和欢呼。①

幔子裂为两半的神迹意味着什么？它教导说，整套犹太人礼仪律被废除和终止。它教导说，进入至圣所的道路，现在因着基督的死向全人类敞开（来9：8）。它教导说，外邦人和犹太人一样，现在可以通过唯一的大祭司耶稣，放胆来到上帝面前；人和上帝之间所有障碍已经永远被除去。

愿我们绝不忘记这撕裂幔子带来的实际教训！在基督的教会中企图恢复犹太人的礼仪，回归到祭坛、献祭和祭司制度，这就不过

---

① 我们几乎无须指出，在基督钉十字架那日遮天的黑暗，不可能是由日食引发的，因为逾越节几乎总是在月圆之日。很明显这黑暗是神迹，由上帝特别干预自然进程而引起。

是把那撕裂的幔子重新缝合起来,或是在正午点燃蜡烛。

愿我们绝不忘记遍地黑暗这神迹带来的实际教训。这应当带领我们来思想那为所有顽梗不信之人存留的墨黑幽暗(犹13)。我们配得称颂的中保,在十架上忍受的黑暗只不过是三小时之久;那些拒绝他的赎罪,死在罪中的人,捆绑他们的黑暗锁链必要存到永远。

第二,让我们从这些经文观察,**我们的主耶稣基督是何等实实在在地为我们成为咒诅,背负了我们的罪**。我们从他申初说的这句令人惊奇的话——"我的上帝,我的上帝,为什么离弃我?"——看到这事实何等突出地表现出来。

假装可以测透这句话包含的一切深意,这毫无意义。这句话包含着某种程度的思想上的受苦,是我们不能想象的。上帝的一些最圣洁的仆人所受的苦,有时甚至超乎寻常,他们感受到上帝已经把他的眷顾从他们身上挪开。那么我们怎能想象,当全世界所有的罪都加在上帝圣子的头上,当他亲自感受到虽然自己没有罪,却被算为有罪,当他感受到他父转面不看他,他所受的苦又有多大?那时候的苦必然是过于人所能测度的。这是一件极其重大的事,我们永远不能对此有完全的领会。我们可以相信此事,但我们不能解释此事,把它查个水落石出。

但有一件事是非常清楚的,就是除非我们接受基督赎罪和他替代罪人这教义,否则要解释这句话就是根本不可能的。如果说——像一些人胆敢认为的那样——耶稣只不过是一个人,或者他的死,只不过是自我牺牲的一个伟大榜样,这就让他这临死前的呐喊变得毫无意义。这就让他在临死的时候,看起来不及许多殉道士那般忍耐和安静，甚至还比不上一些相信异教的哲学家。唯有一种解释可以提供令人满意的答案。这唯一的解释就是，基督在十字架上代替我们受审，并且代替我们牺牲。全世界的罪都加在他身上，被算为是他的罪。而他是在这重压之下发出这临死的呼喊。

最后让我们从这段经文中观察，**人有可能在一时之间被上帝离弃，却至终蒙上帝所爱**。当我们看到我们主在十字架上临终前说的这句话，对此我们就无须怀疑了。我们听见他对父说："你为什么离弃我？"然而却称呼他是"我的神"。我们也知道，我们主被离弃，这只不过是一时之间；即使在他被离弃的时候，他仍然是上帝的爱子。对于他的受苦和所作所为，他的父很是"喜悦"。

这一点有极深的经历方面的教训，是配得所有真基督徒留意的。毫无疑问，在一种意义上，我们主被"离弃"的感受是他自己独有的，因为他是为我们的罪，而不是为他自己的罪受苦。但即使在作了这补充说明之后，一个重大的事实依然就是，耶稣虽然有一段时间"被父离弃"，却仍是父的"爱子"。教会伟大的元首是这样，那么，在一种修正的意义上，他的肢体也是如此。虽然他们蒙父拣选并蒙父所爱，但有时可能会感受到上帝已经转面不看他们。他们也会有时出于身体疾病，有时出于特别的患难，有时出于行事为人疏忽，有时出于上帝主权的旨意，要吸引他们与他自己更亲近，就可能不得不呼喊："我的上帝，我的上帝，为什么离弃我？"

感觉被上帝"离弃"的信徒，应当从我们主的经历学习不要绝望。毫无疑问，他们不应满足于目前的光景，他们应当察验自己的内心，看看是否有一些隐秘的事，让他们的安慰变小（伯

15：11）。但让他们不要用苦毒的事控告自己而匆忙得出结论，认为他们永远被弃绝了，也不要认为自己是自欺者，根本没有蒙恩。让他们仍然等候主，和约伯一道说："他必杀我，我虽无指望，然而我在他面前还要辩明我所行的。"（伯13：15）让他们记住以赛亚和大卫的话："你们中间谁是敬畏耶和华、听从他仆人之话的，这人行在暗中，没有亮光，当倚靠耶和华的名，仗赖自己的上帝。""我的心哪，你为何忧闷？为何在我里面烦躁？应当仰望上帝，因我还要称赞他。"（赛50：10；诗42：11）

四 基督被埋葬

可15：39—47

39. 对面站着的百夫长看见耶稣这样喊叫断气（有古卷无"喊叫"二字），就说："这人真是上帝的儿子！"

40. 还有些妇女远远地观看，内中有抹大拉的马利亚，又有小雅各和约西的母亲马利亚，并有撒罗米，

41. 就是耶稣在加利利的时候，跟随他、服侍他的那些人，还有同耶稣上耶路撒冷的好些妇女在那里观看。

42. 到了晚上，因为这是预备日，就是安息日的前一日，

43. 有亚利马太的约瑟前来，他是尊贵的议士，也是等候上帝国的。他放胆进去见彼拉多，求耶稣的身体。

44. 彼拉多诧异耶稣已经死了，便叫百夫长来，问他耶稣死了久不久。

45. 既从百夫长得知实情，就把耶稣的尸首赐给约瑟。

46. 约瑟买了细麻布，把耶稣取下来，用细麻布裹好，安放在磐石中凿出来的坟墓里，又滚过一块石头来挡住墓门。

47. 抹大拉的马利亚和约西的母亲马利亚都看见安放他的地方。

＊　＊　＊

我们主耶稣基督的死,是基督教信仰中最重要的事实。所有得救罪人在现世和永恒的盼望均取决于此。因此看到圣经确凿地讲述耶稣死亡的事实并使之没有任何争论余地,我们也就无须感到惊奇了。我们现在看的这部分经文,把三种见证这事实的人呈现在我们眼前:那位站立在十字架旁的罗马百夫长,那些从加利利跟从我们的主一直到耶路撒冷的妇女,还有那些埋葬他的门徒。所有这些人都见证耶稣确实死了,他们一致的见证不容置疑。他们不可能受欺骗,他们看见的不是神魂颠倒的场面、幻觉或暂时失去知觉的结果。他们看到的,是那被钉十字架,交出自己生命,顺服以至于死的那同一位耶稣。让我们对于这一点思想坚定。我们的救主确实真正死了。

让我们从这部分经文留意到一件事,就是经文赋予妇女**何等的尊荣**。这里特别告诉我们,当我们的主断气时,"还有些妇女远远地观看"。这里记载了她们当中一些人的名字。我们也得知,她们是那些在加利利跟从我们的主,服侍他的同一批人,以及"还有同耶稣上耶路撒冷的好些妇女"。

我们几乎没有料到会读到这样的话。我们本以为,除了一位以外,所有门徒都离弃我们主逃跑的时候,更软弱、更胆怯的女性,不可能胆敢表明自己是他的朋友。这只是让我们看到,恩典能成就何等大事。上帝有时拣选了世上软弱的,叫那强壮的羞愧。有时在后的要在前,在前的要在后。当男人的信心丧失时,妇女的信心有时依然稳固坚强。

但很有意思的一件事，就是贯穿新约圣经，我们经常发现上帝的恩典在妇女身上得荣耀，上帝何等乐意通过妇女把极大的益处加给教会和世界。我们在旧约圣经当中看到，罪和死是通过那位妇女的过犯带进了世界。我们在新约圣经看见，耶稣由一位妇人所生，因着这神迹的降生，生命和不朽就显明在人面前。我们在旧约圣经看到，妇女是男人的阻碍和网罗。在洪水之前的妇女、撒拉、利百加、拉结、大利拉、拔示巴、耶洗别的历史记载，都是令人难过的例子。在新约圣经中，我们通常看见妇女对真信仰事业的支持和帮助。伊利莎白、马利亚、马大、多加、吕底亚，以及保罗向罗马人提到名字的妇女，都是非常贴切的例子。这对比非常强烈，我们无须怀疑上帝是刻意安排这种对比。这是许多证据当中的一条，证明恩典在福音之下比在律法之下更丰盛。看来这是为要教导我们，妇女在基督的教会里有一个重要位置。应当有一个给她们的位置，一个她们应当占据的位置。妇女无须当众教导，也可以为了上帝荣耀的缘故，做极重要的工作。若一个教会的妇女明白这一点，并且相应行事，那么这个教会是有福的！

让我们从这部分经文留意到另一件事，就是**耶稣有不为人知的朋友**。在此首次被提到的亚利马太的约瑟，便是证明这一点的最佳例子。对于这人从前的历史，我们一无所知。我们不知道他是如何知道要爱基督，渴慕尊荣他。对于在我们主离开世界之后他后来的历史，我们也一无所知。我们知道的一切，就是汇集在我们面前的这些感动人的事实。我们得知他是"等候上帝国的"，在我们主的门徒都离弃他的时候，"他放胆进去见彼拉多，求耶稣的身体"。

他把主的身体体面地埋葬在自己的坟墓里。其他人在看见主行神迹的时候，就尊重他承认他，但约瑟是看见他成为一具冰冷、沾满血迹的尸首时，尊重他，承认自己是他的门徒；其他人在耶稣活着的时候表明对他的爱，但约瑟是在耶稣沉默死去的时候显出对他的爱。

地上有一些真正的基督徒，我们对他们一无所知，在我们没有料到会出现的地方存在。想到此我们心里就得安慰。毫无疑问，相信的人总是少的，但我们绝不可匆忙得出结论说，因为我们肉眼没有看见，所以在某个家庭或在某个教区里就没有恩典。对于所处圈子范围之外的，我们所知道的有限，所看见的也有限。主在教会里有许多"所隐藏的人"，除非特别的情况使他们显明出来，否则直到最后那日都不为人所知晓。我们不应忘记上帝对以利亚说的话："但我在以色列人中留下七千人。"（王上19：18）

最后让我们在这段经文中留意，**因着容许自己被安放在坟墓中，我们的主耶稣基督赋予坟墓何等的光荣**。我们看到，他被"安放在磐石中凿出来的坟墓里"，人"滚过一块石头来挡住墓门"。

这是我们在一个正在死去的世界上应当常常记住的事实。按着定命，人人都有一死。我们都正往那个地方去，很自然会退缩不前。棺材和葬礼，虫子和朽坏，这些都是令人痛苦的事，它们让我们心寒、难过、思想沉重。思想这些却不感到严肃，这并不是血肉之躯当有的表现。但有一件事应当安慰相信的人，就是想到这坟墓是"安放他的地方"。正如他肯定会从坟墓里得胜和复活，同样肯定的是，所有相信他的人必在他显现那日荣耀复活。记住这一点，他们就可以镇定轻看"那为众生所定的阴宅"。他们可以想起耶稣他自己曾经为他们去到那里，已经拔去了死的毒钩。他们可以对自己说："死的毒钩就是罪，罪的权势就是律法。感谢上帝，使我们借着我们的主耶稣基督得胜。"（林前15：56、57）

　　与我们所有人休戚相关的大事，就是要确保我们还活着的时候，在灵里与基督同葬。我们必须凭信心与他联合，与他形象相符。我们必须与他一同向罪而死，因着受洗，埋葬归入他的死（罗6：4）。我们也必然要与他一道复活，被他的灵唤醒。除非我们知道这些事，否则基督的死和埋葬就于我们根本无益。

第 十 六 章

一 对基督的爱的力量，石头滚开，对退后之人的怜悯

可16：1—8

1. 过了安息日，抹大拉的马利亚和雅各的母亲马利亚并撒罗米，买了香膏，要去膏耶稣的身体。
2. 七日的第一日清早，出太阳的时候，她们来到坟墓那里，
3. 彼此说："谁给我们把石头从墓门滚开呢？"
4. 那石头原来很大，她们抬头一看，却见石头已经滚开了。
5. 她们进了坟墓，看见一个少年人坐在右边，穿着白袍，就甚惊恐。
6. 那少年人对她们说："不要惊恐！你们寻找那钉十字架的拿撒勒人耶稣，他已经复活了，不在这里。请看安放他的地方。
7. 你们可以去告诉他的门徒和彼得说：'他在你们以先往加利利去。在那里你们要见他，正如他从前所告诉你们的。'"
8. 她们就出来，从坟墓那里逃跑，又发抖，又惊奇，什么也不告诉人，因为她们害怕。

* * *

让我们从这段经文看到，**对基督强烈的爱有何等大的力量**。马

可在此记载的抹大拉的马利亚和另一位马利亚的举动,强有力地证明了这一点。马可告诉我们,她们"买了香膏",要膏我们的主;"七日的第一日清早,出太阳的时候,她们来到坟墓那里"。

我们可以非常肯定,这样做需要极大勇气。在任何情形下,在复活节拂晓微弱的晨光中,来到坟墓那里,这对大多数妇女来说都是一场考验。但是来到一个被当作公敌而被处死之人的坟墓那里,一大早起来向一个被国民藐视的人表示敬意,这就确实需要极大勇气。然而就是这种作为,显出软弱信心和刚强信心之间,以及对基督软弱无力的爱和强烈的爱之间的差别。这些圣洁的妇女已经尝到我们主赦罪恩惠的滋味。为着他所赐的光、盼望、安慰及平安,她们内心充满对他的感激。她们愿意冒险,不顾一切后果,见证对她们救主的爱。雅歌的话何等真实:"爱情如死之坚强……爱情,众水不能熄灭,大水也不能淹没。"(歌 8:6、7)

为什么我们在今天的基督徒当中,极少看到这种对耶稣强烈的爱?为什么我们如此少见到那些为基督的缘故,愿意面对任何危险、历经水火的圣徒?答案只有一个,就是人信心软弱,并且向基督感恩的意识薄弱。这在基督徒当中非常普遍。不能清楚、明确地认识到罪有多深,就不能清楚地认识到救恩之价值有多大。不能强烈认识到对上帝的亏欠,就不能强烈认识到因我们得赎所欠上帝的债务有多多。意识到许多的罪都赦免了的人,他的爱就多。"但那赦免少的,他的爱就少"(路 7:47)。

第二,让我们从这段经文看到,当**基督徒勇敢面对他们所惧怕的困难时,这些困难会如何消失殆尽**。当这些圣洁的妇女走向我们主的坟墓时,她们对堵在墓门的石头充满惧怕。她们"彼此说:

'谁给我们把石头从墓门滚开呢？'"但她们的惧怕是多余的。她们期望遇到的困难，证明根本就不存在。"她们抬头一看，却见石头已经滚开了"。

这简单的陈述中何等清晰地象征了许多基督徒的经历！相信的人经常因为料到会遇上凶恶，就被压制且变得沮丧，然而在需要的时候，他们发现所惧怕的事情被除去，"石头已经滚开了"。一位圣徒焦虑的很大部分，是出于对那些从未确实发生过的事的担忧。我们往前看通往天堂路上各样可能会发生的事，我们在自己的想象中生出各种各样的艰难险阻，我们在头脑里既背负着今天，也背负着明天的苦难。经常、太过经常的是，我们最终发现我们的怀疑和惧怕是没有根据的，我们最惧怕的事根本从未发生。让我们祈求上帝赐下更多实际的信心。让我们相信在尽本分的道路上，我们绝不会被上帝全然弃绝。让我们勇敢向前，就必常常发现，那拦在路上的狮子是被锁链锁着的，那看起来像是荆棘的篱笆，只不过是一道影儿而已。

第三，让我们在这段经文中看到，**基督的朋友没有理由惧怕天使**。我们得知，当抹大拉的马利亚和她的同伴看到天使坐在坟墓里，"就甚惊恐"。但她们马上因着天使的这句话得到安慰："不要惊恐！你们寻找那钉十字架的拿撒勒人耶稣，他已经复活了，不在这里。"

这里的教训一眼看来可能并不重要。我们今天看不见天使，我们并不期望能看见天使。但将来的某个时候，我们会发现这教训有用。日子近了，主耶稣要带着众天使再来审判世界。在那日，天使要把他的选民从四方收聚来。天使要收聚稗子，捆起来烧掉。天使要把上帝的麦子收进谷仓。天使收聚的人，要进入荣耀、尊贵和永生当中；天使撇在身后的人，要受羞辱，永远被憎恶。

让我们努力生活，好使死的时候可以被天使带到亚伯拉罕怀里。让我们努力让天使知道，我们在这世上寻求耶稣、爱他，因此是承受救恩的人。让我们努力使我们的悔改确实，就这样让上帝的使者欢喜。然后不管我们是醒着还是睡了，当天使长的声音响起，我们就没有理由惧怕。我们必要从坟墓起来，并且看到天使是我们的朋友，是与我们同做仆人的，在他们的陪伴下，我们必欢度蒙福的永世。

最后让我们从这段经文观察，**上帝对他后退的仆人有极大的慈爱**。天使传递的信息令人震惊地证明了这事实。天使命令抹大拉的马利亚和另外一位马利亚去告诉门徒："耶稣在你们以先往加利利去，在那里你们要见他。"但这信息不是泛泛给十一位使徒的。有鉴于使徒不久前离弃他们主，就算是泛泛地说，这也是至为施恩怜悯的举动。然而天使还特别提到那三次不认主的彼得。彼得格外犯罪，天使格外把他挑出来，格外提他的名。主在这施恩的作为中不偏待人。所有使徒都要得赦免。所有使徒都要被挽回而重新得到眷顾——其余的人如此，彼得也是这样。

我们看到这样的话，大可以说："这岂是人所常遇的事吗？"我们对信仰如此狭隘、低下和局限的看法，在上帝极其愿意赦免悔改罪人这一点上表现得最淋漓尽致。我们把上帝看成是像我们自己一样的人。我们忘记了上帝"喜爱施恩"（弥7：18）。

让我们结束对这部分经文默想时下定决心，在谈论教导信仰时，要向罪人大开怜悯之门。尤其是让我们下定决心，绝不要对我们同胞怀有不饶恕的心。如果基督如此愿意饶恕我们，我们就应当非常愿意饶恕他人。

二 复活的证据，对大罪人的爱，信徒的软弱

可16∶9—14

9. 在七日的第一日清早，耶稣复活了，就先向抹大拉的马利亚显现，耶稣从她身上曾赶出七个鬼。
10. 她去告诉那向来跟随耶稣的人，那时他们正哀恸哭泣。
11. 他们听见耶稣活了，被马利亚看见，却是不信。
12. 这事以后，门徒中间有两个人往乡下去。走路的时候，耶稣变了形象（像），向他们显现。
13. 他们就去告诉其余的门徒，其余的门徒也是不信。
14. 后来，十一个门徒坐席的时候，耶稣向他们显现，责备他们不信，心里刚硬，因为他们不信那些在他复活以后看见他的人。

* * *

让我们在这部分经文中留意，**我们有何等大量的证据，证明我们的主耶稣基督确实从死里复活了**。马可在这部分经文中记载了不下三个不同场合，人们看见复活后的主。马可首先告诉我们，我们的主向一位见证人，就是抹大拉的马利亚显现；然后向两位见证人，两位往乡下去的门徒显现；最后向十一位见证人，十一位聚集在一起的使徒显现。让我们记住，除这以外，除了马可提到的以外，新约圣经中其他作者还描述了我们主的其他显现。因此让我们

毫不犹豫地相信，在我们主历史的所有事实当中，没有一个是比这事实，就是他从死里复活的事实，更确定无疑。

我们在此看见极大的怜悯。基督的复活是基督教信仰的奠基石。这复活印证了他到地上来做的伟大工作。这是最大的证据，证明他为罪人献上的赎价已得到上帝悦纳，为罪作的赎罪已经成就。掌死权的那一位的头被践踏，主已得胜。我们若能记住使徒何等经常提到基督的复活就好了。保罗说："耶稣是为我们的过犯交付了，是为我们称义复活了。"（罗4∶25）彼得说："他借耶稣基督从死里复活，重生了我们，叫我们有活泼的盼望。"（彼前1∶3）

我们应当为着复活的事实得到如此清楚的确立而感谢上帝。犹太人、外邦人、祭司长、罗马的卫兵、到坟墓那里去的妇女、那些信得如此迟疑的门徒，他们都是见证人，他们的见证不容否认。基督不仅为我们死了，也复活了。否认复活要比相信复活需要更大的盲目的信心。一个人否认复活，就必须相信荒唐可笑和不可能的事。要相信复活，人只需要诉诸于简单和无可否认的事实。

第二，让我们从这部分经文留意**我们的主耶稣基督对抹大拉的马利亚特别的爱**。我们得知，"在七日的第一日清早，耶稣复活了，就先向抹大拉的马利亚显现，耶稣从她身上曾赶出七个鬼"。基督赋予她特权，让她先于所有其他亚当的子孙，成为第一个看见复活救主的人。我们主的母亲马利亚还活着，那蒙主所爱的使徒约翰还在地上。然而这一次，主越过这二人，眷顾抹大拉的马利亚。一个曾经很有可能是罪魁的妇女，一个曾经被七个鬼附着的妇女，成为耶稣从坟墓中复活得胜后，向其显现并表明自己还活着的第一人。

这事实非同寻常，而且充满教训。①

我们无须怀疑的一件事，就是我们主"先向抹大拉的马利亚"显现，为要让我们看到他是何等的看重爱和忠心。马利亚最后一个离开十字架，却第一个抵达坟墓；在她的主活着的时候，最后一个认他，却在他死的时候第一个尊荣他。这位热心的门徒得主允许，成为主得胜后第一个看见他的人。这是为了让教会永远记住，那些尊荣基督的人，基督要尊荣他们；那些在地上为基督多多做工的人，要发现他们还在地上的时候，他也正在为他们多多做工。愿我们绝不忘记这一点，愿我们永远记住，为基督缘故舍弃一切的人，要"在今世得百倍"。

我们无须怀疑的另一件事，就是我们的主"先向抹大拉的马利亚"显现，为要安慰所有在犯下滔天罪行之后却悔改相信的人。这是为要向我们表明，不管我们如何大大跌倒，如果我们悔改相信福音，就都要被兴起，与上帝完全和好。虽然从前远离，如今却已经得亲近了。虽然我们从前是仇敌，现在却成为蒙爱的儿女。旧事已过，一切都变成新的了（林后5：17）。基督的血使我们在上帝眼中变得完全洁净。我们生活的起头，可能像奥古斯丁、约翰·牛顿开始时一样，是各种罪孽过犯的罪魁祸首。但我们一旦被带到基督这里来，就无须怀疑一切都被赦免了。我们可以大胆进前来，带着信心进前来。我们的罪与过犯，就像抹大拉马利亚的罪和过犯一

---

① 新约圣经没有记载任何事情支持人常有的观念，就是抹大拉的马利亚曾经是干犯第七条诫命，远多于干犯其他诫命的罪人。把为风尘女子开设的医院和庇护所起名为"抹大拉医院"，这并没有圣经根据。在这个问题上人通常的观念，能获得的权威支持不过是传统而已。

与此同时，我们可以很有道理地说，看来极有可能抹大拉的马利亚罪行曾经非常严重。她被七个鬼附身，这很有可能是有某种重大理由的，虽然圣经并没有向我们启示它的性质。

样，上帝都不再记念。

最后让我们在这部分经文中留意，**最好的基督徒的信心有时也会何等软弱**。就在这部分经文中，我们三次看到马可描述十一位使徒的不信。一次是在抹大拉的马利亚告诉他们主已经复活之后，他们"却是不信"。再一次，他们当中两人走路的时候，我们的主向这两人显现。我们看到经上这样讲其余的人，"其余的门徒也是不信"。最后当他们坐下吃饭，我们的主亲自向他们显现时，我们得知他"责备他们不信，心里刚硬"。也许再也没有比这更令人震惊的例子，表明人不愿相信那与他之前的偏见背道而驰的事。从来没有像这如此特别的证据，表明人很容易就忘记清楚的教导。我们的主曾经反复告诉这十一个人他要复活，然而复活时刻来临时，他们却忘记了一切，显出他们并不相信。但让我们看到，在这些好人的怀疑中，有一位全然智慧的上帝那掌管一切的手在动工。如果这些一开始如此不信的人最后坚定地相信，这就给了我们何等强有力的证据，证明基督确实复活了。是上帝的荣耀使恶变成了善。在这末后的日子，这十一位使徒当初的怀疑却恰恰坚固了我们的信心。

让我们从使徒的不信学到一个对我们自己有用的实际教训。如果我们有时感觉怀疑在我们心里涌起，让我们不再感到惊奇。让我们不再期望其他相信的人会有完全的信心。我们仍在肉身之内，是与使徒一样性情的人。如果我们的经历有时像他们一样，如果我们的信心，就像他们的信心有时软弱，让我们不要以为奇怪。让我们果断抗拒不信，让我们警醒、祷告、努力要得救脱离不信的权势。但是让我们不要得出结论说，因为我们有时被怀疑纠缠，我们就没有蒙恩；也不要以为，因为有时我们感到不信，我们就是与众使徒无分无关。

　　结束对这部分经文默想时，让我们扪心自问：我们是否已经与基督一同复活，是否在灵里与他的复活有分？这毕竟是一件必不可少的事。头脑知道基督教信仰的事实，并能用舌头为这些事实争辩，这并不能拯救我们的灵魂。我们一定要像那从死里复活的人一样，将自己献给上帝（罗6：13）。我们必须从罪的死亡里复活，行事为人有生命的新样。这一点，只有这一点，才是使人得救的基督教信仰。

三　使徒的使命，福音的条件，给忠心工人的应许

可16：15—18

15. 他又对他们说："你们往普天下去，传福音给万民（原文作"凡受造的"）听。
16. 信而受洗的必然得救，不信的必被定罪。
17. 信的人必有神迹随着他们，就是：奉我的名赶鬼，说新方言，
18. 手能拿蛇；若喝了什么毒物，也必不受害；手按病人，病人就必好了。"

＊　＊　＊

　　首先我们在这段经文中要留意**我们的主与他的使徒分别时向他们颁布的使命**。他是最后一次对他们说话。他用意味深长的话，指出在他再来之前他们当做的工作："你们往普天下去，传福音给凡受造的听。"

　　主耶稣愿意我们知道，全世界都需要福音。在这地球的每一部

分，人都是一样的，有罪、败坏、与上帝隔绝。无论是开化还是野蛮，是在中国还是在非洲，每个地方人的本性都是一样的——没有知识、没有圣洁、没有信心、没有爱。无论在何处看到一个亚当的后裔，不管他肤色如何，我们都是在看到这样一个人：他内心邪恶，他需要基督的血、圣灵更新的工作和与神和好。

主耶稣要我们知道，福音的救恩要白白地向全人类传讲。"上帝爱世人，甚至将他的独生子赐给他们"，"基督为罪人死"的好消息，应当白白地向"凡受造的"宣告。我们在宣告时做任何例外处理都是没有道理的。我们找不到根据，要把所传的加以限制，只给选民。如果我们退缩不告诉任何一个人，"神对你充满慈爱，基督愿意拯救你"，那我们就是没有理解基督话语完全的含义，而且削减了他话语的一些内容。

让我们从基督这番话中看到支持本国和海外宣教工作最强烈的论证。让我们记住这句话，努力向全人类的灵魂行善，不要灰心。如果我们不能去到中国和印度，就让我们努力，用亮光点燃我们应当轻易在自家门前范围之内能看到的黑暗。让我们继续努力工作，不受反对宣教工作之人讥笑、嘲弄和藐视的拦阻。我们大可以同情这样的人，他们只是表露出自己对经文和基督旨意的无知。他们既不明白自己所说的，也不明白他们相信的。

第二，我们应当从这段经文中留意，**我们的主告诉我们，当向所有听福音的人传讲的要求**。"信而受洗的必然得救，不信的必被定罪。"这句话每一个字都极其重要，当中的每一种说法都值得我们认真掂量。

这里教导我们洗礼的重要性。在有条件施洗的地方，这通常是一个必须的圣礼。这里不仅仅说"信"的,还说"信而受洗的必然得救"。毫无疑问,成千上万的人从他们的洗礼没有得到丝毫益处。成千上万的人在这圣礼的水中受洗,却从来没有在基督的血里受洗。但我们不能因此推论,人可以藐视和忽略洗礼。这是基督亲自设立的圣礼,当人带着敬畏的心、明白的心、祷告的心使用时,毫无疑问,就伴有特别的祝福。洗礼的水本身不能传递恩典。我们必须把视线投射在仅仅外在的元素之外,看到命令使用这水的那一位。但是,在众人面前承认基督——这是蕴涵在洗礼中的——是一种具有圣礼意义的行动。这是我们的主亲自命令的。当人正确使用这洗礼,我们就可以有信心认为,主用他的祝福印证了这洗礼。

另外,我们在这里得到教训:相信基督对于得救来说是绝对必要的。这是一件必要的事。"不信的"要永远沉沦。他可能已经受洗,成为有形教会的成员,他可能在主的桌前固定领受主餐,甚至可能在头脑里相信所有的信条大纲。但如果他缺乏在基督里的使人得救的信心,这一切都必然于他无益。我们有这信心吗?这是关乎我们所有人的重大问题。除非我们感受到自己的罪,并且凭信心逃向基督,抓住他,否则我们最终必发现,我们没有出生反倒更好。

另外,这里还教导我们,上帝对那些死时仍不信之人的审判是确定的。"不信的必被定罪。"这句话听起来何等可怕!想到这句话是从说"我的话不能废去"的那一位口中而出,就让人惧怕。不要容人用虚妄的话欺骗我们,那些坚持在自己的罪恶当中,离开世界时不相信基督的人,有一个直到永远的地狱为他们存留。上帝借着福音赐给我们的怜悯越大,顽固地拒绝相信的人的罪责就越大。"惟愿他们有智慧,能明白这事,肯思念他们的结局。"(申

第十六章

32：29）死在十字架上的那一位，已经向我们发出清楚的警告：有一个地狱，而不信的人必被定罪。让我们谨慎，确保他对我们的警告不要成为耳旁风！

最后我们应当在这段经文中留意，**我们主在对使徒临别的话中，发出恩惠的应许，就是要给他们特别的帮助**。他非常清楚，他刚刚命令他们去做的工作极其困难，他知道他们要与异教信仰、世界和魔鬼进行激烈的争战，因此告诉他们，神迹要帮助促进他们的工作，以此鼓励他们。"信的人必有神迹随着他们，就是：奉我的名赶鬼，说新方言，手能拿蛇；若喝了什么毒物，也必不受害；手按病人，病人就必好了。"大部分这些应许都在《使徒行传》里应验了。

毫无疑问，神迹的时代很久之前就已经过去。上帝的旨意不是要神迹在教会开始得到建立之后仍然继续存在。植物只是在一开始种下时才需要每天浇水和支持。从上帝带领教会的进程看，我们不应期望神迹总会继续。事实上，如果神迹固定发生，没有中断或终止，神迹将不再是神迹。我们记住这一点就好了，记住这一点，要救我们脱离极大的困惑。

虽然肉眼看得见的神迹的时代已经过去，但基督的教会在特别需要的时候，绝不会缺乏基督特别的帮助。想到此我们就得了安慰。在天上的那位伟大的元首，绝不会弃绝相信他并且属他的肢体。他的目光不断落在他们身上，他总是要满有智慧地在合适的时候赐下他的帮助，在人需要他的日子来支持他们。"仇敌好像急流的河水冲来，是耶和华之气所驱逐的。"（赛59：19）

最后让我们绝不要忘记，相信基督的教会在这世界上，这本身就是一个长期有效的神迹。教会每一个肢体的归正和坚忍，就像拉撒路从死里复活一样，是一个神迹奇事。每一位圣徒的更新，就像赶鬼、医病、说新方言的神迹一样重大。让我们为此感谢上帝，并从此得到鼓励。属灵意义之神迹的时代还没有结束。凭经历认识到这一点，并且能够"前我死亡，今得复生；瞎眼今得看见"的人是有福的。

四 基督升天到上帝的右边，忠心传道人说的话得到神迹验证

可16：19—20

19. 主耶稣和他们说完了话，后来被接到天上，坐在上帝的右边。
20. 门徒出去，到处宣传福音。主和他们同工，用神迹随着，证实所传的道。阿们！

* * *

这段话是《马可福音》的结束语。虽然简短，却特别合适作为我们主耶稣基督在地上工作历史的结束。它告诉我们，我们的主离开这世界时去了哪里——他升到高天之上。它告诉我们，他的门徒在他们的主离开之后经历了什么，而且所有真正的基督徒在他再次显现之前，可以期望得到什么。

让我们在这部分经文中留意，**我们的主完成地上工作时去的地方，以及他这个时候所在的地方**。我们得知，他"后来被接到天

上，坐在上帝的右边"。他回到那荣耀中，这荣耀是他来到世界之前与他的父同享的。作为我们得胜的中保和救赎主，他领受了天上最高的尊贵和能力——这是我们的思想无法明白的。他在那里坐下，不是闲懒，而是继续那配得称颂的工作；为这工作，他曾死在十字架上。在那里他活着，为凡靠着他进到上帝面前的人代求，而且能拯救他们到底（来7：25）。

这对所有真基督徒来说都是极大的安慰。他们生活在一个**邪恶**的世界上，经常因着许多事担忧苦恼，因着自己的软弱不定，极其沮丧。他们活在一个**正在死去**的世界上，感受到他们身体逐渐衰残。他们面前是那令人惧怕的前景，就是他们很快就要进入一个未知世界。那么有什么可以给他们带来安慰？他们必须时刻想到他们在天上的救主——他绝不打盹，也绝不睡觉，总是做他们随时的帮助。他们必须记住，虽然他们睡觉，耶稣却是醒的；虽然他们无力，耶稣却绝不疲倦；虽然他们软弱，耶稣却大有能力；虽然他们要死，耶稣却是永远活着。想到这点就真是有福！我们虽然肉眼不能看见救主，他却是实实在在活着。我们正在行路，去到一个我们最好的朋友在我们之前去为我们预备的地方（约14：2）。那位在我们之前去的，已经进入那地方，万事都预备好了。难怪保罗宣告："谁能定他们的罪呢？有基督耶稣已经死了，而且从死里复活，现今在上帝的右边，也替我们祈求。"（罗8：34）

让我们在这段经文中留意另一件事，就是**我们的主耶稣基督赋予所有忠心为他做工之人的福气**。我们得知，当门徒出去传道的时候，"主和他们同工，用神迹随着，证实所传的道"。

我们从《使徒行传》和教会历史的记载非常清楚地看到，这句话已经用何等方式被证明是真实的。我们知道捆绑和患难、逼迫和反对是那些为基督收割的工人首先收取的初熟果子。但我们也知道，尽管撒旦作出各样努力，传播真理的努力却没有枉费。一直有人时不时地离开世界而聚集在一起；圣徒的众教会在一座城接一座城、一国接一国中得以建立。基督教信仰小小的种子，逐渐长成一棵大树。基督本人与他自己的工人一同做工，而且尽管有各样拦阻，他的工作却一直继续。好种子绝不会全然被丢弃，迟早会有"神迹随着"。

让我们不要怀疑这些话记下是为鼓励我们——这些身处末后时代的人。让我们相信，为基督忠心做工的人，没有一个最终会发现他的工作全然没有益处。让我们每一个人在各自的位置上忍耐工作，让我们传道、教导、讲论、写作、警告、见证，并且确信我们的劳苦不是枉然。我们可能自己死了，看不到工作的结果，但是最后那日肯定要证明，主耶稣总是与那些为他做工的人一同做工。虽然做工的人有时没有看见，却总有"神迹随着"。所以，让我们"务要坚固，不可摇动，常常竭力多做主工"。我们可能步履维艰，撒种时多多流泪，但如果我们把基督宝贵的种子撒下，我们就必会"欢欢乐乐地带禾捆回来"（林前15：58；诗126：6）。

现在，让我们合上《马可福音》这卷书时自省自问。让我们不要满足于用眼睛看见、用耳朵听到这里记载的内容，就是帮助我们认识耶稣基督的这些事。让我们自问，我们是否认识任何关于"使基督因我们的信，住在我们心里"的事？圣灵是否"与我们的心同证"基督属于我们,而我们也属他?我们是否能真正说,我们"是因信上帝的儿子而活",而且已经凭经历发现基督对我们自己的灵魂实为"宝贵"?这些是严肃的问题,需要认真思考。愿我们绝不安息,直到能满意作答!"人有了上帝的儿子就有生命,没有上帝的儿子就没有生命。"(约一5:12)